高等职业教育精品课程建设系列教材·汽车类

汽车构造（第4版）

主　编　李春明　焦传君

副主编　孙雪梅　王翼飞

北京理工大学出版社
BEIJING INSTITUTE OF TECHNOLOGY PRESS

内容简介

本书按照教育部高等职业教育汽车类专业标准要求编写，坚持"教师教学以学生为中心，学生学习以服务客户为中心"的理念，打破传统教材的知识主线，按照职业能力主线重构教学内容，能够很好地满足项目引领、任务驱动的教学方式、方法改革。本书内容突出汽车新技术、新结构，包括介绍汽车基本知识、发动机曲柄连杆机构工作过程分析、发动机配气机构工作过程分析、汽油机燃料供给系工作过程分析、柴油机燃料供给系工作过程分析、发动机冷却系与润滑系工作过程分析、发动机点火系与起动系工作过程分析、传动系工作过程分析、行驶系工作过程分析、转向系工作过程分析、制动系工作过程分析、介绍新能源汽车等十二个项目。

本书适合高等院校、高职院校汽车检测与维修技术、汽车制造与试验技术、汽车技术服务与营销等相关专业使用，也可以作为成人高等教育、汽车技术培训等相关课程的教材使用。

版权专有　侵权必究

图书在版编目（CIP）数据

汽车构造／李春明，焦传君主编．－－4版．－－北京：北京理工大学出版社，2019.11（2023.8重印）
ISBN 978－7－5682－7917－8

Ⅰ.①汽… Ⅱ.①李… ②焦… Ⅲ.①汽车—构造—高等学校—教材 Ⅳ.①U463

中国版本图书馆 CIP 数据核字（2019）第 253285 号

出版发行／北京理工大学出版社有限责任公司
社　　址／北京市海淀区中关村南大街5号
邮　　编／100081
电　　话／(010) 68914775（总编室）
　　　　　(010) 82562903（教材售后服务热线）
　　　　　(010) 68944723（其他图书服务热线）
网　　址／http://www.bitpress.com.cn
经　　销／全国各地新华书店
印　　刷／河北盛世彩捷印刷有限公司
开　　本／787毫米×1092毫米　1/16
印　　张／21　　　　　　　　　　　　　责任编辑／王玲玲
字　　数／487千字　　　　　　　　　　　文案编辑／王玲玲
版　　次／2019年11月第4版　2023年8月第4次印刷　责任校对／刘亚男
定　　价／49.80元　　　　　　　　　　　责任印制／李志强

图书出现印装质量问题，请拨打售后服务热线，本社负责调换

前言

汽车构造是汽车检测与维修技术、汽车制造与试验技术、汽车技术服务与营销等专业的专业核心课，该课程在汽车类相关专业中的地位不言而喻，在推进"三教改革"中发挥着不可替代的作用。我们通过长期探索与实践，建立起"教师教学以学生为中心，学生学习以服务客户为中心"的教学理念，对该课程进行了大胆的改革，取得了显著成效。

本书按照教育部高等职业教育汽车类专业标准要求编写，打破了传统教材的学科知识主线，按照职业能力培养主线，结合"1+X"职业技能等级标准，搭建起由整车到主要总成系统的知识应用架构。本书内容突出汽车新技术、新结构，教学方式、方法开放灵活，具有鲜明的职业教育特征。全书共包括介绍汽车基本知识、发动机曲柄连杆机构工作过程分析、发动机配气机构工作过程分析、汽油机燃料供给系工作过程分析、柴油机燃料供给系工作过程分析、发动机冷却系与润滑系工作过程分析、发动机点火系与起动系工作过程分析、传动系工作过程分析、行驶系工作过程分析、转向系工作过程分析、制动系工作过程分析、介绍新能源汽车 12 个项目。

本书特点可以概括为：

（1）项目引领任务驱动。以典型工作任务为载体组织教学，结合"1+X"职业技能等级标准，将各系统的结构、工作原理等内容融为一体，理论与实践紧密结合，为培养"手脑"结合型的高等职业教育人才培养目标服务。

（2）内容先进。本书包括汽油机缸内直喷技术、新能源汽车等内容，并将汽车市场的主导车型，如奥迪、丰田等轿车的新技术适度地融入进来。

（3）注重安全意识、绿色环保意识、法规意识，强化学生职业素养养成，并依托任务将服务理念、职业精神和工匠精神融入进来。

（4）可读性强。理论知识讲解力求简洁、实用，针对性强，技能要求具体明确，充分利用插图说话，形象直观，便于学生理解。

（5）本书配套资源丰富。实现了"互联网+新形态教材"，配有电子课件、自测试题、微课视频等。

本书适合高等职业教育汽车检测与维修技术、汽车制造与试验技术、汽车技术服务与营销等相关专业使用，也可以作为成人高等教育、汽车技术培训等相关课程的教材使用。

本书由长期从事汽车专业教学的教师与具有丰富实践经验的企业技术人员共同编写。编写组成员有李春明、焦传君、孙雪梅、王翼飞、赵宇、郭其涛、何英俊、佟得利、王椿龙。全书由李春明、焦传君主编，孙雪梅、王翼飞副主编。

由于编者水平有限，加之编写时间仓促，书中不妥之处难免，恳请读者提出宝贵意见。

编　者

目　录

Contents

项目一 ▶ 介绍汽车基本知识 ··· 1

　　任务 1-1　获取汽车相关信息 ··· 1
　　任务 1-2　介绍汽车发动机基本知识 ··· 13
　　任务 1-3　介绍汽车底盘基本知识 ·· 24
　　任务 1-4　介绍汽车车身基本知识 ·· 32
　　任务 1-5　介绍汽车电气基本知识 ·· 37

项目二 ▶ 发动机曲柄连杆机构工作过程分析 ························· 47

　　任务 2-1　分析机体组零部件结构 ·· 47
　　任务 2-2　分析活塞连杆组零部件结构 ······································ 56
　　任务 2-3　分析多缸发动机的工作循环 ······································ 62
　　知识拓展：可变压缩比技术 ··· 70

项目三 ▶ 发动机配气机构工作过程分析 ································ 72

　　任务 3-1　绘制配气相位图 ·· 72
　　任务 3-2　分析配气机构的零部件结构 ······································ 77
　　任务 3-3　展示可变配气相位的优点 ··· 93

项目四 ▶ 汽油机燃料供给系工作过程分析 ··························· 99

　　任务 4-1　分析电控燃油喷射系统工作过程 ······························· 99
　　任务 4-2　展示缸内直喷技术的优点 ······································· 121
　　任务 4-3　介绍降低汽油机排放污染措施 ································· 129

项目五 ▶ 柴油机燃料供给系工作过程分析 ·················· 136

  任务 5-1   介绍电控柴油喷射系统 ·················· 136
  任务 5-2   分析电控柴油共轨喷射系统工作过程 ·················· 143
  任务 5-3   介绍降低柴油机排放污染措施 ·················· 152

项目六 ▶ 发动机冷却系与润滑系工作过程分析 ·················· 160

  任务 6-1   分析发动机冷却系工作过程 ·················· 160
  任务 6-2   分析发动机润滑系工作过程 ·················· 171

项目七 ▶ 发动机点火系与起动系工作过程分析 ·················· 181

  任务 7-1   分析汽油机点火系工作过程 ·················· 181
  任务 7-2   分析发动机起动系工作过程 ·················· 187

项目八 ▶ 传动系工作过程分析 ·················· 194

  任务 8-1   分析手动变速传动工作过程 ·················· 194
  任务 8-2   分析自动变速传动工作过程 ·················· 224

项目九 ▶ 行驶系工作过程分析 ·················· 236

  任务 9-1   分析车桥的结构 ·················· 236
  任务 9-2   分析车轮与轮胎的结构 ·················· 246
  任务 9-3   分析悬架的结构与工作过程 ·················· 254

项目十 ▶ 转向系工作过程分析 ·················· 263

  任务 10-1   分析机械转向系工作过程 ·················· 263
  任务 10-2   分析动力转向系工作过程 ·················· 270

项目十一 ▶ 制动系工作过程分析 ·················· 277

  任务 11-1   分析液压制动系工作过程 ·················· 277
  任务 11-2   分析气压制动系工作过程 ·················· 288

任务 11-3　分析制动防滑与稳定控制系统工作过程 …………… 299
知识拓展：电子驻车制动系统 ……………………………………… 309

项目十二 ▶ 介绍新能源汽车 …………………………………… 311

任务 12-1　介绍纯电动汽车 ………………………………………… 311
知识拓展：燃料电池汽车 …………………………………………… 317
任务 12-2　介绍混合动力汽车 ……………………………………… 319

项目一

介绍汽车基本知识

在从事汽车营销、维修服务等相关工作中,经常需要向客户解释说明一些汽车基本知识,这不仅能体现出专业化水平,还能为实现有效沟通,建立良好客户关系创造条件。根据情境需要,能够恰到好处地向客户介绍汽车基本知识是对从业者的一项基本职业能力的要求。本项目包括获取汽车相关信息、介绍汽车发动机基本知识、介绍汽车底盘基本知识、介绍汽车车身基本知识、介绍汽车电气基本知识等任务。

任务1-1 获取汽车相关信息

 学习内容

1. 汽车的分类与国产汽车的编号规则;
2. 车辆识别代号的含义与应用;
3. 汽车的总体构造;
4. 汽车主要技术参数的含义。

 能力要求

1. 能够帮助客户在实际车辆和车辆相关文件上获取车辆信息;
2. 树立以客户为中心的理念,增强服务意识;

3. 具有与客户沟通交流的能力；
4. 具备信息搜集和处理的能力。

**任务引入**

客户购买汽车后，需要到公安机关的车辆管理所办理机动车行驶证，行驶证是准予机动车在我国境内道路上行驶的法定证件。机动车行驶证上详细地记载了许多重要的信息，包括车牌号码、车主姓名、型号类别、发动机号和车架号码、载质量或者乘坐人数、初次登记日期及年度检验记录等。你能够向客户解释行驶证上的车辆型号类别、车架号码的含义吗？通过下面的学习我相信你能够做到。

任务描述

在购买汽车时，客户非常关注车辆的相关参数和配置。请你就某一型号类别的车辆制作一个主要参数表，并解释说明各参数的含义，在学习小组或班级里进行交流汇报。

**相关知识**

汽车是指由动力驱动，具有4个或4个以上车轮的非轨道承载的车辆，主要用于载运人员和（或）货物、牵引载运人员和（或）货物的车辆、特殊用途。

一、汽车分类

1. 按用途分类

汽车按用途，分为乘用车和商用车辆，如图1-1所示。

（1）乘用车

在其设计和技术特性上主要用于载运乘客及其随身行李和（或）临时物品的汽车，包括驾驶员座位在内最多不超过9个座位。它也可以牵引一辆挂车。

（2）商用车辆

在设计和技术特性上用于运送人员和货物的汽车，并且可以牵引挂车。乘用车不包括在内。

（原）中国汽车分类标准将汽车按用途分为8类：

（1）轿车

具有2~9个座位（包括驾驶员座位）、用于载人及其随身物品的汽车。轿车可按发动机排量分级，详情见表1-1。

表1-1 轿车的分级

类型	微型	普通型	中级	中高级	高级
发动机排量/L	<1.0	1.0~1.6	1.6~2.5	2.5~4.0	>4.0

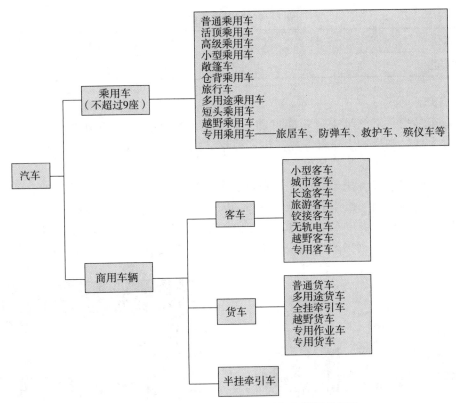

图1-1 GB/T 3730.1—2001对汽车类型的划分

(2) 客车

具有9个以上座位(包括驾驶员座位)、用于载人及其随身物品的汽车。客车可分为单车和铰接式、单层和双层式客车等。客车可按车身长度分级,详情见表1-2。

表1-2 客车的分级

类型	微型	轻型	中型	大型	特大型
车身长度/m	<3.5	3.5~7	7~10	10~12	>12(铰接式) 10~12(双层)

(3) 载货汽车

载货汽车是用于运载各种货物、驾驶室内可容纳2~6个乘员的汽车。载货汽车可按其总质量分级,详情见表1-3。

表1-3 载货汽车的分级

类型	微型	轻型	中型	重型
总质量/t	<1.8	1.8~6	6~14	>14

(4) 越野汽车

越野汽车是可用于非公路或无路地区行驶的、属于高通过性的汽车。越野汽车可以是轿车、客车、载货汽车或其他用途的汽车。常见的轮式越野汽车都装备越野轮胎并采用全轮驱动。越野汽车可按其总质量分级,详情见表1-4。

表1-4 越野汽车的分级

类型	轻型	中型	重型
总质量/t	<5.0	5.0~13	>13

(5) 自卸汽车

自卸汽车是指载货汽车中货箱能自动举升、货箱栏板能自动打开并倾卸散装货物的汽车。它可大大减轻卸货的工作量，提高生产效率。主要用于工矿企业。

(6) 牵引汽车

专门或主要用于牵引挂车的汽车，分为半挂牵引汽车和全挂牵引汽车两种。半挂牵引汽车后部设有牵引座，用于牵引和支承挂车前端，如图1-2所示。全挂牵引汽车本身独立，带有货厢，其外形与载货汽车的相似，但其长度和轴距较短。在其尾部设有拖钩，用来拖带挂车，如图1-3所示。牵引汽车都装有挂车的制动装置及挂车的电气接线板等。

图1-2 半挂牵引汽车及挂车

图1-3 全挂牵引汽车及挂车

(7) 专用汽车

专用汽车是用于完成特定作业任务、根据特殊的使用要求设计或改装而成的汽车，其种类很多，如冷藏车、集装箱车、售货车、检阅车、起重车、混凝土搅拌车、公安消防车、救护车等。

(8) 半挂车

半挂车是指由半挂牵引车牵引、其部分质量由其牵引车承受的挂车。按厂定最大总质量的分级见表1-5。

表1-5 半挂车的分级

类型	轻型	中型	重型	超重型
总质量/t	<7.1	7.1~19.5	19.5~34	>34

2. 按动力装置分类

汽车按动力装置可分为汽油发动机汽车、柴油发动机汽车、混合动力汽车、电动汽车、燃料电池复合动力汽车。

(1) 汽油发动机汽车

汽油发动机功率高，外形紧凑，广泛用于轿车。

(2) 柴油发动机汽车

柴油发动机力矩大，燃油经济性能好，广泛用于商用车和多功能运动（SUV）车。

（3）混合动力汽车

这种类型的汽车装备不同类型的驱动动力，如汽油发动机和电动机。工作时，根据工况需要通过油驱（发动机供能）与电驱（电池供能）两种方式的转换或组合，实现两种动力的最佳利用，提高效能，减少废气排放和节约燃料。

（4）电动汽车

电动汽车（EV）使用电池电源运行电动机，而不是使用燃油，但电池需要充电。它的优点是工作时无废气排放和低噪声。

（5）燃料电池复合动力汽车

燃料电池复合动力汽车（FCHV）使用的电能来自氢燃料与空气中氧气的反应，此反应生成水。它被认为是低污染车辆的最终形式，预计燃料电池复合动力将成为下一代汽车的驱动动力。

3. 按发动机和驱动桥在汽车上的位置分类

发动机和驱动桥在汽车上的位置如图1-4所示。

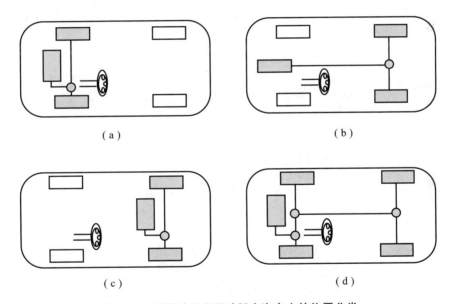

图1-4 按发动机和驱动桥在汽车上的位置分类

(a) FF（发动机前置前轮驱动）；(b) FR（发动机前置后轮驱动）；

(c) RR（发动机后置后轮驱动）；(d) 4WD（全轮驱动）

（1）FF（发动机前置前轮驱动车辆）

FF车辆没有传动轴，结构简单，常见于小轿车。

（2）FR（发动机前置后轮驱动车辆）

FR车辆有很好的重平衡，其控制性和稳定性很好，常见于货车和一些高档轿车。

（3）4WD（四轮驱动）

四轮驱动车可以以稳定的方式在很差的路况下行驶，越野性能好。

二、国产汽车编号规则

1988 年我国颁布了国家标准 GB 9417—88 汽车产品型号编制规则,该标准规定国产汽车型号由汉语拼音字母和阿拉伯数字组成,包括首部、中部、尾部 3 部分内容,如图 1-5 所示。

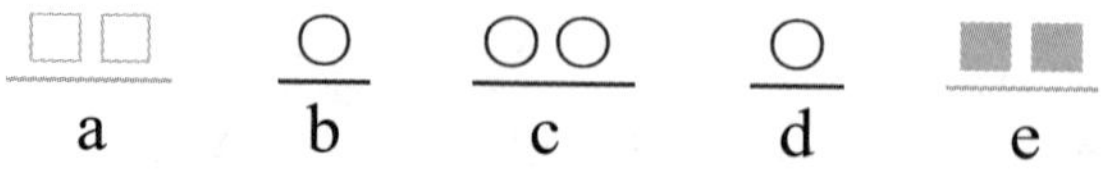

a—企业名称代号;b—车辆类别代号;c—主参数代号;d—产品序号;e—企业自定代号。

图 1-5 汽车编号组成

首部由 2 个汉语拼音字母组成,是企业名称代号。例如,CA 代表中国第一汽车集团公司、BJ 代表北京汽车公司等。

中部由 4 位阿拉伯数字组成。左起首位数字表示汽车类型;中间 2 位数字是汽车的主要特征参数;最末位是产品的生产序号,详见表 1-6。

表 1-6 汽车编号中部的 4 位阿拉伯数字代号的含义

首位数字表示 汽车类型		中间 2 位数字表示各类汽车的主要特征参数	末位数字表示企业 自定的产品生产序号
载货汽车	1	表示汽车总质量(t)的数值; 当汽车总质量小于 10 t 时,前面以"0"占位; 当汽车总质量大于 100 t 时,允许用 3 位数字	以 0,1,2,…依次排列
越野汽车	2		
自卸汽车	3		
牵引汽车	4		
专用汽车	5		
客车	6	表示汽车的总长度以 0.1 m 为计算单位的数值; 当汽车总长度大于 10 m 时,计算单位为 m	
轿车	7	表示发动机的工作容积以 0.1 L 为计算单位的数值	
	8	(空)	
半挂车及 专用半挂车	9	表示汽车的总质量(t)的数值; 当汽车总质量小于 10 t 时,前面以"0"占位; 当汽车总质量大于 100 t 时,允许用 3 位数字	

尾部分为两部分:前部分由汉语拼音字母组成,表示专用汽车分类代号,例如,X 代表厢式汽车、G 代表罐式汽车、C 代表仓栅式汽车等;后部分为企业自定代号。当同一种汽车结构略有变化,需加以区别时,可用汉语拼音字母或数字表示,位数由企业自定。基本型汽车一般没有尾部。

三、车辆识别代号

车辆识别代号 VIN（Vehicle Identification Number），也称为17位编码，是国际上通用的标识机动车辆的代码，是制造厂家给每一辆车指定的一组字码，一车一码，就如人的身份证一样，具有在世界范围内对一辆车的唯一识别性。当一辆新出厂的车被刻上 VIN 代号时，此代号将伴随着该车辆的注册、保险、年检、维修与保养、回收或报废而被载入该车的服役档案。利用 VIN 代号可方便地查找车辆的制造者、销售者及使用者。

车辆识别代号 VIN 位于易于看到并且能够防止磨损或替换的部位，选择的部位一般在仪表盘与前挡风玻璃左下角的交界处、发动机前横梁上、左前门边或立柱上、驾驶员左腿前方或前排左座椅下方等部位。

国家标准 GB 16735—2019《道路车辆 车辆识别代号（VIN）》是我国汽车生产的强制性标准，它规定在每一辆出厂的汽车上必须标有 VIN 代号。通常 VIN 代号也是车架号码。

车辆识别代号 VIN 由三部分组成，如图1-6所示。

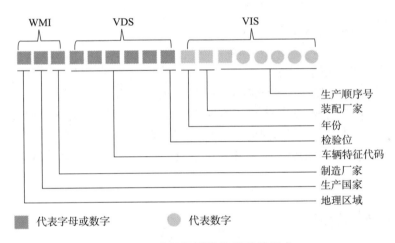

图1-6 车辆识别代号 VIN 的组成

（1）第一部分

世界车辆制造厂识别代码（WMI），它具有世界车辆制造厂的唯一性。WMI 共有3位字码，由车辆制造厂所在国家或地区的授权机构预先分配，用来代表生产国家、制造厂家、车辆类别。例如，LFV—中国一汽大众、LFW—中国第一汽车集团公司、WDB—德国奔驰、WBA—德国宝马、KMH—韩国现代等。其中，第一位字码代表生产国家，为国际汽车厂通用。如：1—美国、2—加拿大、3—墨西哥、J—日本、L—中国、Z—意大利等。

ISO 组织授权美国汽车工程师学会 SAE 作为其国际代理，负责为世界各国指定地区代码及国别代码，还负责 WMI 的保存与核对。

（2）第二部分

车辆说明部分（VDS），包括6位字码，如果制造厂家所用字码不足6位，应在剩余的位置填入制造厂家选定的字母或数字，以表现车辆的一般特征，其代码及顺序由制造厂家决定。

（3）第三部分

车辆指示部分（VIS），是 VIN 的最后部分，由 8 位字码组成。VIS 部分的第 1 位字码代表年份（年份代码 30 年循环一次）。第 2 位字码代表装配厂家，后 6 位表示生产顺序号。如果车辆制造厂家年产量小于 1 000 辆，则 VIS 的第 3、4、5 位字码应与第一部分的 3 位字码表示同一个车辆制造厂家，第 6、7、8 位字码用来表示生产顺序号。

例如，某辆凌志（LEXUS）轿车的 VIN 识别代号为 JT8BDl0UBYO015678。其含义如下：

第 1 位：生产国家代码（J——日本）；
第 2 位：制造厂家代码（T——丰田汽车公司）；
第 3 位：车辆类别代码（8——乘用车）；
第 4 位：车身类型代码（B——四门乘用车）；
第 5 位：发动机型号代码（D——2JZGE 3.0L V6）；
第 6 位：汽车系列类型代码（l——RX300）；
第 7 位：安全防护系统代码（0——双前部和侧向安全气囊）；
第 8 位：汽车型号代码（U——RX300）；
第 9 位：检验代码（制造厂家内部编码）；
第 10 位：生产年份代码（Y——2000）；
第 11 位：总装工厂代码（O——日本）；
第 12~17 位：出厂顺序代码。

随着车型年款和汽车发往国家的不同（各国政府对 VIN 有不同规定），VIN 规定会有所不同。有的按公司各车分部进行规定（美国 GM），有的直接按系列车型或车名进行规定（如日本凌志汽车）。在实际中，一般要有两种 VIN 规定才可验证出一辆车的型号和车型参数，因此，大量积累这方面的资料具有重要的意义。随着年款的变化，今后还会陆续出现各种 VIN 规定。

四、汽车总体构造

汽车通常由发动机、底盘（传动系、行驶和控制装置）、车身和电气设备等部分组成。图 1-7 所示为典型的轿车总体构造。

1. 发动机

发动机是汽车的动力装置，其作用是使加入其中的燃料燃烧而产生动力。一般汽车都采用往复活塞式内燃机，它由曲柄连杆机构、配气机构、燃料供给系、冷却系、润滑系、点火系（汽油发动机用）和起动系组成，如图 1-8 所示。

图 1-7　轿车总体构造

2. 底盘

（1）传动系

传动系是将发动机输出的动力传给驱动车轮的装置，它包括离合器、变速器、传动轴、驱动桥、主减速器、差速器等部件，如图 1-9 所示。

图1-8　汽车发动机及其附件

图1-9　汽车传动系

（2）行驶和控制装置

行驶和控制装置是将汽车各总成及部件连接成一个整体，起到支撑全车并保证汽车正常行驶的装置，它包括悬架、转向器、制动器、车轮等部件，如图1-10～图1-12所示。

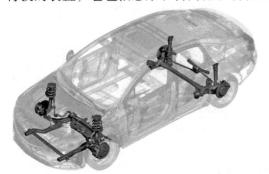

图1-10　汽车行驶装置

图1-11　汽车转向装置

图1-12　汽车制动装置

3. 车身

车身是形成驾驶员和乘客乘坐空间的装置，也是存放行李等物品的装置，因此它既要为驾驶员提供方便的操作条件，又要为乘客提供舒适的环境；既要保护全体乘员的安全，又要保证货物的完好无损。也就是说，车身既是安全部件，又是承载部件。在现代汽车中，它是技术与艺术有机结合的艺术品。轿车车身由本体、内外装饰和车身附件等组成，如图1-13所示。

4. 电气设备

电气设备是汽车的重要组成部分，它由电源、起动系、照明和信号装置、空调、仪表和报警系统以及辅助电器等组成。对于高级轿车来说，它更多地采用了现代新技术，尤其是电子技术，如微处理机、中央计算机系统及各种人工智能装置等，从而显著地提高了汽车的性能，如图1-14所示。

图1-13　汽车车身

图1-14　汽车电气设备

五、汽车主要技术参数

为了说明汽车的主要性能与结构，经常使用一些参数进行表示，汽车常用的主要结构参数如图1-15所示。

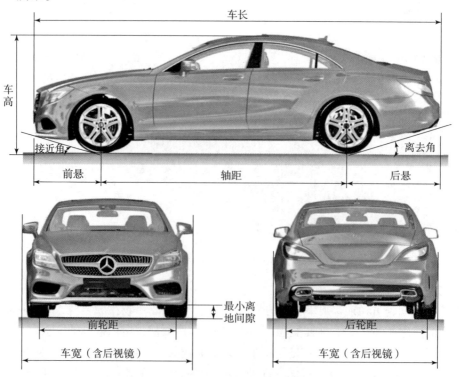

图1-15　汽车常用的主要结构参数

①整车装载质量：汽车完全装备好的质量（kg，以下各质量参数相同），是指完整的发动机、底盘、车身、全部电气设备和车辆正常行驶所需要的辅助设备（包括足量的燃料、润滑油及冷却液，随车工具等）的质量之和。

②最大总质量：汽车满载时的质量。

③最大装载质量：最大总质量和整车装载质量之差。

④最大轴载质量：汽车单轴所承载的最大总质量。

⑤车长：垂直于车辆纵向对称平面并分别抵靠在汽车前、后最外端固定突出部位的两个垂直面间的距离（mm，以下各尺寸参数同）。

⑥车宽：平行于车辆纵向对称平面并分别抵靠车辆两侧最外端固定突出部位（除后视镜、侧面标志灯、方位灯、转向指示灯等之外）的两个平面之间的距离。

⑦车高：车辆最高点与车辆支撑平面之间的距离。

⑧轴距：汽车前后轴中心线的水平距离。

⑨轮距：在支撑平面上，同轴左右车轮两轨迹中心间的距离（轴两端为双轮时，为左右两条双轨迹的中间的距离）。

⑩前悬：在直线行驶位置时，汽车前端刚性固定件的最前点到通过两个前轮轴线的垂面间的距离。

⑪后悬：汽车后端刚性固定件的最后点到通过最后车轮轴线的垂面间的距离。

⑫最小离地间隙：满载时，车辆支撑平面与车辆最低点之间的距离。

⑬接近角：汽车的前端突出点向前轮引的切线与地面的夹角（°）。

⑭离去角：汽车的后端突出点向后轮引的切线与地面的夹角（°）。

⑮转弯直径：转向盘转到极限位置，外侧转向轮的中心平面在车辆支撑面上的轨迹圆的直径（mm）。

⑯最高车速：汽车在平坦公路上行驶时能达到的最大速度（km/h）。

⑰最大爬坡度：汽车满载时的最大爬坡能力（%）。

⑱平均燃料消耗量：汽车在公路上行驶时的平均燃料消耗量［L/(100 km)］。

随堂测试

1. 汽车按用途，分为_____和_____。
2. FF 汽车是指发动机_____，_____驱动。
3. 车辆识别代号 VIN，也称_____位编码，是国际上通用的标识机动车辆的代码。
4. 汽车由_____、_____、_____和_____4 部分组成。
5. 评价汽车动力性指标主要包括最大加速能力、_____、_____。

任务实施

任 务 工 单

任务名称：获取汽车相关信息			
姓名：	班级：		学号：
任务描述	用户在购买汽车时非常关注车辆的相关参数和配置。请你就某一型号类别车辆制作一个主要参数表，并解释说明各参数的含义，在学习小组或班级里进行交流汇报		
能力目标	1. 能够帮助客户在实际车辆和车辆相关文件上获取车辆信息； 2. 树立以客户为中心的理念，增强服务意识； 3. 具有与客户沟通交流能力； 4. 具备信息搜集和处理能力		
实施准备	1. 教学用车辆； 2. 车辆相关文件； 3. 汇报用纸、笔等		
实施步骤	自主学习	学习相关知识； 获取相关信息； 个人制作车辆主要参数表	
	小组讨论	以学习小组形式进行讨论，形成小组汇报成果	
	小组汇报	汇报小组成果； 通过角色扮演的方式在实际车辆和车辆相关文件上帮助客户获取车辆信息	
自我反思	在专业能力、关键能力等方面的收获或体会：		

| 项目一 介绍汽车基本知识

任务1-2　介绍汽车发动机基本知识

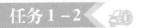

　学习内容

1. 汽车发动机的分类；
2. 发动机结构基本术语；
3. 四行程发动机的工作原理；
4. 发动机产品名称和型号编制规则；
5. 发动机的总体构造；
6. 发动机的主要性能指标与特性。

　能力要求

1. 能够向客户介绍或解答发动机相关知识；
2. 树立以客户为中心的理念，增强服务意识；
3. 具有与客户沟通交流的能力；
4. 具备通过查询资料完成任务的信息搜集和处理能力。

　任务引入

发动机是汽车的动力源，称为汽车的"心脏"，其直接影响汽车的性能。人们在购车或使用中对发动机都很重视，你能够根据客户需要向其介绍发动机相关知识吗？通过下面的学习，相信你一定能够做到。

　任务描述

客户在购买或使用汽车时非常关注发动机的性能。请你就某一型号类别车辆的发动机制作一个发动机的主要参数和性能表，并解释说明各参数的含义，在学习小组或班级里进行交流汇报。

一、汽车发动机的分类

发动机是将某一种形式的能量转换为机械能的机器。汽车的动力来自发动机。将燃料燃烧所产生的热能转变为机械能的发动机，称为热力发动机（简称热机）。热力发动机一般又分为内燃机与外燃机。内燃机是将液体燃料或气体燃料和空气混合后直接输入机器内部燃烧产生热能，热能再转变为机械能的装置。外燃机是指燃料在机器外部的锅炉内燃烧，加热锅炉的水，使之变为高温高压的水蒸气，再送往机器内部，将其热能转变为机械能的装置。

内燃机与外燃机相比，具有热效率高、体积小、起动性能好、便于移动和维修方便等优点，因而广泛地被应用于现代汽车及其他交通工具中。

根据发动机将热能转变为机械能的主要构件形式，车用发动机可分为活塞式内燃机与燃气轮机两大类。活塞式内燃机按活塞运动方式，分为往复活塞式和旋转活塞式两种。往复活塞式内燃机在汽车上应用最为广泛。

汽车发动机，专门指往复活塞式内燃机，其分类方法有很多，按照不同的分类方法，可以把发动机分成不同类型。发动机的分类如图1-16所示。

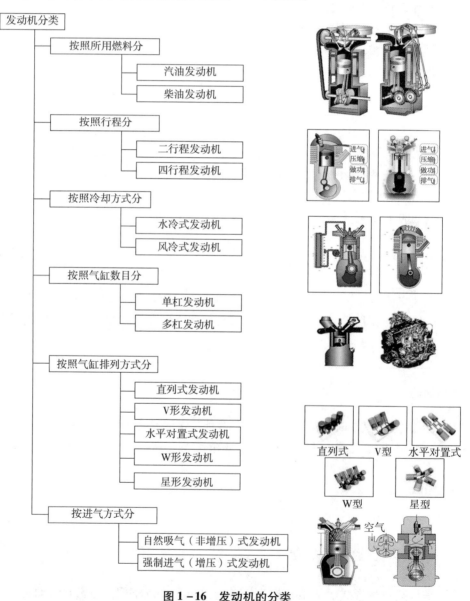

图1-16 发动机的分类

二、发动机结构基本术语

发动机的基本术语如图1-17所示。

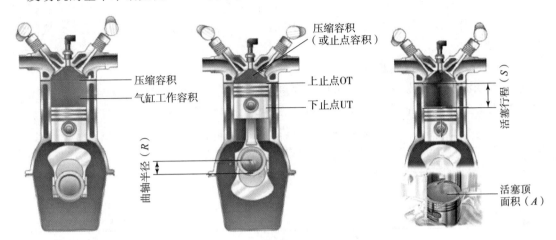

图1-17 发动机的基本术语

①上止点：活塞顶部离曲轴中心的最远处，即活塞最高的位置。
②下止点：活塞顶部离曲轴中心的最近处，即活塞最低的位置。
③活塞行程（S）：上、下止点间的距离。
④曲轴半径（R）：曲轴与连杆下端的连接中心至曲轴中心的距离。
⑤气缸工作容积V_c：活塞从上止点到下止点所扫过的容积称为气缸工作容积或气缸排量，用符号V_h表示。多缸发动机各气缸工作容积的总和，称为发动机工作容积或发动机排量，用符号V_L（单位为L）表示。

$$V_L = \frac{\pi D^2}{4 \times 10^3} Si$$

式中　D——气缸直径，单位为cm；
　　　S——活塞行程；单位为cm；
　　　i——气缸数。

⑥燃烧室容积：活塞在上止点时，活塞顶上面的空间为燃烧室，它的容积叫作燃烧室容积（单位为L）。
⑦气缸总容积：活塞在下止点时，活塞顶上面整个空间的容积（单位为L）。它等于气缸工作容积与燃烧室容积的和，气缸总容积用符号V_a表示。

$$V_a = V_h + V_c$$

⑧压缩比（ε）：气缸总容积与燃烧室容积的比值，即

$$\varepsilon = V_a / V_c = 1 + V_h / V_c$$

它表示活塞由下止点运动到上止点时，气缸内气体被压缩的程度。压缩比越大，则压缩终止时气缸内的压力和温度就越高。

目前，一般车用汽油机的压缩比为8~12。如一汽奥迪A6轿车的六缸2.4 L发动机压缩比为10.5。柴油机的压缩比为15~22。

三、四行程发动机的工作原理

汽油机是将汽油和空气混合的可燃混合气吸入发动机气缸内,用电火花强制点燃使其燃烧,并产生热能而膨胀做功的发动机。柴油机是利用喷油泵使柴油在高压下由喷油器直接喷入发动机气缸内,并与气缸内已经被压缩的高温空气混合形成混合气,自燃后产生热能而膨胀做功的发动机。

1. 四行程汽油机的工作原理

四行程汽油机每完成一个工作循环,需要经过进气、压缩、膨胀(做功)和排气 4 个行程,见表 1-7。对应活塞上下 4 个行程,相应的曲轴旋转 720°(两圈)。

表 1-7 四行程汽油机的工作原理

行程	说明	图示
进气行程	由于曲轴的旋转,活塞从上止点向下止点运动,这时排气门关闭,进气门打开。随着活塞下移,气缸内容积增大,压力减小,在气缸内产生真空吸力,空气经滤清器后与喷油器供给的汽油混合成可燃混合气,通过进气门被吸入气缸,直至活塞向下运动到下止点	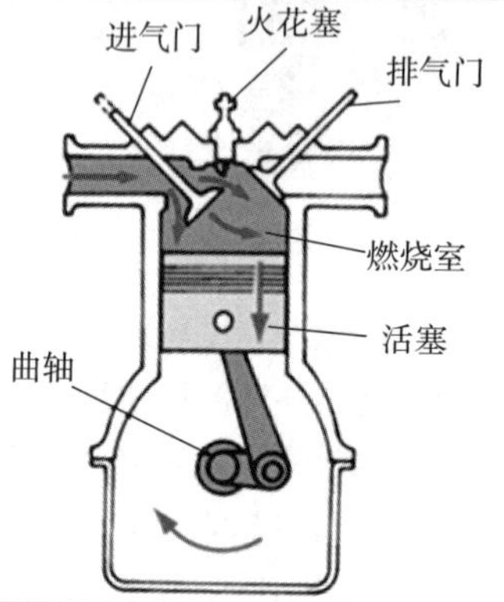
压缩行程	曲轴继续旋转,活塞从下止点向上止点运动,这时进气门和排气门都关闭,气缸内成为封闭空间,可燃混合气受到压缩,压力和温度不断升高,当活塞到达上止点时,压缩行程结束。汽油机的压缩比一般为 8~12	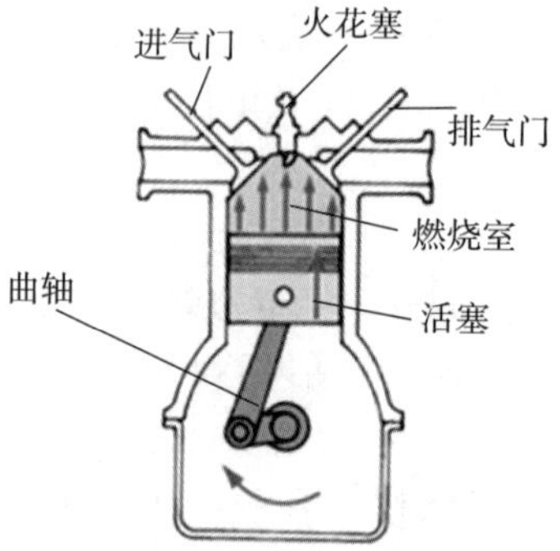
做功行程	在这个行程中,进气门和排气门仍然保持关闭。当活塞位于压缩行程接近上止点的位置时,火花塞产生电火花,点燃可燃混合气,可燃混合气燃烧后放出大量的热,使气缸内气体温度和压力急剧升高,高温高压导致气体膨胀,推动活塞从上止点向下止点运动,通过连杆使曲轴旋转并输出机械功。当活塞运动到下止点时,做功行程结束	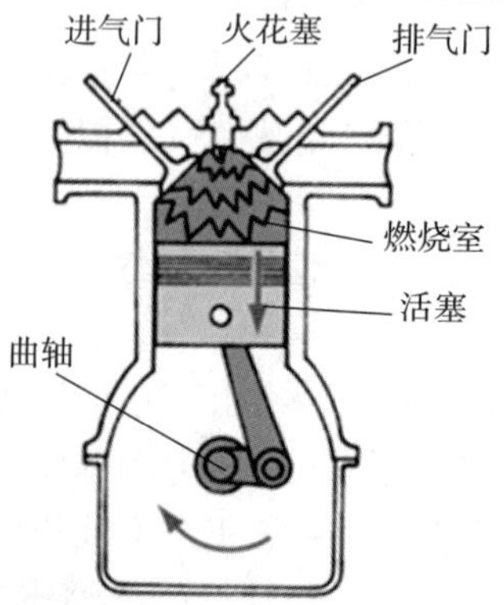

续表

行程	说明	图示
排气行程	当做功接近终止时,排气门开启,进气门仍然关闭,靠废气的压力先自由排气,活塞到达下止点再向上止点运动时,强制把废气排出到大气中去,活塞越过上止点后,排气门关闭,排气行程结束	

2. 四行程柴油机工作原理

四行程柴油机（压燃式发动机）和四行程汽油机一样，每个工作循环也经历进气、压缩、做功、排气4个行程。由于柴油机用的柴油的黏度比汽油的大，不易蒸发，并且自燃温度又比汽油的低，因此，可燃混合气的形成及着火方式便不同于汽油机。

图 1-18 所示为四行程柴油机工作示意图。柴油机在进气行程中吸入的是纯空气。在压缩行程接近终止时，柴油经喷油器将油压提高到 10 MPa 以上，通过喷油器的高压喷射，柴油分散成数以百万计的细小油雾喷入气缸，在很短时间内与压缩后的高温空气混合，形成可燃混合气。因此，柴油机混合气的形成不同于汽油机，它是在气缸内形成的。

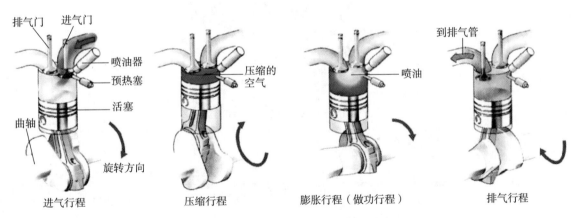

图 1-18 四行程柴油机的工作原理示意图

由于柴油机压缩终止时气缸内空气压力可达 3.5~4.5 MPa，同时温度高达 750~1 000 K，大大超过了柴油的自燃温度，故柴油喷入气缸后，在很短时间内与高温高压空气混合后便立即自行发火燃烧。气缸内气压急剧上升到 6~9 MPa，温度也升到 2 000~2 500 K。在高压气体推动下，活塞向下运动并带动曲轴旋转而做功，废气同样经排气管排入大气中。

柴油机与汽油机相比，各有特点。柴油机因压缩比高，燃油消耗率比汽油机的平均低 30% 左右，故燃油经济性较好，并且柴油机没有电气和点火系统的故障。一般载质量在 7 t 以上的载货汽车多用柴油机。但柴油机转速比汽油机的低（一般最高转速为 2 500~

3 000 r/min)、质量大、制造和维修费用高（因为喷油泵和喷油器的加工精度要求较高）。柴油机的这些弱点被逐渐克服，它的应用范围普及中、轻型载货汽车。目前部分轿车也采用柴油机，其最高转速可达 5 000 r/min 以上。

汽油机具有转速高（目前轿车用汽油机最高转速达 5 000~6 000 r/min）、质量小、工作噪声小、起动容易、工作稳定、操作省力、适应性好、制造和维修费用低等特点，故在轿车、中小型载货汽车及军用越野车上得到广泛的应用。但汽油机燃油消耗率较高，因而其燃料经济性差。

四、发动机的总体构造

发动机是一部复杂的机器，不同类型的发动机，其具体结构也各不相同，但基本构造相似。通常，汽油机由两大机构五大系统组成，柴油机由两大机构四大系统组成（没有点火系）。常见轿车四缸发动机结构如图 1-19 所示。

图 1-19 轿车四缸发动机

汽油机的两大机构五大系统的组成见表 1-8。

表 1-8 汽油机的两大机构五大系统的组成

机构/系统	组成及作用	构造图
曲柄连杆机构	组成：由机体组、活塞连杆组和曲轴飞轮组等组成。 作用：将燃气作用在活塞顶部的力转变成曲轴的转矩，以向工作机械输出机械能	

续表

机构/系统	组成及作用	构造图
配气机构	组成：由气门组、气门传动组和气门驱动组组成。 作用：根据发动机的工作顺序和工作过程，定时开启和关闭进气门和排气门，使可燃混合气或空气进入气缸，并使废气从气缸内排出，实现换气过程	
燃料供给系	作用：汽油机燃料供给系的作用是根据发动机的要求，配制出一定数量和浓度的混合气，供入气缸，并将燃烧后的废气从气缸内排出到大气中去。 柴油机燃料供给系的作用是把柴油和空气分别供入气缸，在燃烧室内形成混合气并燃烧，最后将燃烧后的废气排出	
润滑系	组成：润滑系通常由润滑油道、机油泵、机油滤清器和一些阀门等组成。 作用：润滑系的作用是向做相对运动的零件表面输送定量的清洁润滑油，以实现液体摩擦，减小摩擦阻力，减轻机件的磨损，并对零件表面进行清洗和冷却	
冷却系	组成：水冷发动机的冷却系通常由冷却水套、水泵、风扇、水箱、节温器等组成。 作用：冷却系的作用是将受热零件吸收的部分热量及时散发出去，保证发动机在最适宜的温度状态下工作	
点火系	组成：点火系通常由蓄电池、发电机、点火线圈和火花塞等组成。 作用：在汽油机中，气缸内的可燃混合气是靠电火花点燃的，因此在汽油机的气缸盖上装有火花塞，火花塞头部伸入燃烧室内。能够按时在火花塞电极间产生电火花的全部设备称为点火系	
起动系	要使发动机由静止状态过渡到工作状态，必须先用外力转动发动机的曲轴，使活塞做往复运动，气缸内的可燃混合气燃烧膨胀做功，推动活塞向下运动使曲轴旋转。这样发动机才能自行运转，工作循环才能自动进行。因此，曲轴在外力作用下开始转动到发动机开始自动地怠速运转的全过程，称为发动机的起动。 完成起动过程所需的装置，称为发动机的起动系	

五、发动机的主要性能指标与特性

1. 动力性指标

发动机的动力性指标包括有效转矩、有效功率等。

（1）有效转矩

发动机通过飞轮对外输出的转矩称为发动机的有效转矩，用 M_e 表示，单位为 $\text{N} \cdot \text{m}$。发动机的转矩是由气体作用在活塞上的力通过连杆推动曲轴而产生的。

（2）有效功率

发动机通过飞轮对外输出的功率称为发动机的有效功率，用 P_e 表示，单位为 kW。它等于有效转矩与曲轴角速度的乘积。发动机的有效功率可以用台架试验方法测定。在测功器上测定有效转矩和曲轴转速，然后运用以下公式算出发动机的有效功率（单位为 kW）：

$$P_e = M_e \frac{2\pi n}{60} \times 10^{-3} = \frac{M_e n}{9\,550}$$

式中　　M_e——有效转矩，单位为 $\text{N} \cdot \text{m}$；

　　　　n——曲轴转速，单位为 r/min。

发动机产品铭牌上标明的功率及相应的转速称为标定功率和标定转速。按内燃机台架试验国家标准规定，发动机的标定功率分为 15 min 功率、1 h 功率、12 h 功率和持续功率四种。鉴于汽车发动机经常在部分负荷，即较小的功率下，仅克服上坡阻力和加速等情况下工作才短时间地使用最大功率，为了保证发动机有较小的结构尺寸和质量，汽车发动机经常用 15 min 功率作为标定功率。

2. 经济性指标

一般用燃油消耗率表示发动机的经济性指标。燃油消耗率指发动机每发出 1 kW 的有效功率时，在 1 h 内消耗的燃油质量（以 g 为单位），用 g_e 表示。很明显，燃油消耗率越低，发动机的燃油经济性指标越好。

燃油消耗率［单位为 $\text{g}/(\text{kW} \cdot \text{h})$］按下式计算：

$$g_e = \frac{G_f}{P_e} \times 10^3$$

式中　　G_f——发动机每单位时间的耗油量，单位为 kg/h，可由试验测定；

　　　　P_e——发动机的有效功率，单位为 kW。

3. 速度特性

发动机的速度特性指发动机的功率、转矩和燃油消耗率三者随曲轴转速变化的规律。该特性可在发动机试验台上（例如测功器试验台）通过试验测得。试验时，当节气门开度达到最大时，所得到的速度特性称为发动机外特性。图 1-20 所示为汽油发动机外特性曲线。相应地，把在节气门其他开度情况下得到的速度特性称为部分特性。

发动机外特性代表了发动机所具有的最高动力性能。

外特性曲线上标出的发动机最大功率和最大转矩及其相应的转速是表示发动机特性的重要指标。当分析发动机外特性是否符合使用要求时，要关联汽车的使用条件，例如道路情况、要求克服的阻力数值、最高车速等。

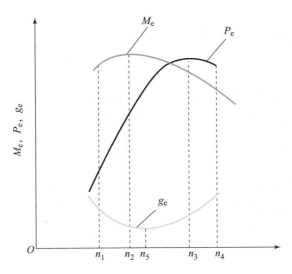

图 1-20 汽油发动机外特性曲线

4. 发动机的工况与负荷

发动机工作状况（简称发动机工况）一般用它的功率与曲轴转速来表征，有时也用负荷与曲轴转速来表征。

发动机在某一转速下的负荷就是发动机当时发出的功率与同一转速下可能发出的最大功率之比，以百分数表示。

图 1-21 表示某汽油发动机的一组特性曲线。Ⅰ表示相应于节气门全开时的外特性曲线，Ⅱ、Ⅲ分别表示节气门开度依次减小得到的部分特性曲线。

由图可知，当 $n=3\,500$ r/min 时，由于节气门开度不同，则在该转速下该汽油发动机可能发出的最大

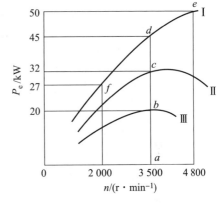

图 1-21 发动机的负荷

功率为 45 kW。该转速下Ⅱ、Ⅲ位置所对应的功率分别为 32 kW、20 kW。根据对负荷的定义，可求出 a、b、c、d 4 个位置的工况下的负荷值。

工况 a：负荷为 0（称为发动机空转工况）；

工况 b：负荷 = 20/45 × 100% = 44.4%；

工况 c：负荷 = 32/45 × 100% = 71.7%；

工况 d：负荷 = 45/45 × 100% = 100%（发动机全负荷）。

因此，外特性曲线上各点表示在各转速下的全负荷工况，但在同一条部分特性曲线上各点的负荷值却不相同。在同一转速下，节气门开度越大，表示负荷越大，但是二者并不成正比。

注意：负荷和功率的概念不要混淆。如某一转速时全负荷（如 d 点），并不意味着是发动机的最大功率。发动机的最大功率应当是工况 e 的功率。又如工况 f，虽然功率比工况 c 小，但却是全负荷。这就是说，功率大小并不代表负荷的大小。

随堂测试

1. 活塞从_____到_____所扫过的容积称为气缸工作容积或气缸排量,用符号 V_h 表示。多缸发动机各气缸工作容积的总和,称为发动机工作容积或发动机排量。
2. 四行程发动机的工作过程可分为_____、_____、_____和_____四个行程。
3. 柴油机与汽油机相比,主要是_____和_____不同。
4. 汽油机由两大机构五大系统组成,柴油机由_____机构_____系统组成。
5. 发动机的动力性指标主要有_____、_____等。

项目一 介绍汽车基本知识

任务实施

任 务 工 单

任务名称：介绍汽车发动机基本知识			
姓名：		班级：	学号：
任务描述	用户在购买或使用汽车时，非常关注发动机的性能，请你就某一型号类别车辆的发动机制作一个发动机的主要参数和性能表，并解释说明各参数的含义，在学习小组或班级里进行交流汇报		
能力目标	1. 能够向客户介绍或解答发动机相关知识； 2. 树立以客户为中心的理念，增强服务意识； 3. 具有与客户沟通交流的能力； 4. 具备通过查询资料完成任务的信息搜集和处理能力		
实施准备	1. 教学用车辆和发动机实验台架； 2. 车辆和发动机相关文件； 3. 汇报用纸、笔等		
实施步骤	自主学习	学习相关知识； 获取相关信息； 个人制作车辆发动机的配置及主要参数表	
	小组讨论	以学习小组形式进行讨论，形成小组汇报成果	
	小组汇报	汇报小组成果； 汇报小组成果并通过角色扮演的方式在实际车辆和发动机台架上向客户介绍发动机相关知识	
自我反思	在专业能力、关键能力等方面的收获或体会：		

· 23 ·

任务1-3　介绍汽车底盘基本知识

 学习内容

1. 传动系基本知识；
2. 行驶系基本知识；
3. 转向系基本知识；
4. 制动系基本知识。

 能力要求

1. 能够向客户介绍或解答汽车底盘相关知识；
2. 树立以客户为中心的理念，增强服务意识；
3. 具有与客户沟通交流的能力；
4. 具备通过查询资料完成任务的信息搜集和处理能力。

 任务引入

底盘是汽车的重要组成部分，直接影响汽车的性能。人们在购车时经常会问到该车是前轮驱动还是后轮驱动、转向是否轻便等问题，你能够根据客户需要向其介绍汽车底盘相关知识吗？

 任务描述

用户在购买或使用汽车时，非常关注汽车底盘的性能，请你就某一型号类别车辆制作一个底盘的主要配置表，并解释说明各配置（或参数）的含义，在学习小组或班级里进行交流汇报。

 相关知识

底盘的作用是支承、安装汽车发动机及其各部件、总成，形成汽车的整体造型，并接受发动机的动力，使汽车产生运动，保证正常行驶。汽车底盘由传动系、行驶系、转向系、制动系组成。

一、汽车传动系

1. 传动系的功用

汽车传动系是从发动机到驱动轮之间的所有动力传递装置的总称。基本功用是将发动机发出的动力传递到驱动车轮，使汽车以一定速度行驶。其具有减速与变速、实现倒车、中断动力传动、实现驱动车轮差速等功能。

2. 传动系的布置形式

传动系在汽车上的布置形式有发动机前置后轮驱动（FR）、发动机后置后轮驱动（RR）、发动机前置前轮驱动（FF）、全轮驱动（4WD）、发动机中置后轮驱动（MR）等，如图 1-22 所示。

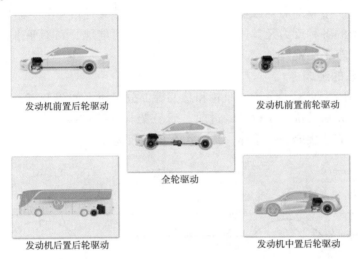

图 1-22　汽车传动系布置形式

（1）发动机前置后轮驱动

发动机前置后轮驱动简称前置后驱动，英文简称为 FR。发动机前置后轮驱动，其发动机布置在汽车前部，动力经过离合器、变速器、万向传动装置、后驱动桥，最后传到后驱动车轮，使汽车行驶，如图 1-5（b）所示。

发动机前置后轮驱动应用广泛，大多数的货车、部分轿车和部分客车采用这种形式。

（2）发动机后置后轮驱动

发动机后置后轮驱动简称后置后驱动，英文简称为 RR。发动机布置在汽车的后部，动力经过离合器、变速器、角传动装置、万向传动装置、后驱动桥，最后传到后驱动车轮，使汽车行驶，如图 1-5（c）所示。这种布置形式便于车身内部的布置，减小室内能听到的发动机的噪声，一般用于大型客车。

（3）发动机前置前轮驱动

发动机前置前轮驱动简称前置前驱动，英文简称为 FF。发动机布置在汽车前部，动力经过离合器、变速器、前驱动桥，最后传到前驱动车轮，使汽车行驶。这种布置形式在变速器与驱动桥之间省去了万向传动装置，使结构简单紧凑，整车质量小，高速行驶时操纵稳定性好，如图 1-5（a）所示。大多数轿车采用这种布置形式，但这种布置形式的爬坡性能相对差些。

（4）发动机前置全轮驱动

发动机前置全轮驱动简称全轮驱动，英文简称为 XWD。发动机布置在汽车前部，动力经过离合器、变速器、分动器、万向传动装置分别到达前后驱动桥，最后传到前后驱动车轮，使汽车行驶，如图 1-5（d）所示。由于所有的车轮都是驱动车轮，因而提高了汽车的越野通过性能，这是越野汽车采取的布置形式。

二、汽车行驶系

1. 汽车行驶系的功用

汽车行驶系的主要功用是：①接受由发动机经传动系传来的转矩，并通过驱动轮与地面之间的附着作用，产生驱动力，以保证整车正常行驶；②承受汽车的总质量；③传递并承受路面作用于车轮上的各种反力及其所形成的力矩；④尽可能地缓和不平路面对车身造成的冲击和振动，保证汽车平顺地行驶。

2. 汽车行驶系的组成

汽车行驶系一般由车架、车桥、车轮和悬架等部分组成，如图1-23所示。主从动车轮分别支承着驱动桥和从动桥，车桥又通过前、后悬架与车架连接。车架是整个汽车的基体，它将汽车的相关总成连接成一个整体，构成汽车的装配基础。

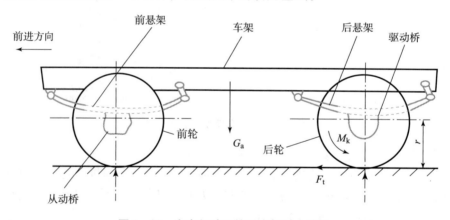

图 1-23　汽车行驶系的组成及受力情况

汽车车架俗称"大梁"，通过悬架装置坐落在车桥上，其上面装有发动机、变速器、传动轴、前后悬架、车身等总成及部件。车架的功用是支承、连接汽车的各总成，使各总成在汽车复杂多变的行驶过程中有正确的相对位置，并承受来自车内外的各种载荷。因此，要求车架具有足够的强度和适当的刚度，同时，降低车架高度，使汽车重心位置降低，保证汽车的行驶稳定性，此外，车架要尽可能轻，以减小整车质量，提高汽车动力性。

汽车车架的结构形式主要有边梁式车架、中梁式车架和综合式车架。其中边梁式车架（图1-24）在载货车上应用最广，轿车普遍采用的是无梁式车架的承载式车身（图1-25）。

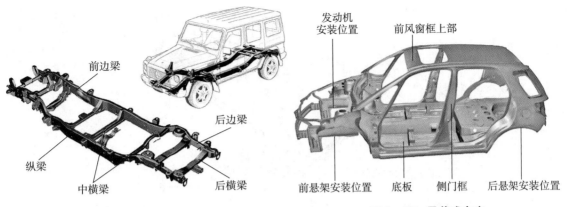

图1-24 边梁式车架　　　　　图1-25 承载式车身

三、汽车转向系

1. 转向系的功用

转向系的功用是保证汽车按照驾驶员的需要来改变行驶方向,而且还可以克服路面侧向干扰力使车轮自行产生的转向,恢复汽车原来的行驶方向。

2. 转向系的分类

转向系可按转向能源的不同,分为机械转向系和动力转向系两大类。

(1) 机械转向系

机械转向系以驾驶员的体力作为转向能源,又称为人力转向系。机械转向系的布置如图1-26所示。

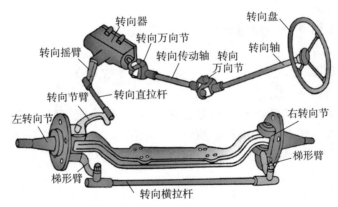

图1-26 货车机械转向系示意图

(2) 动力转向系

为了减轻驾驶员的疲劳程度,增加驾驶的舒适性,保证行车安全,在一些车型中加装了转向加力装置。转向加力装置以发动机输出的动力为能源,在转向时,只有一小部分是驾驶员的体能,大部分是发动机提供的液压能或气压能及转向电动机提供的电能。因此,动力转向系是在机械转向系的基础上加设一套转向加力装置而形成的。液压动力转向系如图1-27所示。

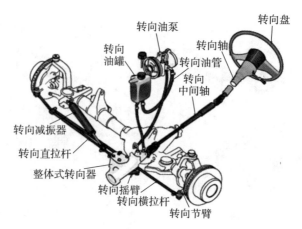

图 1-27 液压动力转向系示意图

3. 转向系有关术语

（1）转向中心

为了避免在汽车转向时产生路面对汽车行驶的附加阻力和轮胎过快磨损，要求转向时所有车轮的轴线都相交于一点，此交点 O 称为转向中心，即保证所有车轮均做滚动，使阻力和轮胎磨损最小，如图 1-28 所示。

汽车转向时，内转向轮偏转角 β 应当大于外转向轮偏转角 α。在车轮为绝对刚体的假设条件下，角 α 与 β 的理想关系式应为：

$$\cot\alpha = \cot\beta + B/L$$

式中　B——两侧主销轴线与地面交点之间的距离，称为轮距；

　　　L——汽车轴距。

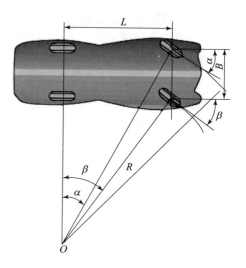

图 1-28 汽车转向示意图

（2）转弯半径

由转向中心 O 到外转向轮与地面接触点的距离 R 称为汽车转弯半径。转弯半径越小，则汽车转向所需场地就越小，机动性能就越好。由图 1-34 可知，当外转向轮偏转角达到最大值 α_{max} 时，转弯半径最小。最小转弯半径 R_{min} 与 α_{max} 的关系为：

$$R_{min} = L/\sin\alpha_{max}$$

（3）转向盘自由行程

转向盘在空转阶段中的角行程称为转向盘自由行程。转向盘自由行程对于缓和路面冲击及避免驾驶员过度紧张是有利的，但不宜过大，以免影响转向灵敏性。一般来说，转向盘从汽车直线行驶的中间位置向任一方向的自由行程最好不超过 10°~15°。当零件磨损严重到使转向盘自由行程超过 25°~30°时，则必须进行调整。

四、汽车制动系

1. 制动系的功用

制动系的功用是根据驾驶员的需要使行驶中的汽车减速甚至停车,使下坡行驶的汽车的速度保持稳定,以及使已停驶的汽车保持不动。

一般汽车应包括两套独立的制动系:行车制动系和驻车制动系。行车制动系是由驾驶员用脚来操纵的,故又称为脚制动系。它的作用是使正在行驶中的汽车减速或在最短的距离内停车。驻车制动系是由驾驶员用手来操纵的,故又称手制动系。它的作用是使已经停在各种路面上的汽车驻留原地不动。但是,在紧急情况下,两套制动系统可同时使用,以增加汽车的制动效果。

2. 制动系的种类

按照制动能源不同,制动系还可分为人力制动系、动力制动系和伺服制动系三种。以驾驶员的力量作为唯一制动能源的制动系称为人力制动系。完全靠发动机的动力转化成的气压或液压作为制动能源的制动系则是动力制动系。兼用人力和发动机的动力作为制动能源的制动系称为伺服制动系。

按照制动回路形式不同,可分为单路、双回路、多回路制动系。目前在汽车上普遍使用的是双回路液压制动系和双回路气压制动系。即所有行车制动系的气压或液压管路分别属于两个或多个彼此独立的回路。这样,即使其中一个回路失效,还能利用其他回路获得部分制动。

3. 制动系的工作原理

图1-29所示是一种简单的液压制动系的工作原理示意图。它由制动器、操纵机构和液压传动机构组成。

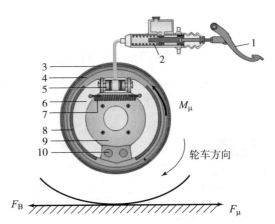

1—制动踏板;2—制动主缸;3—车轮;4—制动鼓;5—制动轮缸;6—制动蹄;
7—回位弹簧;8—摩擦片;9—制动底板;10—支承销。

图1-29 液压制动系的工作原理示意图

车轮制动器主要由旋转部分、固定部分和张开机构组成。旋转部分是制动鼓4,它固定在车轮轮毂上,跟随车轮一起旋转,它的工作面是内圆柱面。固定部分包括制动蹄6和制动底板9等。制动底板用螺栓与转向节凸缘(前轮)或桥壳凸缘(后轮)固定在一起。在固定不动的制动底板上,有两个支承销10,支承着两个弧形制动蹄的下端。制动蹄6的外圆柱面上装有摩擦片 8，上端用制动蹄回位弹簧 7 拉紧压靠在制动轮缸 5 的活塞上。制动蹄 6 可用液压轮缸（或凸轮）等张开机构使其张开。液压轮缸安装在制动底板 9 上。

操纵机构主要是制动踏板 1。

传动机构主要是由推杆、制动主缸 2、制动轮缸 5 和油管等组成。装在车架上的制动主缸 2 用油管与制动轮缸是相连通。主缸活塞由驾驶员通过制动踏板 1 来操纵。

制动系不工作时，制动鼓的内圆柱面与制动蹄 6 摩擦片的外圆柱面之间保留有一定的间隙，使制动鼓可以随车轮自由旋转。

制动时，踩下制动踏板 1，推杆便推动主缸活塞，使主缸中的油液以一定压力流入制动轮缸 5，通过轮缸活塞使两制动蹄的上端向外张开，从而使摩擦片压紧在制动鼓 4 的内圆柱面上。这样，不旋转的制动蹄 6 就对旋转着的制动鼓 4 产生一个摩擦力矩 M_μ，其作用方向与车轮旋转方向相反，摩擦力矩的大小取决于轮缸的张力、摩擦因数和制动鼓 4 及制动蹄 6 的尺寸等。制动鼓 4 将力矩 M_μ 传到车轮后，由于车轮与路面间的附着作用，车轮即对路面作用一个向前的制动力 F_μ，与此同时，路面给车轮作用一个向后的反作用力 F_B，即制动力。制动力 F_B 由车轮经车桥和悬架传递给车架和车身，迫使整个汽车产生一定的减速度。制动力越大，减速度也越大。当松开制动踏板 1 时，制动蹄 6 的回位弹簧 7 即将制动蹄 6 拉回原位，摩擦力矩 M_μ 和制动力 F_B 消失，制动作用即行解除。

制动时车轮上的制动力 F_B 不仅取决于制动力矩 M_μ，还取决于轮胎与路面间的附着条件。如果完全失去附着，就不会产生制动效果，即车轮停止转动而被抱死，汽车仍然向前滑动。不过，在讨论制动系的结构问题时，一般都假设具备良好的附着条件。

随堂测试

1. 汽车底盘由_____、_____、_____、_____组成。
2. 图 1-30 所示是发动机前置四轮驱动示意图，请标注出各序号所指总成或部件名称。
1—_____、2—_____、3—_____、4—_____、5—_____、6—_____、7—_____、8—_____、9—_____、10—_____。

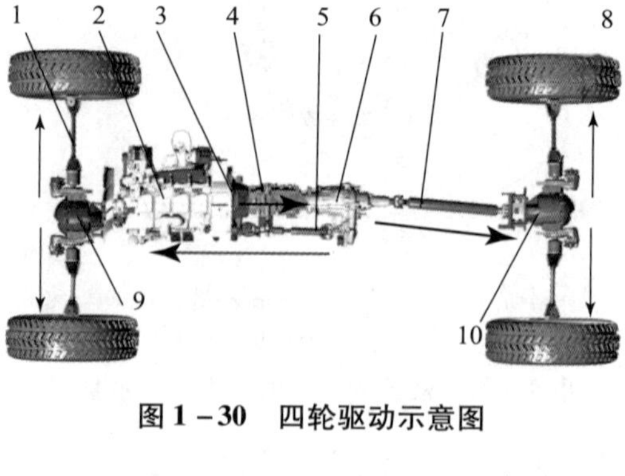

图 1-30 四轮驱动示意图

3. 汽车行驶系一般由_____、_____、_____和_____等部分组成。
4. 汽车的转弯半径越小，则汽车转向所需场地就越_____，机动性能越_____。
5. 一般汽车应包括两套独立的制动系：_____和_____。

任务实施

任 务 工 单

任务名称：介绍汽车底盘基本知识			
姓名：		班级：	学号：
任务描述	用户在购买或使用汽车时，非常关注汽车底盘的性能，请你就某一型号类别的车辆制作一个底盘的主要配置表，并解释说明各配置（或参数）的含义，在学习小组或班级里进行交流汇报		
能力目标	1. 能够向客户介绍或解答汽车底盘相关知识； 2. 树立以客户为中心的理念，增强服务意识； 3. 具有与客户沟通交流的能力； 4. 具备通过查询资料完成任务的信息搜集和处理能力		
实施准备	1. 教学用车辆和汽车底盘实验台架； 2. 车辆相关文件； 3. 汇报用纸、笔等		
实施步骤	自主学习	学习相关知识； 获取相关信息； 个人制作车辆底盘的配置及主要参数表	
	小组讨论	以学习小组形式进行讨论，形成小组汇报成果	
	小组汇报	汇报小组成果并通过角色扮演方式在实际车辆和底盘台架上向客户介绍相关知识	
自我反思	在专业能力、关键能力等方面的收获或体会：		

任务1-4　介绍汽车车身基本知识

 学习内容

1. 车身的分类；
2. 轿车车身的结构特点；
3. 车门的种类；
4. 座椅的结构。

 能力要求

1. 能够向客户介绍或解答车身相关知识；
2. 树立以客户为中心的理念，增强服务意识；
3. 具有与客户沟通交流的能力；
4. 具备通过查询资料完成任务的信息搜集和处理能力。

 任务引入

车身是汽车很重要的组成部分，它不仅要满足舒适、安全的要求，还要体现造型的美观。人们在购车时首先是对车辆的外形的感觉，有时甚至是超过了对性能的要求。你能够根据客户需要向其介绍车身相关知识吗？

 任务描述

用户在购买汽车时非常关注车身美观和功能，请你就某一型号类别的车辆向客户介绍车身相关知识。

 **相关知识**

车身是汽车很重要的组成部分，它不仅要满足舒适安全的要求，还要体现造型的美观。

 一、车身的功用与组成

1. 车身的功用

车身具有如下作用：

①为驾驶员及乘员提供舒适的乘坐环境。车身既是运送乘员及行李的工具，也是驾驶员

的工作场所。车身应为驾驶员提供良好的驾驶操作条件，保护驾驶员及乘员免受恶劣气候的影响，提供舒适的乘坐空间和室内环境。

②为驾驶员及乘员提供安全保护。通过车身结构的安全设计和在车身内安装安全防护装置，为驾驶员及乘员提供安全保护，保证行车安全和减轻事故。

③减小空气阻力，实现整车功能。车辆在行驶中，不仅要克服道路阻力，还要克服空气阻力。因此，车身应具有合理的外部形状，以减小风阻系数，降低阻力损失，提高整车的动力性、经济性、平顺性、操纵稳定性、乘坐舒适性、行驶安全性等。

④增强整车的美观性。随着人们对物质生活的需求逐步增加，作为交通和运输工具的汽车越来越受到重视，人们对整车多样化的要求也越来越强烈。在注重实用的同时，整车车身设计突出个性，这样开发出来的产品更是一件精美的、制造考究的、体现使用者个性的工艺美术产品。

2. 车身的组成

车身包括车身壳体、车门、车窗、前后钣制件、车身内外部装饰件、座椅、通风、暖气、空调装置等。在货车和专用汽车上还包括货箱和其他装备。

二、车身的种类

车身壳体是一切车身零部件的安装基础，通常指纵梁、横梁和立柱等主要承力元件及与它们相连接的钣件共同组成的刚性空间结构，还包括在其上敷设的隔声、隔热、防振、防腐、密封等材料及涂层。其分类如下：

1. 按结构形式分类

（1）骨架式

有完整的骨架，车身蒙皮固定在骨架上。

（2）半骨架式

有部分骨架，各骨架彼此相连或靠蒙皮相连。

（3）无骨架式

没有骨架，代替骨架的是蒙皮相互连接时形成的加强肋或板壳。

2. 按受力情况分类

（1）非承载式

非承载式车身如图1-31所示。这种车身通过橡胶软垫或弹簧与车架柔性连接。车架是支承全车的基体，承受着在其上所安装的各个总成的各种载荷。这种车身仍要承受装载的人员和货物的质量及其惯性力，但在设计车架时不考虑车身对车架承载所起的辅助作用。

（2）半承载式

半承载式车身的结构与非承载式车身的结构基本相同，都属有车架式结构。它们

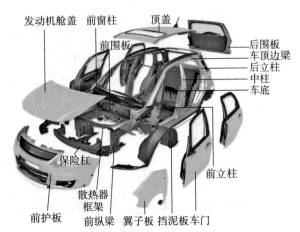

图1-31　非承载式车身

之间的区别在于：半承载式车身与车架的连接不是柔性的连接，而是刚性连接，即车架与车身焊接或用螺栓固定。由于是刚性连接，所以车身只是部分地参与承载，车架是主承载体。

（3）承载式（或称全承载式）

承载式车身如图1-32所示。这种车身的汽车没有车架，车身就作为发动机和底盘各总成的安装基体，车身兼有车架的作用并承受全部载荷。

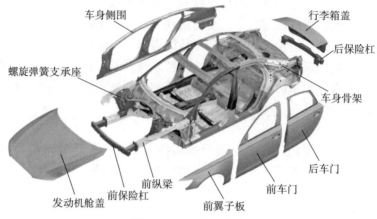

图1-32 承载式车身

3. 按车身外形分类

按外形分类，车身可分为单厢车、两厢车和三厢车等多种，如图1-33所示。

图1-33 车身外形分类

随堂测试

1. 汽车车身是汽车很重要的组成部分,它不仅要满足_____的要求,还要体现_____。

2. 汽车车身按受力情况,分为_____、_____、_____。

3. 承载式车身没有_____,车身就作为发动机和底盘各总成的安装基体,车身兼有车架的作用并承受全部载荷。

任务实施

任 务 工 单

任务名称：介绍汽车车身基本知识		
姓名：	班级：	学号：

任务描述	用户在购买汽车时非常关注车身美观和功能，请你就某一型号类别车辆向客户介绍车身相关知识	
能力目标	1. 能够向客户介绍或解答车身相关知识； 2. 树立以客户为中心的理念，增强服务意识； 3. 具有与客户沟通交流的能力； 4. 具备通过查询资料完成任务的信息搜集和处理能力	
实施准备	1. 教学用车辆或车身实验台； 2. 车辆相关文件	
实施步骤	自主学习	学习相关知识； 获取相关信息； 个人编写车辆车身结构与配置的简要汇报材料
	小组讨论	以学习小组形式进行讨论，形成小组汇报成果
	小组汇报	汇报小组成果并通过角色扮演方式在实际车辆或实验台架上向客户介绍相关知识
自我反思	在专业能力、关键能力等方面的收获或体会：	

项目一 介绍汽车基本知识

任务1-5　介绍汽车电气基本知识

 学习内容

1. 汽车电路基本知识；
2. 汽车电源系统构造；
3. 照明与信号系统构造；
4. 仪表与报警系统构造；
5. 空调系统结构与工作原理。

 能力要求

1. 能够向客户介绍或解答汽车电气相关知识；
2. 树立以客户为中心的理念，增强服务意识；
3. 具有与客户沟通交流的能力；
4. 具备通过查询资料完成任务的信息搜集和处理能力。

 **任务引入**

汽车电气是汽车的重要组成部分，是汽车的"神经系统"，直接影响汽车的性能。掌握汽车电气相关知识对正确使用汽车、提高行车安全性和舒适性至关重要，你能够根据客户需要向其介绍汽车电气相关知识吗？

 任务描述

汽车的组合仪表能够反映出车辆工作状态的大量信息，如蓄电池的充电状态、前照灯的远近光工作状态、冷却液温度状态等，所以让客户掌握汽车电气相关知识对正确使用车辆意义重大。请你就某一型号车辆的组合仪表显示信息，制作一个该车辆的信息提示表，并解释说明各信息的含义，在学习小组或班级里进行交流汇报。

 相关知识

 一、电源系统

汽油车一般采用12 V直流电源系统，柴油车采用24 V直流电源系统。汽车电源系统主

要由蓄电池、交流发电机（一般内置电压调节器）、熔断丝盒等元件组成，如图 1-34 所示。蓄电池与发电机并联对用电设备供电。交流发电机与电压调节器互相配合工作，其主要任务是对除了起动机以外的所有用电设备供电，并对蓄电池充电。

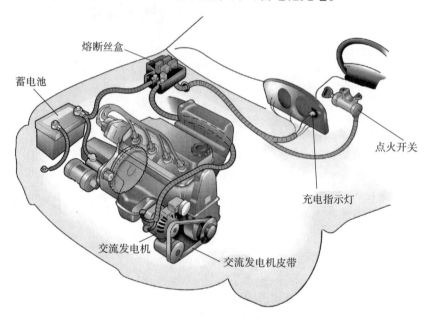

图 1-34 汽车电源系统的组成

（一）蓄电池

蓄电池是一种将化学能转变为电能的装置，属于可逆的直流电源。用于汽车上的蓄电池，必须满足起动发动机的需要，即在 5~10 s 的短时间内，提供汽车起动机所需足够大的电流。汽油机起动电流为 200~600 A，有的柴油机起动电流达 1 000 A。在发动机工作时，汽车用电设备所需电能主要由发电机供给。

1. 蓄电池的功用

蓄电池在汽车上的功用是：

①起动发动机时，蓄电池向起动系和点火系供电。

②当发动机低速运转，发电机电压低于蓄电池充电电压时，由蓄电池向用电设备供电。

③当发动机中、高速运转，发电机电压高于蓄电池充电电压时，蓄电池将发电机的剩余电能储存起来。

④当发电机过载时，蓄电池协助发电机向用电设备供电。

⑤蓄电池还可以吸收电路中的瞬时过电压，保持汽车电气系统电压的稳定，保护电子元件。

2. 蓄电池的种类

目前汽车上使用的蓄电池主要有两大类：铅酸蓄电池（以下简称铅蓄电池）和镍碱蓄电池。同时，由于人们对燃油汽车排放要求的提高和能源危机的冲击，世界各国正在不断探索和研制电动汽车，其主要的动力源为新型高能蓄电池。

铅酸蓄电池由于结构简单、价格低廉、易于满足大量生产的汽车的需要，同时，其内阻小、起动性能好、能在短时间内供给起动机需要的大电流，因此在汽车上得到广泛应用。铅蓄电池可以分为普通铅蓄电池、干荷电铅蓄电池、湿荷电铅蓄电池和免维护铅蓄电池。

(二) 发电机

1. 功用

交流发电机是汽车电源系统的重要组成部分。它与电压调节器互相配合工作，其主要任务是对除了起动机以外的所有用电设备供电，并向蓄电池充电。汽车用交流发电机是随着半导体整流技术的出现而发展起来的，目前主要有硅整流交流发电机、感应子式交流发电机等几种，其中以硅整流交流发电机应用最为普遍。

2. 交流发电机构造

JF132型交流发电机的组件如图1-35所示。汽车用交流发电机，多采用三相同步交流发电机，由6只二极管构成三相桥式全波整流器。各国生产的交流发电机大同小异，主要由定子、转子、轴承、电刷、整流器、前后端盖、风扇及皮带轮等组成。有的还将电压调节器与发电机装在一起。

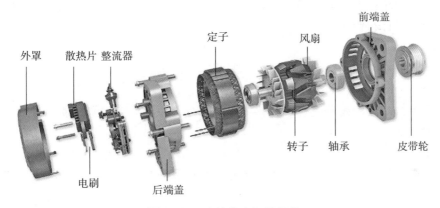

图1-35 交流发电机的组件

转子用来建立磁场，定子中产生的交变电动势经过二极管整流器整流后输出直流电。

(三) 电压调节器

电压调节器集成在发电机内部，其功用是当发电机转速变化时，自动调节发电机的输出电压，使之保持恒定。

电压调节器调节发电机电压的基本原理是：当发电机转速变化时，自动改变发电机的励磁电流，使其输出电压保持恒定。

目前交流发电机广泛使用的是电子调节器。电子调节器有晶体管调节器和集成电路调节器两种。

电子调节器的优点是：电压调节精度高，且不产生火花，还具有质量小、体积小、寿命长、可靠性高、电波干扰小等优点。

二、照明系统与信号系统

(一) 照明系统

汽车照明系统主要用于夜间行车照明、车内照明、仪表照明及检修照明。汽车照明系统主要由照明设备、电源、线路、控制开关组成。其主要照明设备有：

1. 前照灯

前照灯（前大灯，包括远光灯和近光灯）装于汽车头部两侧，用于夜间行车道路的照明，有两灯制和四灯制之分，功率一般为 40~60 W。

2. 雾灯

雾灯有前雾灯和后雾灯两种。前雾灯装于汽车前部比前照灯稍低的位置，用于在雨雾天气行车时照明道路。为保证雾天高速行驶的汽车向后方车辆或行人提供本车位置信息，交通管理部门规定，运行车辆要在车辆后部加装功率较大的后雾灯，用于降低交通事故发生率。雾灯的光色规定为光波较长的黄色、橙色或红色。

3. 牌照灯

牌照灯装于汽车尾部的牌照上方，用于夜间照亮汽车牌照。

4. 仪表灯

仪表灯装于汽车仪表板上，用于仪表照明，便于驾驶员获取行车信息和进行正确操作，其数量根据仪表设计布置而定。

5. 顶灯

顶灯装于驾驶室或车厢顶部，用于车内照明。

6. 工作灯

工作灯用于排除汽车故障或检修时的照明。汽车上一般只装工作灯插座，使用时需配带导线及移动式灯具。

7. 倒车灯

倒车灯安装在汽车的尾部，用于在倒车时照亮车后的路面，并起到警示车后的车辆和行人的作用。

目前，制造厂家多将前照灯、雾灯、前位灯等组合起来，称为组合前灯；将后位灯、后转向信号灯、制动信号灯、倒车灯组合起来，称为组合后灯。各灯光设备的安装位置如图 1-36 所示。

（二）信号系统

信号系统主要用于向他人或其他车辆发出警告和示意的信号，其主要信号设备有：

1. 转向信号灯

转向信号灯一般有 4 只或 6 只，装在汽车前后或侧面，功率一般为 20 W，用于在汽车转弯时发出明暗交替的闪光信号，使前后车辆、行人、交警知道其行驶方向。

2. 危险报警灯

危险报警灯与转向信号灯共用。当车辆出现故障停在路面上时，按下危险报警开关，全部转向灯同时闪亮，提醒后方车辆避让。

3. 位灯

位灯也称小灯，装于汽车前后两侧边缘，用于标识汽车夜间行驶或停车时的宽度轮廓。前位灯又称示宽灯，一般为白色或黄色；后位灯又称尾灯，为红色。

4. 示廓灯

主要用于空载车高 3.0 m 以上的客车和厢式货车，前、后各两只，前面为白色，后面为红色，装于尽可能高的靠边缘的部位。

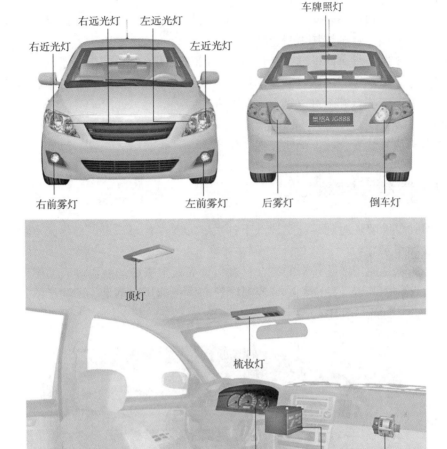

图 1-36 灯光设备的安装位置

5. 挂车标志灯

在全挂车前部的左、右侧各安装一个红色的标志灯,其高度要求高出全挂车的前栏板 300~400 mm,距外侧车厢小于 150 mm,以引起其他驾驶员的注意。

国家标准规定,汽车的位灯、示廓灯、牌照灯、仪表灯及挂车标志灯应能同时启灭,当前照灯点亮时,这些灯必须点亮,当前照灯关闭和发动机熄火时,仍能点亮。

6. 制动灯

制动灯装于汽车后部,用于当汽车制动或减速停车时,向车后部发出灯光信号,以警示随后车辆及行人。多采用组合式灯具,一般与尾灯共用灯泡(双丝灯),但制动灯功率较大,在 20 W 左右。

7. 倒车灯

倒车灯装于汽车尾部,左、右侧各一只,白色。用于照亮车后路面,并告诉车后的车辆和行人该车正在倒车。

8. 驻车灯

驻车灯装于车头和车尾两侧，用于夜间停车时标志车辆形位。当接通驻车灯开关时，仪表灯、牌照灯并不亮。驻车灯耗电量比位灯少。

以上装置主要用于汽车向外界传递信息，它们与照明系统一起组成了汽车灯系。现代汽车中还有阅读灯、踏步灯、后照灯、行李灯等装置，警车、消防车、救护车和出租车等特殊类型车辆，在车顶部装有警示灯（或标志灯）。

9. 喇叭

喇叭为声响信号装置，按下喇叭按钮，发出声响，警告行人车辆，以确保行车安全。

三、仪表与报警系统

为了使驾驶员能够随时观察与掌握汽车各系统的工作状态，人们在驾驶室仪表板上装有各种指示仪表和指示灯。

图1-37所示是通用赛欧轿车的组合仪表，仪表板上有冷却液温度表、燃油表、车速里程表、发动机转速表，以及发动机冷却液温度过高、机油压力不足、燃油量不足、制动系统等报警灯和转向、远光、充电等指示灯。

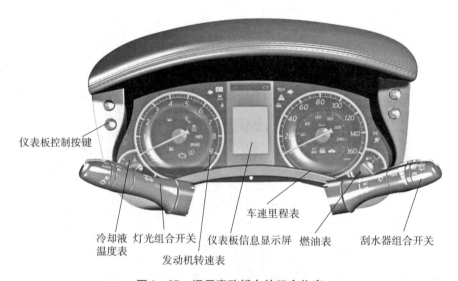

图1-37 通用赛欧轿车的组合仪表

（一）常用标识符号

现代汽车的电气设备较多，为了便于识别、控制它们，在汽车驾驶室的仪表、操纵杆、开关、按钮等处标有各种醒目的形象化的符号，常用的标识符号如图1-38所示。

（二）仪表

汽车仪表主要有机油压力表、水温表、燃油表（油量表）、车速里程表、发动机转速表、电流表、电压表和仪表稳压器等。

机油压力表用来指示发动机机油压力的大小，以便了解发动机润滑系工作是否正常。水温表用来指示发动机内部冷却水温度。燃油表用来指示燃油箱内燃油的储存量。车速里程表

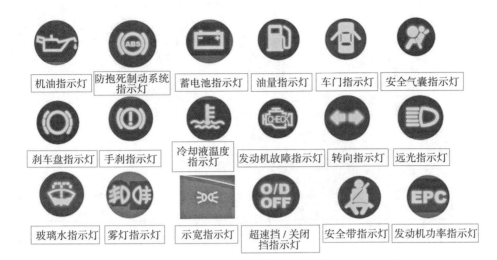

图 1-38 常用的标识符号

用来指示汽车行驶速度和累计行驶里程数。发动机转速表用来指示发动机运转速度。电流表串联在蓄电池充电电路中，主要用来指示蓄电池充、放电电流值，同时还可以通过它检视电源系统的工作是否正常。电压表用来指示发电机和蓄电池的端电压。双金属片式水温表和配用可变电阻式传感器的燃油表中，应在电路中串入仪表稳压器，其作用是当电源电压变化时，稳定仪表平均电压，避免仪表的指示误差。

（三）报警灯

现代汽车为保证行车安全和提高车辆的可靠性，安装了许多报警装置。报警装置一般由传感器、报警灯（或蜂鸣器）等组成。

汽车报警装置主要有制动系低压报警装置、机油压力报警装置、燃油量报警装置、制动信号灯断线报警装置、冷却液温度报警装置、制动液面报警装置、空气滤清器滤芯报警装置等。

四、空调系统

为了给车内提供适宜的温度和及时补充新鲜空气，提高乘坐舒适性，现代汽车大都装备有空调系统。

汽车空调主要由制冷、加热、通风、操纵控制及空气净化系统组成。

（一）制冷系统

蒸气压缩式的制冷系统组成如图 1-39 所示。作为冷源的蒸发器，除了具有对空气进行冷却的功能外，由于其温度低于空气的露点温度，还具有除湿和净化空气的作用。

制冷循环的工作原理如下：在空调压缩机 1 的作用下，制冷剂由储液干燥器 3 流出，经由高压管路流至膨胀阀 6，在膨胀阀弹簧力的作用下，制冷剂的流动受到节流作用，压力下降，体积增大而变为气态，在蒸发器 7 内蒸发，并同时吸收周围空气的热量，使流过的新鲜空气降温，进而降低车内温度。流出蒸发器 7 的气态制冷剂由管路进入压缩机 1，使其压力增加，体积缩小，再经由冷凝器 2 降温，被还原为液态，回到储液干燥器 3。

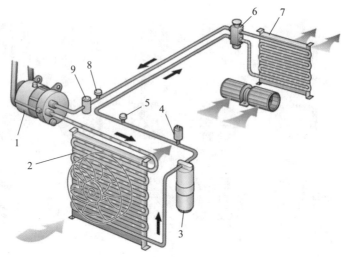

1—压缩机；2—冷凝器/液化器；3—储液干燥器；4—压力开关；5—高压抽吸和充注阀；
6—膨胀阀；7—蒸发器；8—低压抽吸和充注阀；9—压力和扭振减震器。

图1-39　蒸气压缩式的制冷系统组成

（二）加热系统

一般轿车空调不单独设置热源，把发动机的冷却水引入暖风加热器，再利用鼓风机对空气进行加热。加热系统还可以对前挡风玻璃进行除霜。

常用的加热系统如图1-40所示。发动机高温冷却液被部分引入暖风散热器，鼓风机将外部空气吸入并流经暖风散热器并被加热，热空气被送入车内取暖并可对前挡风玻璃除霜。

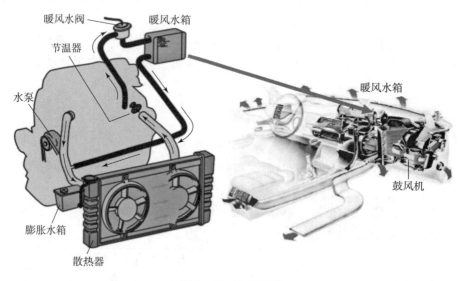

图1-40　加热系统

通过调节暖风散热器内的冷却液循环量及鼓风机转速来增减外部空气的吸入量，就可以控制暖风装置的加热量，调节车内温度。

（三）通风系统

通风系统包括鼓风机、风道、风门和出风口等，把车外的新鲜空气引入车内，通过排风口把车内的污浊空气排出车外。

(四) 操纵控制系统

操纵控制系统一般由电气系统、真空系统和操纵装置组成，对制冷系统和加热系统的工作进行控制，同时对车内的空气温度、风量、流向进行调节，保证空调系统正常工作。

(五) 空气净化系统

一般由空气过滤器（滤清器）、排风口、电气除尘器和阴离子发生器等组成。空气净化系统对引入的车外空气进行过滤，不断排出车内的污浊气体，保证车内空气清洁。

随堂测试

1. 汽油车一般采用_____V 直流电源系统，柴油车采用_____V 直流电源系统。
2. 极板分为正极板和负极板，正极板上的活性物质是_____，呈深棕色；负极板上的活性物质是海绵状的_____，呈青灰色。
3. 交流发电机主要任务是对除_____以外的所有用电设备供电，并向_____充电。
4. 列举 4 个以上汽车照明灯：_____、_____、_____、_____、_____。
5. 汽车空调主要由_____、_____、_____、_____及空气净化系统组成。

任务实施

任 务 工 单

任务名称：介绍汽车电气基本知识		
姓名：	班级：	学号：

任务描述	汽车的组合仪表能够反映出车辆工作状态的大量信息，如蓄电池的充电状态、前照灯的远近光工作、冷却液温度等，让客户掌握汽车电气相关知识对正确使用车辆意义重大。请你就某一型号车辆的组合仪表显示制作一个该车辆的信息提示表，并解释说明各信息的含义，在学习小组或班级里进行交流汇报
能力目标	1. 能够向客户介绍或解答汽车电气相关知识； 2. 树立以客户为中心的理念，增强服务意识； 3. 具有与客户沟通交流的能力； 4. 具备通过查询资料完成任务的信息搜集和处理能力
实施准备	1. 教学用车辆和汽车电气试验台架； 2. 车辆说明书等相关文件； 3. 汇报用纸、笔等

实施步骤	自主学习	学习相关知识； 获取相关信息； 个人制作车辆信息提示表，说明各信息的含义
	小组讨论	以学习小组形式进行讨论，形成小组汇报成果
	小组汇报	通过角色扮演方式在实际车辆上向客户介绍相关知识

自我反思	在专业能力、关键能力等方面的收获或体会：

项目二

发动机曲柄连杆机构工作过程分析

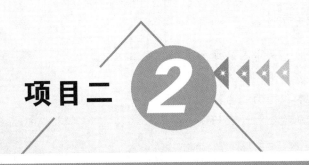

　　曲柄连杆机构是往复活塞式发动机的两大机构之一,其功用是把燃气作用在活塞顶面上的压力转变为曲轴的转矩,向工作机械输出机械能,同时将活塞的往复运动转变为曲轴的旋转运动。曲柄连杆机构由机体组、活塞连杆组和曲轴飞轮组三部分组成。在汽车销售、维修服务等相关工作中,工作人员经常会遇到客户关于曲柄连杆机构相关知识的咨询,需要向客户解释说明。分析曲柄连杆机构的工作过程及工作特点,是汽车营销与汽车维修人员应掌握的基本技能,也是从事汽车性能检测、故障诊断与维修工作的基础。本项目包括拆装机体组、拆装活塞连杆组、分析多缸发动机工作循环等任务。

任务 2-1　分析机体组零部件结构

 学习内容

1. 机体组的功用与组成;
2. 机体组主要部件的结构特点。

 能力要求

1. 能够解答客户关于发动机机体组方面的咨询;
2. 能够对发动机机体组主要部件的结构进行分析;

3. 树立以客户为中心的理念，增强服务意识；
4. 具有与客户沟通交流的能力；
5. 具备基本识图的能力；
6. 具备信息搜集和处理的能力。

我们通常看到的发动机是一个比较复杂的机器，外围有很多的附件，这些附件都是装配在机体组上的。那么机体组的功用有哪些呢？机体组是由哪些部件构成的呢？这些都是客户和汽车维修服务人员比较关注的问题，相信通过下面的学习，你会找到答案。

任务描述

请你针对某一型号车辆的参数配置表，向客户解释有关发动机机体组的相关参数的含义及对发动机性能的影响；针对某一具体车辆发动机的实物或图片，向客户说明该发动机机体组的结构及特点。

相关知识

机体组是发动机的支架，是曲柄连杆机构、配气机构和发动机各系统主要零部件的装配基体。气缸盖用来封闭气缸顶部，并与活塞顶及气缸壁一起形成燃烧室。另外，气缸盖和机体内的水套、油道及油底壳分别是冷却系统和润滑系统的组成部分。

发动机机体组主要由气缸体、气缸盖、气缸盖罩盖、气缸垫及油底壳等组成。装气缸套的发动机还包括干式或湿式气缸套。

一、气缸体

1. 气缸体的结构特点

绝大多数水冷发动机的气缸体与曲轴箱连铸在一起，而且多缸发动机的各个气缸也合铸成一个整体（图2-1（a）），风冷发动机通常将气缸体和曲轴箱分开制造，再用螺栓连接起来（图2-1（b））。在发动机工作时，气缸体承受拉、压、弯、扭等不同形式的机械负荷，同时还承受很大的热负荷。因此，气缸体应具有足够的强度和刚度，并且耐磨损和耐腐蚀。为减小整机的质量，应力求结构紧凑、质量小，以减小整机的尺寸和质量。气缸体内部引导活塞做往复运动的圆柱形空腔称为气缸。其工作表面除承受燃气的高温高压外，还有活塞在其中做高速往复运动，故必须耐高温、高压、磨损和化学腐蚀。通常从气缸的材料、加工精度和结构形式等方面予以保障。

2. 气缸体材料

气缸体一般用高强度灰铸铁或铝合金铸造。最近，在轿车发动机上采用铝合金气缸体的现象越来越普遍，如奥迪A8发动机。

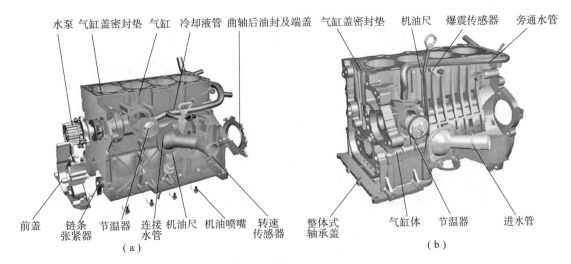

图 2-1 发动机气缸体
(a) 水冷发动机气缸体；(b) 风冷发动机气缸体

3. 气缸体结构

气缸体是结构极为复杂的箱形零件，其大部分壁厚均为铸造工艺所允许用的最小壁厚。在气缸体侧壁和前后壁的内外表面及缸间的横隔板上均有加强肋，旨在减小气缸体质量的同时，保证气缸体有足够的强度和刚度。在气缸体的前后壁和缸间横隔板上铸有支承曲轴的主轴承座或主轴承座孔及满足润滑需要的纵、横油道。在水冷发动机气缸的外壁铸有冷却水套和布水室，以此增强散热。

4. 气缸体种类

缸体的构造与曲轴箱结构形式、气缸排列形式和气缸结构形式有关。

①根据气缸体的曲轴箱结构形式的不同，可将其分为三种：一般式（平底式）气缸体、龙门式气缸体和隧道式气缸体，如图 2-2 所示。

发动机的主轴承座孔中心线位于曲轴箱分开面上的为一般式气缸体（图 2-2 (a)），其特点是机体高度小、质量小、便于机械加工，但刚度较差，并且前后端与油底壳接合处的密封性较差，多用于中小型发动机。

发动机的主轴承座孔中心线高于气缸体下表面的机体称为龙门式气缸体（图 2-2 (b)），为目前大多数发动机所采用。其特点是结构刚度较好，密封简单可靠，维修方便，但工艺性差。广州丰田凯美瑞、上汽大众帕萨特、一汽奥迪 A4L/A6L、一汽-大众高尔夫/迈腾等轿车及解放 J6、J7 系列发动机均为此形式。

隧道式气缸体的主轴承座孔不分开（图 2-2 (c)），其特点是结构刚度大，主轴承的同轴度易保证，但拆装不便，多用于主轴承采用滚动轴承的负荷较大的柴油机，如黄河 JN1181C13 型汽车装用的 6135Q 型发动机。

②根据气缸体的排列形式的不同，有直列式、V 形、对置式、W 形等，如图 2-3 所示。

各气缸排成一直列的形式称为直列式气缸排列，其特点是机体的宽度小而高度和长度大，一般只用于六缸以下的发动机。通常把采用直列式气缸排列的发动机称为直列式发动机。六缸直列式发动机的平衡性最好，发动机工作时不产生振动。

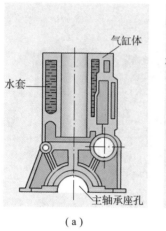 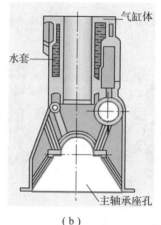 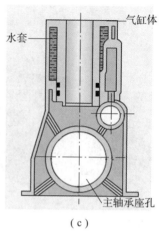

图 2-2 气缸的结构形式

(a) 一般式；(b) 龙门式；(c) 隧道式

 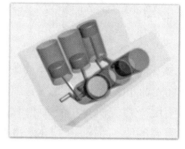 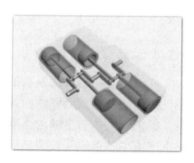

图 2-3 气缸的排列形式

(a) 单列式（直列式）；(b) V 形；(c) 对置式

两列气缸排成 V 形的称为 V 形气缸排列。通常把采用这种排列形式的发动机称为 V 形发动机。V 形发动机机体宽度大，而长度和高度小，形状比较复杂。但机体的刚度大，质量和外形尺寸较小。

对置式发动机是指两列气缸相对水平排列，其优点是重心低，并且水平对置式发动机的平衡性好。

大众汽车公司生产的奥迪 A8 发动机为 W12 气缸体。它实际是两个六缸发动机呈 V 形排列。每个六缸发动机又呈小角度 V 形排列。其活塞曲拐分布如图 2-4 所示。此发动机结构更紧凑，动力更强劲，工作更平稳。

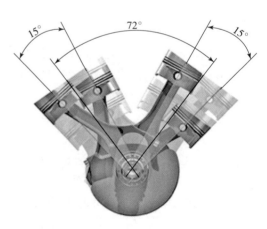

图 2-4 奥迪 A8W12 活塞曲拐分布

二、气缸盖

气缸盖是用来封闭气缸的上部,并与活塞顶、气缸壁共同构成燃烧室。

气缸盖内有与气缸体相通的冷却水套、燃烧室、火花塞座孔(汽油机)或喷油器座孔(柴油机)、进排气道等。为制造和维修方便、减小变形对密封的影响,功率较大的柴油机多采用分开式气缸盖,即一缸、二缸或三缸一盖。而汽油机因缸径较小、缸盖负荷较轻,多采用整体式气缸盖。风冷发动机均为单体式气缸盖。图2-5所示为各种形式的气缸盖。

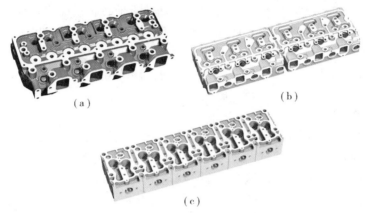

图2-5 各种形式的气缸盖
(a)整体式气缸盖;(b)分开式气缸盖;(c)单体式气缸盖

汽油机的燃烧室是当活塞位于上止点时,由活塞顶部及气缸盖上相应的凹部空间组成的。常用汽油机燃烧室有以下5种,如图2-6所示。

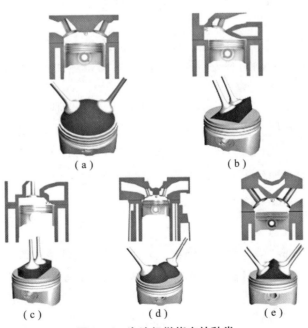

图2-6 汽油机燃烧室的种类
(a)半球形;(b)楔形;(c)盆形;(d)多球形;(e)篷形

(1) 半球形燃烧室

这种燃烧室结构最为紧凑，并且散热面积小，有利于促进燃料的完全燃烧、排气及净化，但配气机构较复杂。目前国外轿车发动机多采用这种形式的燃烧室。二汽－富康轿车发动机的燃烧室即为半球形，其大部分在气缸盖上，小部分在活塞顶上。

(2) 楔形燃烧室

楔形燃烧室的结构较简单、紧凑，进气道较平直，进气阻力小。在压缩终止时能形成挤气涡流。楔形燃烧室常用于每缸两气门发动机上。

(3) 盆形燃烧室

盆形燃烧室结构也较紧凑、简单，气门与气缸轴线平行，进气弯道较大，燃烧速度快，热效率高，在压缩终止时能形成挤气涡流，常用于每缸两气门发动机上。

(4) 多球形燃烧室

多球形燃烧室是由两个以上半球形凹坑组成的，其结构紧凑，面容比小，火焰传播距离较短，气门直径较大，并且能产生挤气涡流。

(5) 篷形燃烧室

篷形燃烧室是近年来高性能多气门轿车发动机上广泛应用的燃烧室，特别是小气门夹角的浅篷形燃烧室，近年来得到了较大的发展。欧宝 V6、奔驰 320E、三菱 3G81、富士 EJ20 等车型的发动机均为篷形燃烧室。这类汽车广泛采用 4 气门发动机。

三、气缸垫

气缸垫用来保证气缸体与气缸盖结合面间的密封。气缸垫因接触高温、高压燃气，在使用中易被烧蚀，故要求它能耐热、耐腐蚀、有足够的强度和一定的弹性，并且拆装方便，能重复使用，寿命长。按所用材料的不同，气缸垫可分为金属－石棉气缸垫、金属－复合材料气缸垫和全金属气缸垫，如图 2－7 所示。

金属－石棉气缸垫通常由夹有金属丝或全金属屑的石棉外覆铜皮组成。为了防烧蚀，制造厂家在水孔及燃烧室孔周围用镶边增强。中间的石棉耐热性很高，并且具有一定的弹性，可提高气缸的密封性，如图 2－7 (a) ~ (d) 所示。

纯金属气缸垫是由单层或多层金属片（低碳钢或铜）制成的。为了加强密封，制造厂家在缸口、水孔和油孔周围冲压形成弹性凸纹，如图 2－7 (e) 所示。金属气缸垫强度高，抗腐蚀能力强，多用于强化程度较高的发动机上。近年来，国外一些发动机开始使用耐热密封胶取代传统的气缸垫，这就要求气缸盖和气缸体的接合面有较高的加工精度。

四、油底壳

油底壳的作用是储存机油并封闭曲轴箱。一般为薄钢板冲压而成，也有的发动机为达到良好的散热效果，而采用带有散热片的铝合金铸造而成的轻金属油底壳。

为保证发动机纵向倾斜时机油泵仍能吸到机油，油底壳中部或后部做得较深。有时在油底壳中还设有挡油板，以减轻油面波动。底部装有磁性的放油螺栓，以吸附润滑油中的铁屑，减少发动机的磨损。油底壳的结构如图 2－8 所示。

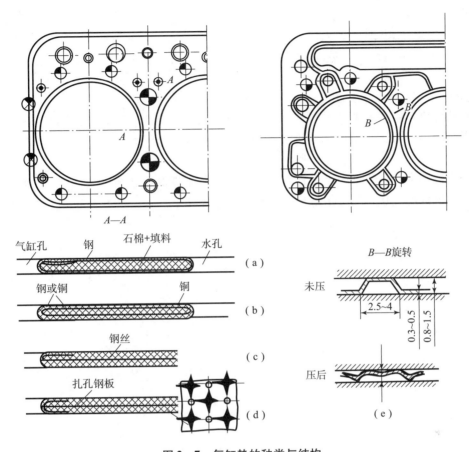

图 2-7 气缸垫的种类与结构

(a)~(d) 金属-石棉气缸垫;(e) 纯金属气缸垫

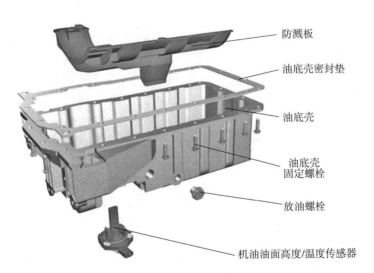

图 2-8 油底壳的结构

随堂测试

1. 曲柄连杆机构由_____、_____和_____三部分组成。
2. 发动机机体组主要由_____、_____、气缸盖罩盖、气缸垫及油底壳等组成。
3. 根据气缸体的曲轴箱结构形式的不同,可将其分为三种:_____、_____和_____。
4. 气缸盖用来封闭气缸的上部,并与活塞顶、气缸壁共同构成_____。
5. 发动机的燃烧室主要有半球形、楔形、_____、_____、_____等5种类型。

项目二 发动机曲柄连杆机构工作过程分析

任务实施

任 务 工 单

任务名称：拆装机体组			
姓名：		班级：	学号：
任务描述	请你针对某一型号车辆的参数配置表，向客户解释有关发动机机体组的相关参数的含义及对发动机性能的影响；针对某一具体车辆发动机的实物或图片，向客户说明该发动机机体组的结构及特点；规范解体并组装机体组；测量气缸体、气缸盖的平面度及气缸直径		
能力目标	1. 能够解答客户关于发动机机体组方面的咨询； 2. 具备基本识图能力，能够对发动机机体组主要部件的结构进行分析； 3. 能够正确选用工、量具，对机体组进行解体与组装、检查与测量； 4. 具有与客户沟通交流的能力，树立以客户为中心的理念； 5. 具备信息搜集和处理的能力		
实施准备	1. 教学用发动机及拆装工作台； 2. 拆装及测量工具、抹布、手套等； 3. 润滑油、油封及垫片等易损件； 4. 汽车维修手册及发动机相关文件； 5. 汇报用纸、笔、翻页板等		
实施步骤	自主学习	学习相关知识，获取相关信息，做好安全防护； 规范拆装发动机机体组，对气缸体及气缸盖进行相应的检查并做好记录	
	小组讨论	以学习小组形式进行讨论，形成小组汇报成果	
	小组汇报	汇报小组成果； 按规范做好5S	
自我反思	在专业能力、关键能力等方面的收获或体会：		

· 55 ·

任务 2-2　分析活塞连杆组零部件结构

学习内容

活塞连杆组的主要部件及其的结构特点。

能力要求

1. 能够解答客户关于活塞连杆组方面的咨询；
2. 能够对活塞连杆组主要部件的结构进行分析；
3. 树立以客户为中心的理念，增强服务意识；
4. 具有与客户沟通交流的能力；
5. 具备基本识图能力；
6. 具备信息搜集和处理的能力。

任务引入

燃料是在哪里燃烧的？燃料燃烧的能量如何转变成发动机的动力输出？这些都是客户和汽车维修服务人员比较关注的问题，相信通过下面的学习，你会找到答案。

任务描述

请你针对某一型号车辆的参数配置表，向客户解释有关发动机活塞连杆组的相关参数的含义及对发动机性能的影响；针对某一具体车辆发动机的实物或图片，向客户说明该发动机活塞连杆组的结构及特点。

相关知识

一、活塞连杆组的组成及功用

活塞连杆组主要由活塞、活塞环、活塞销、衬套、连杆、连杆轴瓦、轴承盖和连杆螺栓等机件组成，如图 2-9 所示。其功用是将活塞的往复运动转变为曲轴的旋转运动。

项目二 发动机曲柄连杆机构工作过程分析

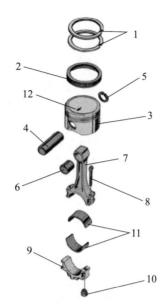

1—活塞环；2—油环刮片；3—活塞；4—活塞销；5—活塞销卡环；6—连杆衬套；
7—连杆；8—连杆螺栓；9—连杆盖；10—连杆螺母；11—连杆轴瓦；12—朝前标识。

图 2-9 活塞连杆组

二、活塞连杆组的主要零部件

1. 活塞

整个活塞可分为活塞顶、活塞头和活塞裙 3 个部分，如图 2-10 所示。

活塞顶是燃烧室的组成部分，因而常制成不同的形状。汽油机活塞顶多采用平顶或凹顶（图 2-11（a）、(b)），使燃烧室结构紧凑，散热面积小，制造工艺简单。凸顶活塞常用于二行程汽油机（图 2-11（c））。柴油机活塞顶常制成各种凹坑。

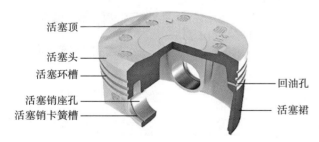

图 2-10 活塞的基本结构

图 2-11 活塞顶的形状
(a) 平顶；(b) 凹顶；(c) 凸顶

活塞头部从活塞顶至最下面一道活塞环槽之间的部分称为活塞头。其作用是承受气体压力、防止漏气、将热量通过活塞环传给气缸壁。活塞头部有若干环槽，用于安装活塞环，上面的 2~3 道槽用来安装气环，下面的一道用来安装油环。油环槽的底部钻出若干小孔，使油环从气缸壁上刮下的多余润滑油经此流回油底壳。

活塞环槽以下的所有部分被称为活塞裙。其作用是引导活塞在气缸中做往复运动，并承受侧压力。

2. 活塞环

按功用的不同，可将活塞环分为气环和油环两种，如图 2-12 所示。气环的主要作用是密封气缸中的高温、高压燃气，防止其大量漏入曲轴箱，同时它还将活塞头 70%~80% 的热量传导给气缸壁。

图 2-12 活塞环
（a）气环；（b）油环

油环的作用是刮除气缸壁上多余的机油，并在气缸壁布上一层均匀的油膜，既可防止机油窜入燃烧室，又可减小活塞及活塞环与气缸壁的磨损。

3. 活塞销

活塞销的功用是连接活塞和连杆小头，将活塞所承受的气体压力传给连杆。

活塞销在高温作用下，承受极大的周期性冲击载荷，润滑条件差，因此要求活塞销具有足够的强度、刚度和耐磨性，并且质量要足够小。活塞销的造型为管状，如图 2-13 所示。

活塞销的结构形状很简单，基本上是一个厚壁空心的圆柱。其内孔形状有圆柱形、两段截锥形和组合型。圆柱形孔的活塞销加工容易，但质量较大；两段截锥形的活塞销质量较小，并且因为活塞销所受的弯矩在中部最大，所以接近等强度梁，但锥孔加工较难；组合型的活塞销的特点介于上述两者之间。

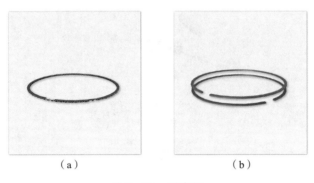

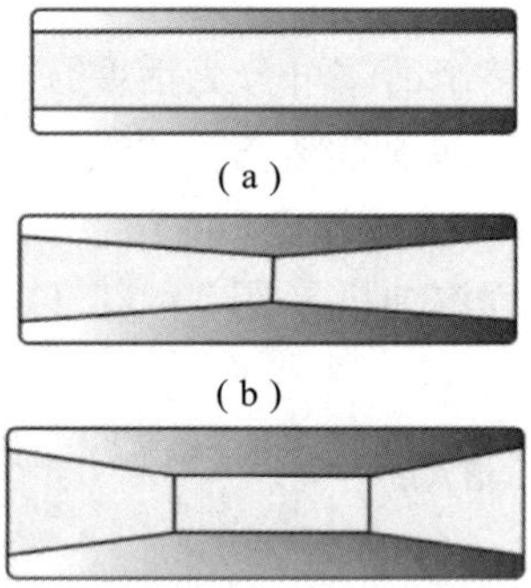

图 2-13 活塞销
（a）圆柱形内孔；（b）两段截锥形内孔；（c）组合形内孔

活塞销与座孔和连杆小头衬套孔的连接配合方式有两种，即全浮式和半浮式。全浮式活塞销能在连杆小头衬套孔和活塞销座孔内自由转动，可以减少磨损且保证活塞销沿圆周均匀磨损。为防止活塞销轴向外窜动而损坏气缸壁，在活塞销座两端装有弹性卡环来固定位置，如图 2-14 所示。

半浮式活塞销是用螺栓将活塞销夹紧在连杆小头孔内，这时活塞销只在活塞销孔内转动，在拉杆小头孔内不转动。小头孔不装衬套，销孔中也不装活塞销挡圈。例如 CA488 型汽油机的发动机。

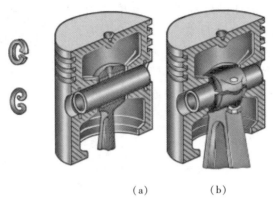

(a)　　　　　　(b)

图 2-14　活塞销的连接方式

(a) 全浮式；(b) 半浮式

4. 连杆

(1) 连杆的功用

连杆将活塞承受的力传给曲轴，推动曲轴转动，使活塞的往复运动变为曲轴的旋转运动。

(2) 连杆的结构

连杆可分为连杆小头、杆身和连杆大头三大部分，如图 2-15 所示。

连杆小头用来安装活塞销连接活塞，在全浮式活塞销连接的连杆小头孔内压有减磨材料的青铜或铁基粉末冶金衬套。为润滑衬套，在连杆小头和衬套上一般铣有积存飞溅润滑油的油槽或油孔。有时，在连杆杆身内铣有纵向的压力油通道，以此对小头进行压力润滑。

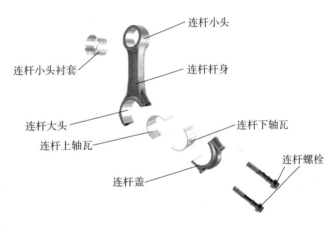

图 2-15　连杆的结构

连杆杆身多采用"工"字形断面，从而在其质量尽可能小的情况下提高抗弯刚度。

连杆大头与曲轴的连杆轴颈相连。为便于安装，通常将连杆大头做成剖分式的结构，上部与杆身为一体，下部即连杆盖，二者通过连杆螺栓装合。连杆大头孔的表面粗糙度数值要求较小，以便连杆轴承装入后能很好地贴合传热。

连杆大头的切口形式有两种：连杆大头沿着与杆身轴线垂直的方向切开，称为直切口连杆，多用于汽油机；有些发动机的连杆大头尺寸较大，为了使维修拆装时能将其从气缸中抽出，连杆大头沿着与杆身轴线成 30°~60°（常用 45°）的方向切开，即为斜切口连杆。此外，斜切口连杆若配以较理想的切口定位，还能减小连杆螺栓的受力，多用于柴油机。

5. 连杆轴承

连杆轴承装在连杆大头孔内，用于保护连杆轴颈（曲柄销）及连杆大头孔，俗称轴瓦。现代汽车发动机用的连杆轴承是由钢背和减磨层组成的分成两半的薄壁轴承，如图 2-16 所示。钢背由厚 1~3 mm 的低碳钢带制成，既有足够的强度，以承受近乎冲击性的载荷，又有一定的刚度，便于与轴承孔良好的贴合。减磨层由厚 0.3~0.7 mm 的薄层减磨合金制成，减磨合金具有保持油膜、减小摩擦阻力和易于磨合的特点。

在两个轴承的剖分面上，均装有定位凸键，是位凸键可以防止连杆轴承在工作中发生转动或轴向移动；在其内表面上加工有油槽，用来储油，以保证可靠地润滑。

1—钢背；2—油槽；
3—定位凸键；4—减磨合金层。

图 2-16 连杆轴承

随堂测试

1. 活塞连杆组主要由_____、_____、_____、_____连杆轴承等机件组成。
2. 活塞可分为_____、_____和_____三部分。
3. 按功用的不同，可将活塞环分为_____和_____两种。
4. 连杆杆身多采用_____形断面，从而在质量尽可能小的情况下提高其抗弯刚度。
5. 安装活塞环时，应使活塞环开口错开_____，有"_____"记号的一面朝向活塞顶部。

项目二 发动机曲柄连杆机构工作过程分析

任务实施

任 务 工 单

任务名称：拆装活塞连杆组		
姓名：	班级：	学号：

任务描述	请你针对某一型号车辆的参数配置表，向客户解释有关发动机机体组的相关参数的含义及对发动机性能的影响；针对某一具体车辆发动机的实物或图片，向客户说明该发动机机体组的结构及特点；规范解体并组装机体组；检查与测量气缸体、气缸盖的平面度及气缸直径	
能力目标	1. 能够解答客户关于活塞连杆组方面的咨询； 2. 具备基本识图能力，能够对活塞连杆组主要部件的结构进行分析； 3. 能够准确选用工、量具，对活塞连杆组进行解体与组装、检查与测量； 4. 具有与客户沟通交流的能力，树立以客户为中心的理念； 5. 具备信息搜集和处理的能力	
实施准备	1. 教学用发动机及拆装工作台； 2. 拆装及测量工具、加热设备、抹布、手套等； 3. 润滑油、油封及垫片等易损件； 4. 汽车维修手册及发动机相关文件； 5. 汇报用纸、笔、翻页板等	
实施步骤	自主学习	学习相关知识，获取相关信息，做好安全防护； 按要求规范拆装活塞连杆组，对活塞、活塞环、连杆进行相应的检查并做好记录
	小组讨论	以学习小组形式进行讨论，形成小组汇报成果
	小组汇报	汇报小组成果； 按规范做好5S
自我反思	在专业能力、关键能力等方面的收获或体会：	

· 61 ·

任务 2-3　分析多缸发动机的工作循环

 学习内容

1. 曲轴飞轮组主要部件的结构特点；
2. 多缸发动机的工作循环。

 能力要求

1. 能够解答客户关于曲轴飞轮组方面的咨询；
2. 能够对曲轴飞轮组主要部件的结构进行分析；
3. 能够分析多缸发动机的工作循环；
4. 树立以客户为中心的理念，增强服务意识；
5. 具有与客户沟通交流的能力；
6. 具备基本的识图能力；
7. 具备信息搜集和处理的能力。

 任务引入

客户在购车或用车时，比较关注发动机的结构和性能。掀开发动机罩盖，客户会比较好奇，为什么不同车辆的发动机看起来会不一样？为什么有的发动机运转比较平稳，而有的振动比较大呢？为什么有的发动机有劲，而有的发动机感觉无力呢？通过下面的学习，相信你能为客户回答这些问题。

 任务描述

请你针对某一型号车辆的参数配置表，向客户解释有关发动机曲轴飞轮组的相关参数的含义及对发动机性能的影响；针对某一型号车辆发动机的实物或图片，向客户说明该发动机曲轴飞轮组的结构及特点；针对某一型号发动机，通过小组讨论，总结并画出做功循环表，并在班级里进行汇报交流。

 相关知识

 一、曲轴飞轮组主要部件的结构特点

曲轴飞轮组主要由曲轴、飞轮、正时齿轮（正时带轮或正时链轮）、皮带轮及扭转减震器等组成。图2-17所示为典型的曲轴飞轮组结构示意图。

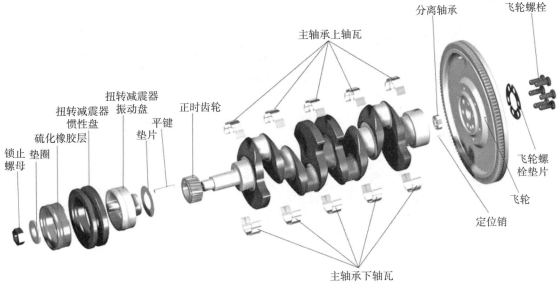

图2-17 曲轴飞轮组分解图

1. 曲轴

曲轴的主要功用是将活塞连杆组传来的气体压力转变为转矩，用来驱动汽车的传动系、发动机的配气机构以及其他辅助装置。

曲轴的结构如图2-18所示，一般由主轴颈、连杆轴颈、曲柄臂、平衡重、平衡轴驱动齿轮和飞轮输出端等组成。一个连杆轴颈和它两端的曲柄臂及相邻两个主轴颈构成一个曲拐。曲拐的数目取决于发动机的气缸的数目及排列方式，直列发动机的曲拐数等于气缸数；而V形和对置式发动机的曲拐数为气缸数的一半。

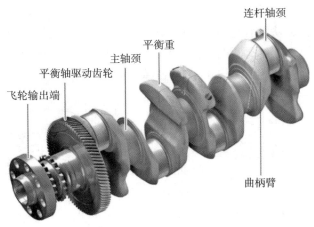

图2-18 曲轴的结构

主轴颈是曲轴的支承部分。如果每个连杆轴颈两边都有一个主轴颈的结构，称为全支承曲轴，否则称为非全支承曲轴，如图2-19所示。对于直列发动机全支承曲轴，主轴颈数目比气缸数多一个；V形发动机全支承曲轴，主轴颈数目比气缸数的一半多一个。全支承曲轴刚度较好且主轴颈的负荷相对较小，多用于柴油机和负荷较大的汽油机，如上海桑塔纳、大众波罗、奥迪 A6、宝来轿车发动机的曲轴。非全支承曲轴的结构和制造工艺简单，多用于中小负荷的汽油机。

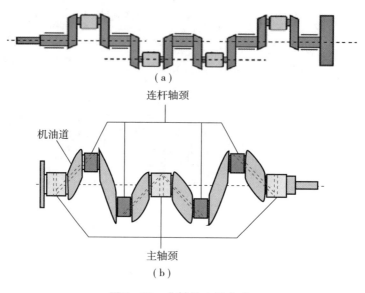

图 2-19 曲轴的支承方式
(a) 全支承曲轴；(b) 非全支承曲轴

2. 飞轮

飞轮的主要功用是储存做功行程的一部分能量，克服各辅助行程的阻力，使曲轴均匀旋转，使发动机具有克服短时超载的能力。与此同时，又将发动机的动力传给离合器，所以飞轮又常作为汽车传动系中摩擦离合器的主动盘。

飞轮是一个转动惯量很大的圆盘。为了保证在足够转动惯量的前提下，尽可能减小飞轮的质量，使飞轮的大部分质量都集中在轮缘上，因而轮缘做得宽而厚，如图 2-17 所示。飞轮的外缘上镶有齿圈，起动以后起动机上的齿轮与之啮合，产生的力矩供发动机起动用。

飞轮上通常刻有第一缸点火正时记号，如图 2-20 所示，以便调整和检验点火（喷油）正时及气门间隙。当标记对齐时，表示 1~6 缸或 1~4 缸活塞在上止点位置。

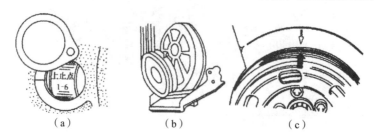

图 2-20 发动机点火正时标记号

飞轮与曲轴装配后，应进行静态和动态平衡试验，否则，在旋转时因质量不平衡而产生的离心力，将引起发动机的振动而加速主轴承的磨损。为保证拆装时不破坏其平衡状态及上述确定位置的标记，飞轮与曲轴的装配采用周向定位装置，如定位销、不对称布置的螺孔或两种不同直径的螺栓等。

3. 曲轴扭转减震器

发动机工作时，由于飞轮的惯性很大，可以看作是等速转动。而各缸气体压力和往复运动惯性力是周期作用在曲轴连杆轴颈上，给曲轴一个周期性变化的运转外力。曲轴发生忽快忽慢的转动，从而形成曲轴相对于飞轮的扭转摆动，即曲轴的扭转振动。当曲轴自振频率与连杆传来的呈周期性变化的激振力频率成整数倍数关系时，曲轴就会共振，从而引起功率损失、曲轴扭转变形甚至断裂、正时齿轮（皮带轮）磨损严重、产生冲击噪声等后果。为此，在有些发动机（特别是那些曲轴刚度较小、旋转质量大、缸数目多及转数高的发动机）的曲轴前端装有曲轴扭转减震器。

汽车发动机常用的曲轴扭转减震器为摩擦式扭转减震器，可分为橡胶扭转减震器、带轮-橡胶复合式扭转减震器和硅油-橡胶复合式扭转减震器等。

如图2-21（a）所示，减震器壳体与扭转振动惯性盘黏结在橡胶层上。发动机工作时，减震器壳体与曲轴一起转动，由于惯性盘滞后减震器壳体，因而在两者之间产生相对运动，使橡胶层来回揉搓，振动能量被橡胶的内摩擦阻尼吸收，从而使曲轴的扭转振动得到减少。天津夏利、上海桑塔纳、一汽奥迪型轿车发动机的曲轴上都装有此类扭转减震器。

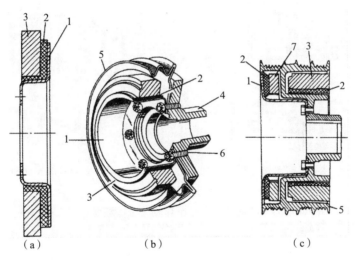

1—减震器壳体；2—硫化橡胶层；3—扭转振动惯性盘；4—带轮毂；5—带轮；6—紧固螺栓；7—弯曲振动惯性盘。

图2-21 橡胶扭转减震器

（a）橡胶扭转减震器；（b）带轮-橡胶复合式扭转减震器；（c）硅油-橡胶复合式减震器（尼桑VH45DE）

二、多缸发动机工作循环

多缸发动机的工作循环与气缸数、气缸排列形式及曲轴的形状、各曲拐的相对位置有关。在选择各缸的工作顺序时，应注意以下几点：

①应使各缸的做功间隔尽量均衡，即发动机每完成一个工作循环，各缸都应发火做功一次，对于缸数为i的四冲程发动机，其发火间隔角为$720°/i$。

②连续做功的两缸相距尽可能远些，以减轻主轴承载荷和避免进气行程中发生抢气现象。

③V形发动机左、右两列应交替发火。

常见多缸发动机的曲拐布置和发火顺序如下：

四冲程直列四缸发动机的发火间隔角为 720°/4 = 180°。四个曲拐在同一个平面内，如图 2-22 所示。发动机的工作顺序为 1—3—4—2 或 1—2—4—3，前者的工作循环见表 2-1。

表 2-1 四冲程直列四缸发动机工作循环表（工作顺序：**1—3—4—2**）

曲轴转角/(°)	第一缸	第二缸	第三缸	第四缸
0～180	做功	排气	压缩	进气
180～360	排气	进气	做功	压缩
360～540	进气	压缩	排气	做功
540～720	压缩	做功	进气	排气

四冲程直列六缸发动机的发火间隔角为 720°/6 = 120°。六个曲拐互成 120°，如图 2-23 所示。发动机的工作顺序为 1—5—3—6—2—4 或 1—4—2—6—3—5，前者应用比较普遍，其工作循环见表 2-2。

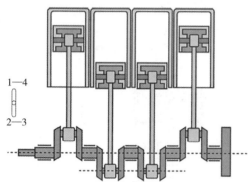

图 2-22 直列四缸发动机的曲拐布置

图 2-23 直列六缸发动机的曲拐布置

表 2-2 四冲程直列六缸发动机工作循环表（工作顺序：**1—5—3—6—2—4**）

曲轴转角/(°)	曲轴转角/(°)	第一缸	第二缸	第三缸	第四缸	第五缸	第六缸
0～180	0～60	做功	排气	进气	做功	压缩	进气
0～180	60～120	做功	排气	压缩	排气	压缩	进气
0～180	120～180	做功	进气	压缩	排气	做功	压缩
180～360	180～240	排气	进气	做功	进气	做功	压缩
180～360	240～300	排气	进气	做功	进气	做功	压缩
180～360	300～360	排气	进气	做功	进气	排气	压缩
360～540	360～420	进气	压缩	做功	进气	排气	做功
360～540	420～480	进气	压缩	排气	压缩	排气	做功
360～540	480～540	进气	压缩	排气	压缩	排气	做功
540～720	540～600	压缩	做功	排气	压缩	进气	排气
540～720	600～660	压缩	做功	进气	做功	进气	排气
540～720	660～720	压缩	排气	进气	做功	压缩	排气

四冲程 V 形六缸发动机的发火间隔角仍为 120°，三个曲拐互成 120°，工作顺序为 R1—L3—R3—L2—R2—L1。面对发动机的冷却风扇，其右侧气缸用 R 表示，由前至后气缸号分别为 R1、R2、R3；左侧气缸用 L 表示，由前至后气缸号分别为 L1、L2、L3。工作循环见表 2-3。

表 2-3　四冲程 V6 发动机工作循环表（工作顺序：**R1—L3—R3—L2—R2—L1**）

曲轴转角/(°)		**R1**	**R2**	**R3**	**L1**	**L2**	**L3**
0~180	0~60	做功	排气	进气	做功	进气	压缩
	60~120						
	120~180			压缩	排气		
180~360	180~240	排气	进气			压缩	做功
	240~300						
	300~360			做功	进气		
360~540	360~420	进气	压缩			做功	排气
	420~480						
	480~540			排气	压缩		
540~720	540~600	压缩	做功			排气	进气
	600~660						
	660~720		排气	进气	做功		压缩

四冲程 V 形八缸发动机的发火间隔角为 720°/8 = 90°。四个曲拐互成 90°，如图 2-24 所示。发动机的工作顺序为 1—8—4—3—6—5—7—2。其工作循环见表 2-4。

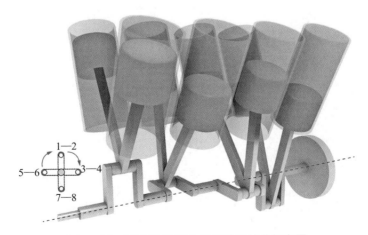

图 2-24　四冲程 V 形八缸发动机的曲拐布置

表 2-4 四冲程 V8 发动机工作循环表（工作顺序：1—8—4—3—6—5—7—2）

曲轴转角/(°)		第一缸	第二缸	第三缸	第四缸	第五缸	第六缸	第七缸	第八缸
0~180	0~90	做功	做功	进气	压缩	排气	进气	排气	压缩
	90~180	做功	排气	压缩	压缩	进气	进气	排气	做功
180~360	180~270	排气	排气	压缩	做功	进气	压缩	进气	做功
	270~360	排气	进气	做功	做功	压缩	压缩	进气	排气
360~540	360~450	进气	进气	做功	排气	压缩	做功	压缩	排气
	450~540	进气	压缩	排气	排气	做功	做功	压缩	进气
540~720	540~630	压缩	压缩	排气	进气	做功	排气	做功	进气
	630~720	压缩	做功	进气	进气	排气	排气	做功	压缩

随堂测试

1. 曲轴飞轮组主要由_____、_____、正时齿轮（正时带轮或正时链轮）、皮带轮及扭转减震器等组成。

2. 曲轴的主要功用是将活塞连杆组传来的气体压力转变为_____，用于驱动汽车的_____和发动机的配气机构及其他辅助装置。

3. 飞轮的主要功用是储存做功行程的一部分能量，以克服_____的阻力，使曲轴均匀旋转，使发动机具有克服短时超载的能力。

4. 四冲程 V 形六缸发动机的发火间隔角为_____，三个曲拐互成_____。

5. V 形发动机左、右两列应_____发火。

| 项目二　发动机曲柄连杆机构工作过程分析 |

任务实施

任 务 工 单

任务名称：分析多缸发动机的工作循环			
姓名：		班级：	学号：
任务描述	请你针对某一型号车辆的参数配置表，向客户解释有关发动机曲轴飞轮组的相关参数的含义及对发动机性能的影响；针对某一具体车辆发动机的实物或图片，向客户说明该发动机曲轴飞轮组的结构及特点；按要求规范解体、组装曲轴飞轮组并进行必要的检查和测量；通过小组讨论，针对某一具体发动机画出做功循环表，并在班级里进行汇报交流		
能力目标	1. 能够解答客户关于曲轴飞轮组方面的咨询； 2. 具备基本识图能力，能够对曲轴飞轮组主要部件的结构进行分析； 3. 能够分析多缸发动机的工作循环； 4. 能够正确选用工、量具，对曲轴飞轮组进行解体与组装、检查与测量； 5. 树立以客户为中心的理念，具备信息搜集和处理的能力		
实施准备	1. 教学用发动机及拆装工作台； 2. 拆装及测量工具、抹布、手套等，润滑油、油封及垫片等易损件； 3. 汽车维修手册及发动机相关文件； 4. 汇报用纸、笔、翻页板等		
实施步骤	自主学习	获取相关信息，独立制作多缸发动机工作循环表； 做好安全防护，按规范要求拆装曲轴飞轮组，对曲轴进行相应的检查并做好记录	
	小组讨论	以学习小组形式进行讨论，形成小组汇报成果	
	小组汇报	汇报小组成果； 按规范做好5S	
自我反思	在专业能力、关键能力等方面的收获或体会：		

知识拓展

可变压缩比技术

汽油的燃烧特性导致了汽油发动机的混合气压力不能太高，如果气缸内的压力超过了临界值，汽油就会因为压缩而在点火之前被点燃，这种现象称为爆震，会给发动机带来很大的伤害。这个问题在增压发动机的设计上尤为突出。固定的压缩比成为制约增压发动机的一个很重要的因素。因为在涡轮增压介入以后，燃烧室的温度和压力会大幅度升高，如果这个值过高，爆震就不可避免。所以，固定压缩比的涡轮增压和机械增压发动机只能把压缩比设计得比普通自然吸气发动机低很多。但是这种过低的压缩比设计又会导致发动机在增压器（特别是涡轮增压）没有完全介入时（也就是发动机在低转速时），燃烧效率非常低，产生的动力比普通自然吸气发动机所产生的动力少得多。这个矛盾是促使设计师开发可变压缩比发动机的重要原因。

萨博可变压缩比技术就是通过活塞运动到上止点位置的变化来改变燃烧室容积，从而改变压缩比的。我们先简单地看一种比较直观的实现方式，就是在气缸的下止点下方设置一个可以相互上下活动的结构，如图 2-25 所示，这样通过提升和降低这个位置上方的气缸体及气缸盖，就可以改变活塞上止点的位置，从而改变燃烧室的容积，达到可变压缩比的目的。将活塞提升，压缩比则降低；将活塞降低，则压缩比升高。

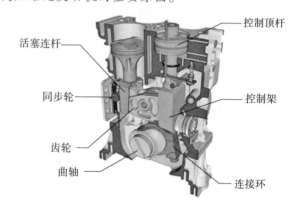

图 2-25 萨博可变压缩比发动机结构原理

之所以要放在气缸下止点下方的位置，是为了不影响活塞在气缸内的正常工作，就是说，在变化压缩比时，是不影响活塞往复运动的。但是这样设计有很大的难度，比如气缸体及气缸盖的上下运动很难实现等。而萨博可变压缩比技术巧妙地解决了上述难题，它是通过一个旋转角度来实现的。同样，在气缸下止点下方设置一个圆心，通过旋转这个圆心上部的气缸体和气缸盖来改变燃烧室的容积。气缸体和气缸盖这个"整体"在偏离垂线开始旋转的时候（萨博可变压缩比发动机为直列式布置），气缸的上止点与曲轴的距离会缩短，并且随着角度的增加，与曲轴的距离就越短，在到达曲柄连杆，即将和气缸体相碰时停止旋转。此时气缸的上止点与曲轴的距离最近，燃烧室的容积达到最小，压缩比最大；与之相反，在这个"整体"没有旋转的情况下，压缩比最小。这个气缸体与气缸盖的"整体"是通过一组摇臂进行调节的，而这组摇臂是通过 ECU（Electronic Control Unit）来控制的。这样萨博可变压缩比技术就可以根据当时的工况由 ECU 来控制压缩比的连续变化，实现动力输出及燃油消耗的最佳化。由于它比普通发动机多一套摇臂装置，所以比普通发动机多需要一套冷却系统。它通过气缸盖和气缸套周围的冷却水散热。由于气缸盖和气缸体会发生移位，所以在气缸盖和气缸体之间设计了一组橡胶套，令其起到密封作用。

第三代萨博可变压缩比发动机是一台直列五缸发动机。虽然排量只有 1.598 L，但是其工作效率非常优异，它的压缩比在 (8∶1)~(14∶1) 之间连续调节。在发动机小负荷工作时，采用高压缩比，以节约燃油；在发动机大负荷工作时，采用低压缩比，并辅以机械增压器来实现大功率和高转矩输出。在最大功率 166 kW、最大转矩 305 N·m 时，综合油耗比常规发动机降低了 30%，并且符合欧洲Ⅳ号排放标准。

项目三

发动机配气机构工作过程分析

配气机构是往复活塞式发动机的两大机构之一,其功用是按照发动机的工作顺序和工作循环的要求,定时开启和关闭各缸的进、排气门,使新气进入气缸,废气从气缸排出。所谓新气,对于汽油机来说,就是汽油与空气的混合物;对于柴油机来说,则为纯净的空气。配气机构首先要保证进气充分,进气量尽可能多;同时,废气要排除干净,因为气缸内残留的废气越多,进气量将会越少。其次,配气机构的运动件应该具有较小的质量和较大的刚度,以使配气机构具有良好的动力特性。在汽车销售、维修服务等相关工作中,工作人员经常会遇到关于配气机构相关知识的咨询,需要向客户解释说明;分析配气机构的结构特点及其工作过程是汽车营销与汽车维修人员应掌握的基本技能,也是从事汽车性能检测、故障诊断与维修工作的基础。本项目包括绘制配气相位图、分析配气机构的零部件结构、向客户展示可变配气相位的优点等任务。

任务 3-1 绘制配气相位图

学习内容

1. 配气相位及配气相位图;
2. 进气门的配气相位;
3. 排气门的配气相位;
4. 气门叠开。

项目三 发动机配气机构工作过程分析

  能力要求

1. 能够解答客户关于发动机进、排气方面的咨询；
2. 能够绘制配气相位图；
3. 树立以客户为中心的理念，增强服务意识；
4. 具有与客户沟通交流的能力；
5. 具备基本的识图能力；
6. 具备信息搜集和处理的能力。

 任务引入

配气机构的功用是定时开启和关闭各气缸的进、排气门，使新气进入气缸，废气从气缸排出。配气机构直接影响到发动机的充气效率，影响发动机的动力性能。那么如何能够做到进气充分、排气彻底呢？通过下面的学习，相信你会找到答案。

 任务描述

针对某一型号发动机的参数配置表，绘制配气相位图，在学习小组或班级里汇报交流。

 相关知识

1. 配气相位及配气相位图

用曲轴转角表示的进、排气门的实际开闭时刻和开启持续时间，称为配气相位。配气相位包括进气门的配气相位和排气门的配气相位。配气相位通常用相对于上、下止点曲拐位置的曲轴转角的环形图来表示，这种图形称为配气相位图，如图3-1所示。

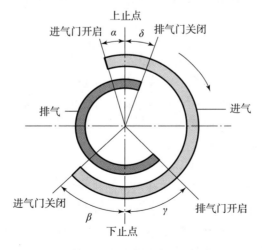

图3-1 配气相位图

发动机工作时，进入气缸的新气量越多，其动力性能越好。影响进气量的因素有很多，而进、排气门开启和关闭的时刻便是其中之一。理论上，对于四行程发动机的进气门，当曲拐处在上止点时开启，处在下止点时关闭；对于排气门，则当曲拐处在下止点时开启，处在上止点时关闭。进气时间和排气时间各占180°曲轴转角。但是发动机实际转速很高，活塞每一个行程历时相当短，势必会造成进气不足和排气不净，从而使发动机功率下降。因此，现代发动机都采取延长进、排气时间的方法，即实际开闭时刻不是恰好在上、下止点，而是提前开、迟后关一定的曲轴转角，以此改善进、排气状况，从而提高发动机的动力性。

2. 进气门的配气相位

（1）进气提前角

在排气行程接近终止、活塞到达上止点之前，进气门便开始开启，从进气门开始开启到活塞移到上止点所对应的曲轴转角 α 称为进气提前角。进气门提前开启的目的是保证进气行程开始时进气门已开启，减小进气阻力，新鲜气体能顺利地进入气缸。

（2）进气迟后角

在进气行程到达下止点，活塞再上行一段距离后，进气门才关闭。从下止点到进气门关闭所对应的曲轴转角 β 称为进气迟后角。进气门迟后关闭的目的是：活塞到达下止点时，气缸内压力仍低于大气压力，并且气流还有相当大的惯性，可以利用气流惯性和压力差继续进气。

由此可见，进气门开启持续时间内的曲轴转角，即进气持续角，为 $\alpha + 180° + \beta$。α 角一般为 10°~30°，β 角一般为 40°~80°。

3. 排气门的配气相位

（1）排气提前角

在做功行程接近终止，活塞到达下止点之前，排气门便开始开启。从排气门开始开启到下止点所对应的曲轴转角 γ 称为排气提前角。排气门提前开启的目的是：当做功行程活塞接近下止点时，气缸内的气体还有 0.30~0.50 MPa 的压力，此压力对做功的作用已经不大，但仍比大气压力高，可使气缸内的废气迅速地自由排出，待活塞到达下止点时，气缸内只剩 0.11~0.12 MPa 的压力，使排气行程所消耗的功率大为减小；此外，高温废气迅速地排出，还可以防止发动机过热。

（2）排气迟后角

活塞越过上止点后，排气门才关闭。从上止点到排气门关闭所对应的曲轴转角 δ 称为排气迟后角。排气门迟后关闭的目的是：活塞到达上止点时，气缸内的残余废气压力高于大气压力，加之排气时气流有一定的惯性，可以把废气排放得更干净。

由此可见，排气门开启持续时间内的曲轴转角，即排气持续角，为 $\gamma + 180° + \delta$。γ 角一般为 40°~80°，δ 角一般为 10°~30°。

4. 气门叠开

由于进气门在活塞到达上止点前已经开启，而排气门在上止点后才关闭，所以会出现在一段时间内进、排气门同时开启的现象，这种现象叫作气门叠开。同时，开启的曲轴转角 $\alpha+\delta$ 称为气门叠开角。由于新气和废气的流动惯性都比较大，在短时间内是不会改变流向的，因此，只要气门叠开角度选择适当，就不会有废气倒流入进气管及新气随同废气排出的可能性。相反，由于废气周围有一定的真空度，对排气速度有一定影响，从进气门进入的少量新气可对此真空度加以填补，有助于废气的排出。

不同发动机，由于结构形式、转速各不相同，其配气相位也不相同。同一台发动机，若转速不同，那么也应有不同的配气相位，转速越高，提前角和迟后角也应越大，但这种结构复杂，仅在少数发动机上采用。采用不变配气相位的发动机只适用于某一常用的转速。最有利的配气相位需通过反复试验确定。

随堂测试

1. 配气机构的功用是按照发动机的工作顺序和_____的要求，定时开启和关闭各缸的_____气门，使新气进入气缸，废气从气缸排出。
2. 用_____表示的进、排气门实际开闭时刻和_____持续时间，称为配气相位。
3. 发动机工作时，进入气缸内的新气量越多，其动力性能_____。
4. 由于进气门在上止点前即开启，而排气门在上止点后才关闭，所以会出现在一段时间内_____的现象，这种现象叫作气门叠开。

任务实施

任 务 工 单

任务名称：绘制配气相位图					
姓名：		班级：		学号：	
任务描述	针对某一型号发动机的参数配置表，绘制配气相位图，在学习小组或班级里汇报交流				
能力目标	1. 能够解答客户关于发动机进、排气方面的咨询； 2. 能够绘制配气相位图； 3. 树立以客户为中心的理念，增强服务意识； 4. 具有与客户沟通交流的能力； 5. 具备基本的识图能力； 6. 具备信息搜集和处理的能力				
实施准备	1. 教学用车辆或发动机； 2. 车辆及发动机相关文件； 3. 汇报用纸、笔、翻页板等				
实施步骤	自主学习	学习相关知识，获取相关信息，获取某一型号发动机有关配气相位的参数；个人制作发动机配气相位图			
	小组讨论	以学习小组形式进行讨论，形成小组汇报成果			
	小组汇报	汇报小组成果； 按规范做好5S			
自我反思	在专业能力、关键能力等方面的收获或体会：				

项目三 发动机配气机构工作过程分析

任务3-2　分析配气机构的零部件结构

 学习内容

1. 配气机构的基本组成及工作原理；
2. 配气机构的类型；
3. 配气机构主要部件的结构特点。

 能力要求

1. 能够解答客户关于发动机配气机构方面的咨询；
2. 针对某一型号发动机，能够分析配气机构的类型及其工作原理；
3. 能够分析配气机构主要部件的结构特点；
4. 树立以客户为中心的理念，增强服务意识；
5. 具有与客户沟通交流的能力；
6. 具备基本识图的能力；
7. 具备信息搜集和处理的能力。

 任务引入

配气机构是发动机重要的两大机构之一。配气机构有不同的类型，你能准确地向客户进行介绍吗？能对配气机构的主要部件进行分析吗？通过下面的学习，相信你能做到。

 任务描述

请你针对某一型号车辆的参数配置表，向客户解释发动机配气机构的类型；针对某一具体车辆发动机的实物或图片，向客户说明该发动机配气机构的结构及特点。

 相关知识

 一、配气机构的基本组成及工作原理

配气机构由气门组和气门传动组两部分组成，如图3-2所示。气门组的组成与配气机构的形式基本无关，但大致相同，主要部件包括气门、气门弹簧等。气门传动组包括驱动气门动作的所有部件，其组成根据配气机构的形式不同而异，主要部件包括凸轮、挺柱、推杆、摇臂等。

发动机工作时，曲轴通过正时齿轮驱动凸轮轴旋转，当凸轮的上升段顶起挺柱时，经推杆和气门间隙调整螺钉推动摇臂绕摇臂轴摆动，压缩气门弹簧使气门开启。当凸轮的下降段与挺柱接触时，气门在气门弹簧的作用力下逐渐关闭。

发动机工作时，气门及其传动件，如挺柱、推杆等，都将因温度升高而膨胀伸长。如果气门及其传动件之间在冷态时无间隙或间隙过小，则在热态下，气门及其传动件的

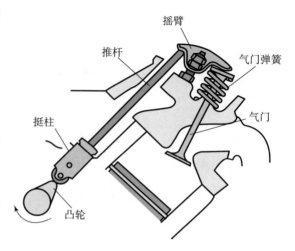

图3-2 配气机构基本组成

受热膨胀势必会引起气门关闭不严，造成发动机在压缩和做功行程中漏气，从而使功率下降，严重时甚至不易起动。为了消除这种现象，通常留有适当的气门间隙，以补偿气门受热后的膨胀量。气门间隙的大小由发动机制造厂家根据试验确定，在冷态时，进气门的间隙一般为 0.25~0.30 mm，排气门的间隙为 0.30~0.35 mm。气门间隙过大，将影响气门的开启量，同时，在气门开启时产生较大的冲击响声。为了能对气门间隙进行调整，在摇臂（或挺柱）上装有调整螺钉及其锁紧螺母。在装用液力挺柱的配气机构中，不需要预留气门间隙。

由于四冲程发动机完成一个工作循环需要曲轴转两圈，而各缸只进、排气一次，即凸轮轴只需转一圈，因此曲轴与凸轮轴的传动比为 2∶1。

二、配气机构的类型

配气机构可按气门的布置位置、凸轮轴的布置位置、凸轮轴的传动方式、每个气缸的气门数目及其排列方式等分为不同类型。

1. 气门的布置位置

配气机构按气门的布置位置不同，分为气门顶置式配气机构和气门侧置式配气机构。现代汽车发动机均采用气门顶置式配气机构，如图3-3所示。进、排气门置于气缸盖内，气门头朝下，倒挂在气缸盖上。

2. 凸轮轴的布置位置

配气机构按凸轮轴的布置位置不同，可分为下置式、中置式和顶置式三种。

凸轮轴置于曲轴箱内的配气机构称为凸轮轴下置式配气机构，如图3-2所示。凸轮轴下置式配气机构的主要优点是凸轮轴与曲轴位置靠近，可以简单地用一对齿轮传动。缺点是零件多，传动链长，整个机构的刚度差。在较高转速时，其可能破坏气门的运动规律和气门的正时启闭，因此多用于转速较低的发动机，如货车用的柴油机等。

凸轮轴中置式配气机构的凸轮轴布置在气缸体中部，如图3-4所示，由凸轮轴经过挺柱直接驱动摇臂。与凸轮轴下置式配气机构相比，中置式配气机构省去了推杆，从而减小了

配气机构的往复运动质量，增大了机构的刚度，更适用于较高转速的发动机。有些凸轮轴中置式配气机构的组成与凸轮轴下置式配气机构没有什么区别，只是推杆较短而已。

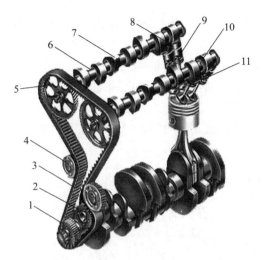

1—曲轴正时带轮；2—中间轴正时带轮；3—齿形带；4—张紧轮；
5—凸轮轴正时带轮；6—进气凸轮轴；7—凸轮；
8—液压挺柱；9—进气门组件；10—排气凸轮轴；11—排气门组件。

图3-3 气门顶置式配气机构

图3-4 凸轮轴中置式配气机构

凸轮轴顶置式配气机构的凸轮轴直接布置在气缸盖上。凸轮轴可直接通过摇臂来驱动气门或凸轮轴直接驱动气门，如图3-5所示，它节省了挺柱和推杆，使往复运动质量大大减小。其主要优点是运动件少、传动链短、整个机构的刚度大，适用于高速发动机。由于气门排列和气门驱动形式的不同，凸轮轴顶置式配气机构有多种多样的结构形式。

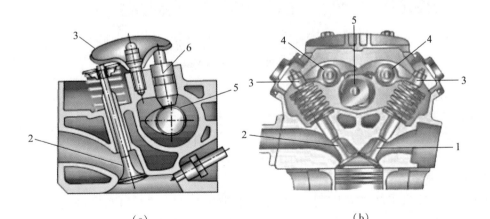

1—进气门；2—排气门；3—摇臂；4—摇臂轴；5—凸轮轴；6—液压挺柱。

图3-5 凸轮轴顶置式配气机构
(a) 凸轮驱动液压挺柱；(b) 凸轮驱动摇臂

根据顶置气门凸轮轴的个数，又分为单顶置凸轮轴（SOHC）和双顶置凸轮轴（DOHC）两种。

单顶置凸轮轴仅用一根凸轮轴同时驱动进、排气门，结构简单，布置紧凑。双顶置凸轮轴由两根凸轮轴分别驱动进气门和排气门。

3. 凸轮轴的传动方式

凸轮轴由曲轴带动旋转，它们之间的传动方式有齿轮传动、链传动及齿形带传动等。

（1）齿轮传动

凸轮轴下置式、中置式配气机构中，由于凸轮轴与曲轴位置较近，大多数采用圆柱正时齿轮传动。汽油机一般只用一对正时齿轮，即曲轴正时齿轮和凸轮轴正时齿轮。柴油机需要同时驱动喷油泵，所以增加一个中间齿轮，如图 3-6 所示。为了啮合平稳，减小噪声和磨损，正时齿轮一般都采用斜齿轮，并用不同材料制成，曲轴正时齿轮常用钢来制造，而凸轮轴正时齿轮则用铸铁或夹布胶木制成。

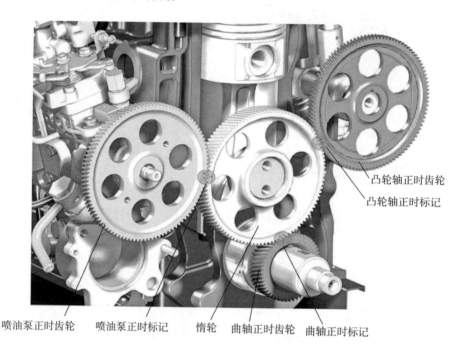

图 3-6 柴油机正时齿轮装置

（2）链传动

链传动特别适用于凸轮轴上置式配气机构，图 3-7 所示为奥迪 Q7 发动机链传动机构。为使工作中链条有一定的张力而不脱链，通常装有导链板和张紧器。链传动的主要缺点是工作可靠性和耐久性不如齿轮传动，它的传动性能主要取决于链条的生产质量。

（3）齿形带传动

近年来在高速汽车发动机上还广泛采用齿形带代替传动链，如图 3-8 所示。这种齿形带用氯丁橡胶制成，中间夹有玻璃纤维，以增加强度。采用齿形带传动，能减小噪声和结构质量，对降低成本也有好处。一汽奥迪 A4L/A6L 和迈腾/高尔夫等轿车的发动机配气机构均采用齿形带传动。

4. 每个气缸的气门数目

发动机通常都采用每缸两个气门，即一个进气门和一个排气门的结构。为了进一步改善气缸的换气性能，在结构允许的条件下，应尽量增大进气门头部的直径。当气缸直径较大，

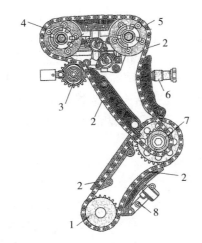

1—曲轴定时链轮；2—导链板；3—高压燃油泵驱动链轮；4—进气凸轮轴定时链轮；
5—排气凸轮轴定时链轮；6、8—液压链条张紧器；7—机油泵驱动链轮。

图3-7　凸轮轴的链传动装置

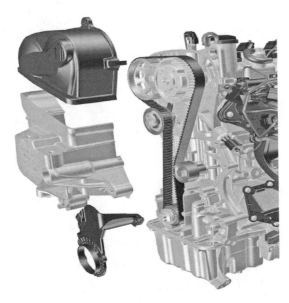

图3-8　齿形带传动装置

活塞平均线速度较高时，每缸一进一排的气门结构就不能保证良好的换气质量，因此，在很多中、高级新型轿车和运动型汽车的发动机上普遍采用每缸多气门结构，有3、4、5个气门，其中尤以四气门发动机最多。四气门发动机每缸2个进气门和2个排气门，如图3-9所示。其突出优点是气门通过面积大，进气充分，排气彻底，发动机的转矩和功率得以提高。另外，每缸采用4个气门，每个气门的头部直径较小，每个气门的质量减小，运动惯性力减小，有利于提高发动机转速。还有，四气门发动机多采用篷形燃烧室，火花塞布置在燃烧室中央，有利于燃烧。缺点是发动机零件数目增多，制造成本增加。奔驰190E、320E，奥迪V8，尼桑VH45DE、VG30DEV6及欧宝V6等汽车发动机均为四气门发动机。

三气门发动机每缸 2 个进气门、1 个排气门,排气门的头部直径比进气门的大。与两气门发动机相比,进气量明显增加,其他方面不如四气门发动机,特别是火花塞很难布置在燃烧室中央,对燃烧不利。斯巴鲁 J12、丰田 A2E 等发动机为每缸三气门发动机。

五气门发动机每缸 3 个进气门、2 个排气门,如图 3-10 所示。这种结构能够明显增加进气量,这方面比四气门还优越。但是结构也变得非常复杂,尤其是增加了燃烧室表面积,对燃烧不利。捷达王 EA113 型、三菱 3G81 型等汽车发动机均为五气门发动机。

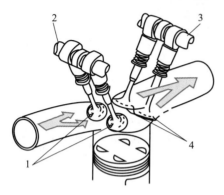

1—进气门;2—进气凸轮轴;3—排气凸轮轴;4—排气门。

图 3-9　四气门配气机构

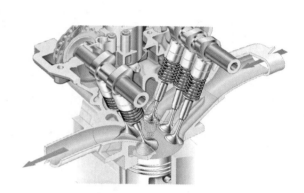

图 3-10　五气门配气机构

三、配气机构主要部件的结构特点

(一) 气门组

气门组的作用是实现气缸的密封。气门组的组成如图 3-11 所示,主要有气门、气门弹簧、弹簧座、气门油封、气门锁夹等部件。

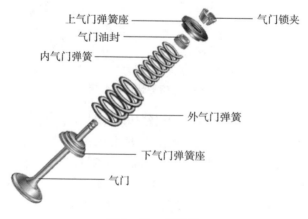

图 3-11　气门组

1. 气门

气门分为进气门和排气门。气门的功用是与气门座相配合,对气缸进行密封,并按工作循环的要求定时开启和关闭,使新气进入气缸、废气排出气缸。气门由头部和杆部两部分组成，头部用来封闭进、排气通道，杆部用来在气门开闭过程中起导向作用。

由于气门在高温、高压、散热困难、润滑差、受燃气中腐蚀介质的腐蚀等很差的条件下工作，所以要求气门材料必须有足够的刚度、强度、耐高温和耐磨损。通常进气门采用中碳合金钢（如镍钢、镍铬钢和铬钼钢等），排气门则采用耐热合金钢（如硅铬钢、硅铬钼钢等）。另外，为了改善气门的导热性能，可在气门内部充注金属钠，如图3-12所示。由于钠在970℃时为液态，液态钠可将气门头部的热量传给气门杆，冷却效果十分明显。捷达王轿车EA113型发动机及奥迪A6L轿车发动机排气门即采用充钠气门。

1、3—镶装硬合金；2—充钠。
图3-12 充钠排气门

气门是由头部和杆部构成的两部分圆弧连接而成的。气门头部由气门顶部和密封锥面组成，而气门杆部的形状取决于气门弹簧座的固定方式。

气门头部的形状主要分为平顶、凹顶和凸顶三种，如图3-13所示。目前使用最多的是平顶气门头部。平顶气门头部结构简单，制造容易，吸热面积较小，质量小，进、排气门均可采用。凹顶头部与杆部的过渡部分具有一定的流线形，气流流通较便利，可减小进气阻力，但其顶部受热面积较大，故多用于进气门，而不适用于排气门。凸顶气门头部的强度高，排气阻力小，废气排出效果好，适用于排气门，但凸顶气门头部的受热面积大，质量和惯性力也大，加工较困难。

图3-13 气门头部的结构形状
(a) 平顶；(b) 凹顶；(c) 凸顶

气门杆与气门导管配合，为气门开启和关闭过程中的上下运动导向。气门杆是圆柱形的，在气门导管中不断上下往复运动。气门杆头部应具有较高的加工精度数和较小的表面粗糙度值，与气门导管保持正确的配合间隙，以减小磨损和起到良好的导向、散热作用。气门杆尾部结构取决于气门弹簧座的固定方式，如图3-14所示。常用的结构是用剖成两半的气门锥形锁夹2或卡块3来固定气门弹簧座，如图3-14(a)～(e)所示，这时气门尾端1可切出环形槽来安装锁夹或卡块，也可以用圆柱锁销4来固定气门弹簧座，如图3-14(f)所示，对应的气门杆尾部应有一个用来安装锁销的径向孔。

2. 气门导管

气门导管的功用是为气门的运动导向，保证气门做往复直线运动，当气门关闭时，能正确地贴合气门座，并为气门杆散热。气门导管通常单独加工，再被压入气缸盖的承孔中。

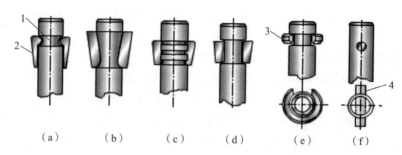

1—气门尾端；2—气门锥形锁夹；3—卡块；4—圆柱锁销。

图 3-14 气门弹簧座的固定方式

由于润滑较困难，气门导管一般用含石墨较多的铸铁或粉末冶金制作而成，可以提高自润滑效果。

气门导管的结构如图 3-15（a）所示。为了便于调换或修理，气门导管内、外圆柱面经加工后被压入气缸盖导管孔中，然后再精铰内孔。为了防止气门导管在使用过程中脱落，有的发动机对气门导管用卡环定位，再用气门弹簧座将卡环压住，这样导管就有可靠的轴向定位了。气门杆与气门导管之间一般留有 0.05~0.12 mm 的间隙，可使气门杆在导管中自由运动。

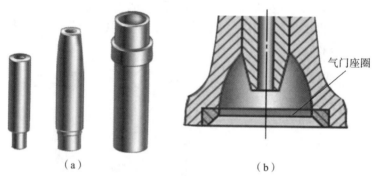

图 3-15 气门导管与气门座
（a）气门导管；（b）气门座

3. 气门座

气缸盖上的进、排气道与气门锥面相结合的部位称为气门座。气门座与气门头部一起对气缸起密封作用，同时接收气门头部传来的热量，起到气门散热的作用。

气门座的形式有两种：一是在气缸盖上直接镗出；二是单独加工后被镶嵌在气缸盖承孔中，如图 3-15（b）所示。

在气缸盖上直接镗出的气门座散热效果好，使用过程中不存在脱落而造成的事故，但存在着不耐高温、耐磨损性差、不便于修理更换等缺点。多数发动机的气门座单独制成座圈，然后被压装到气缸盖座孔内。气门座圈与座孔有一定的过盈配合量，以防止发动机工作时气门座脱落。

4. 气门弹簧

气门弹簧是圆柱形或圆锥形的螺旋弹簧，位于气缸盖与气门杆尾端弹簧座之间。其功用是克服气门关闭过程中气门及传动件产生的惯性力，从而保证气门及时落座并与气门座及气门座圈紧密贴合，同时，也可以防止气门在发动机振动时因跳动而破坏密封。因此，要求气门弹簧具有足够的刚度和安装的预紧力。

气门弹簧多采用优质合金钢丝卷绕成螺旋状，磨平弹簧两端，以防止工作中弹簧产生歪斜，如图 3-16 所示。为了提高弹簧的疲劳强度，弹簧丝表面要做磨光、抛光或喷丸处理。对弹簧丝表面，还必须进行发蓝或磷化处理，以免在使用中生锈。

为了防止弹簧发生共振，可采用变螺距的圆柱形弹簧，如图 3-16（b）所示。有些发动机同一个气门装有同心安装的内、外两根气门弹簧，如图 3-16（c）所示，这样不但可以防止共振，而且当其中一根弹簧折断时，另一根仍可维持工作；此外，还能减小气门弹簧的高度。当装用两根气门弹簧时，气门弹簧的螺旋方向和螺距应各不相同，这样可以防止折断的弹簧圈卡入另一个弹簧圈内。

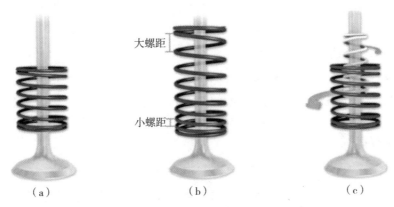

图 3-16　气门弹簧

(a) 圆柱形螺旋弹簧——螺距相等，直径相等；(b) 变螺距弹簧——上、下螺距不等；
(c) 双弹簧——内、外弹簧旋向相反

（二）气门传动组

气门传动组主要包括凸轮轴、凸轮轴正时齿轮（正时带轮或正时链轮）、挺柱。有的发动机采用摇臂结构，在这种情况下，气门传动组中还包括推杆、摇臂、摇臂轴等部件。

1. 凸轮轴

如图 3-17 所示，凸轮轴上加工有凸轮、凸轮轴轴颈等。凸轮用于保证各缸进、排气门按一定的工作次序和配气相位及时开闭。凸轮轴通过轴颈固定在气缸体或气缸盖上。由于凸轮受气门间歇性开启产生的周期性冲击载荷的影响，因此要求凸轮表面耐磨，凸轮轴要有足够的韧性和刚度。凸轮轴一般用优质钢模锻而成，也有用合金铸铁或球墨铸铁铸造而成的。凸轮和轴颈的工作表面经热处理后再被精磨和抛光，直至使其具有足够的硬度和耐磨性。

凸轮是凸轮轴的重要组成部分。凸轮的轮廓决定了气门升程、气门开闭的持续时间和运动规律。凸轮的轮廓形状如图 3-18 所示。O 点为凸轮轴的旋转中心，圆弧 EA 为凸轮的基圆。当凸轮按图示方向转过 EA 圆弧时，挺柱处最低位置不动，气门处于关闭状态。对于普通挺柱而言，凸轮转过 A 点后，挺柱开始上移，但由于气门间隙的存在，气门并没有开启。凸轮转至 B 点与挺柱接触时，气门间隙消除，气门开始开启。凸轮转到 C 点与挺柱接触时，气门开度达到最大。凸轮轴继续转动，挺柱开始下移，气门在气门弹簧的作用下开始

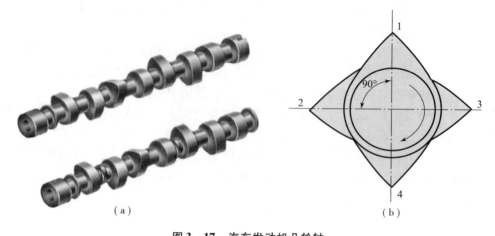

图 3-17 汽车发动机凸轮轴

(a) 发动机进、排气凸轮轴；(b) 四缸四冲程进（排）气凸轮投影

关闭。当凸轮转到 D 点与挺柱接触时，气门完全关闭。此后，挺柱继续下落，出现气门间隙，至 E 点挺柱又处于最低位置。φ 对应着气门开启持续角，ρ_1 和 ρ_2 则分别对应着消除和恢复气门间隙所需的转角。凸轮轮廓 BCD 弧段为凸轮的工作段，其形状决定了气门的升程及升降过程的运动规律。

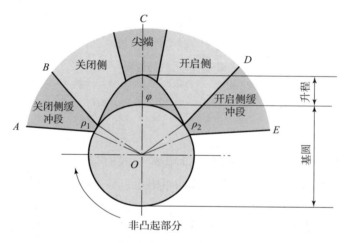

图 3-18 凸轮的轮廓形状

大多数发动机凸轮轴上一个凸轮驱动一个气门。对于每缸两气门配气机构而言，凸轮轴上凸轮的数量是缸数的两倍，其中一半数量为进气凸轮，用来驱动进气门；另一半数量为排气凸轮，用来驱动排气门。

如图 3-17 所示，我们可以看出，同一个气缸的进、排气凸轮的相对角位置是与既定的配气相位相适应的。发动机各个气缸的进、排气凸轮的相对角位置应符合发动机各缸的做功次序和间隔时间的要求。因此，根据凸轮轴的旋转方向以及各缸进、排气凸轮的工作顺序，就可以判定发动机的做功次序。对于四缸四冲程发动机来说，每完成一个工作循环，曲轴须旋转两圈而凸轮轴只旋转一圈，在此期间，每个气缸都要进行一次进气或排气，并且各缸进气或排气的时间间隔相等，即各缸进、排气凸轮彼此间的夹角均为 $360°/4 = 90°$。如图 3-

17（b）所示，四缸四冲程汽车发动机的做功次序为1-3-4-2（凸轮轴旋转方向，从前端向后看，如图中箭头所示）。图3-19所示的六缸四冲程汽车发动机的做功次序为1-5-3-6-2-4，任何两个相继做功的气缸进气或排气凸轮间的夹角均为360°/6=60°。

  凸轮轴由曲轴通过传动机构驱动，传动机构有正时齿轮、正时齿形带和正时链条等。曲轴正时齿轮（正时带轮或正时链轮）与凸轮轴正时齿轮（正时带轮或正时链轮）分别用键装在曲轴和凸轮轴的前端，其传动比为2∶1。安装传动机构时，应特别注意曲轴正时齿轮（正时带轮或正时链轮）与凸轮轴正时齿轮（正时带轮或正时链轮）的相对位置关系。齿轮安装不当，会影响正确的配气相位和点火时刻，严重影响发动机的动力性和经济性，甚至无法工作。一般制造厂家在齿轮出厂时为其打上配对记号，称为正时记号，应严格按记号安装，如图3-20（a）所示。

  凸轮轴顶置式发动机的正时记号通常有两处：一处为曲轴正时记号，另一处为凸轮轴正时记号，安装时，两处都必须对齐，如图3-20（b）所示。

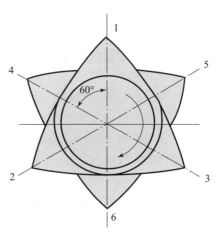

图3-19 六缸四冲程汽车发动机进（排）气凸轮投影

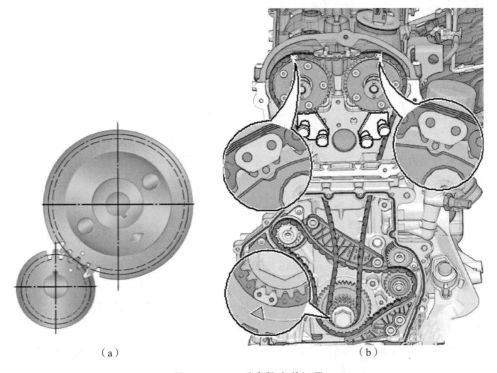

(a)   (b)

图3-20 正时齿轮安装记号

2. 挺柱

挺柱的作用是将凸轮的推力传递给推杆或气门杆,并承受凸轮轴旋转时所施加的侧向力。挺柱可分为普通挺柱和液力挺柱两种。

(1) 普通挺柱

配气机构采用的普通挺柱有筒式和滚轮式两种结构形式,如图3-21所示。筒式挺柱圆周钻有通孔,便于筒内收集的机油流出,以对挺柱底面及凸轮进行润滑;另外,由于挺柱中间为空心,其质量得到减小。滚轮式挺柱可以减轻磨损,但结构较复杂,质量较大,多用于大缸径柴油机的配气机构。

挺柱工作时,由于受凸轮侧向推力的作用,会稍有倾斜,并且侧向推力方向是一定的,这些将引起挺柱与导管之间的单面磨损,同时,挺柱与凸轮固定不变地在同一处接触,也会造成磨损不均匀。为此,挺柱的结构有的被制成球面的形状,而且把凸轮面制成带锥度的形状,如图3-22所示。这样凸轮与挺柱的接触点会偏离挺柱轴线,当挺柱被凸轮顶起上升时,接触点的摩擦力使其绕本身轴线转动,以达到磨损均匀的目的。

图3-21 普通挺柱
(a) 筒式;(b) 滚轮式

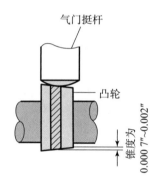

图3-22 减轻底面磨损的结构措施

(2) 液力挺柱

发动机工作时,由于气门间隙的存在,配气机构中发生撞击而产生噪声。为解决噪声,现代发动机普遍采用液力挺柱,如图3-23所示。挺柱体是液力挺柱的基础件,外圆柱面上加工有环形油槽,顶部内侧加工有键形油槽,中部内圆柱面与液压缸配合。液压缸内装有柱塞,两者存在相对运动。单向阀弹簧将单向阀压靠在柱塞的阀座上,该弹簧还可以使挺柱顶面与凸轮轮廓线保持紧密接触,从而消除气门间隙。

油缸与柱塞、单向阀与单向阀弹簧装配在一起,构成了气门间隙补偿偶件。球阀将油缸下部和柱塞上部分隔成两个油腔。当球阀关闭时,柱塞上部为低压油腔,油缸下部为高压油腔;当球阀打开时,上、下油腔连通。发动机工作时,机油可以通过缸盖上的主油道及专门的量孔、斜油孔进入挺柱环形油槽,再经键形油槽进入柱塞上部的低压油腔,这样缸盖上主油道与液力挺柱的低压油腔之间便形成了一个通路。

液力挺柱装在气缸盖上的挺柱孔内,挺柱顶面与凸轮接触,液压缸底面则与气门杆端接触。当凸轮轴转动,凸轮的升程段与挺柱顶面接触时,挺柱在凸轮推动力作用下向下移动,高压油腔内的机油被压缩,单向阀在压力差和单向阀弹簧的作用下关闭,高、低压油腔被分隔开。由于液体的不可压缩性,整个挺柱如同一个刚体一样下移推开气门并保证了气门升

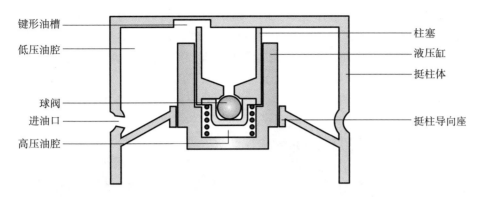

图 3-23 液力挺柱结构

程,此时挺柱体上的环形油槽已离开了气缸盖上的进油位置,停止进油。当挺柱开始上行返回时,在弹簧向上顶压和凸轮下压的作用下,高压油腔继续封闭,液力挺柱仍可认为是一个刚体,直至上行到凸轮处于基圆即气门关闭时为止。此时,气缸盖主油道中的机油经量油孔、斜油孔和挺柱体上的环形油槽再次进入挺柱的低压油腔,由于挺柱不再受凸轮推动力和气门弹簧力的作用,高压油腔中的机油与回位弹簧推动柱塞上行,高压油腔的油压下降,单向阀打开,低压油腔中的机油流入高压油腔,使两腔连通,充满机油。这时,液力挺柱的顶面仍然和凸轮表面紧贴,从而起到了补偿气门间隙的作用。当气门受热膨胀时,柱塞和油缸做轴向相对运动,高压油腔中的机油可经过液压缸与柱塞间缝隙被挤入低压油腔。所以,使用液力挺柱时,可以不预留气门间隙。

3. 推杆

推杆常用于载货汽车发动机的配气机构。推杆的作用是将凸轮轴经过挺柱传来的推力传递给摇臂,它是配气机构中最易弯曲的细长部件。为了减小质量并保证有足够的刚度,推杆通常采用冷拔无缝钢管制成,对于缸体和缸盖都是铝合金制造而成的发动机,其推杆最好用硬铝制造。推杆可以制造成实心的,也可以制造成空心的。实心推杆如图 3-24(a)所示,一般是同球形支座锻成一个整体,然后进行热处理。图 3-24(b)所示是硬铝棒制成的推杆,推杆两端配以钢制的支承,其上、下端头与杆身做成一体。空心推杆如图 3-24(c)所示,实心推杆的球头与杆身做成整体,而空心推杆的两端与杆身是用焊接或压配的方法连成一体,并且具有不同的形状,这不仅与摇臂上的气门间隙调整螺钉的球形头部相适应,还可以在凹球内积存少量的润滑油,以达到减轻磨损的效果。

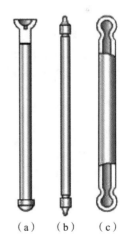

图 3-24 推杆
(a)(b) 实心推杆;(c) 空心推杆

4. 摇臂

摇臂是一个中间带有圆孔的不等长双臂杠杆,其作用是将推杆传来的力改变方向后,作用到气门杆尾部推开气门。

摇臂的长臂端部以圆弧形的工作面与气门尾端接触后,推动气门,如图 3-25(a)所示。短臂的端部有螺孔,用来安装调整螺钉及锁紧螺母,以便调整气门间隙。螺钉的球头与推杆顶端的凹球座相连接。由于靠气门一端的摇臂比另一端的长,所以在一定的气门升程下,可减小推杆、挺柱等运动件的运动距离和加速度,从而减小了工作中的惯性力。如图3-25(b)所示,薄板冲压而成的摇臂与液压挺柱联用,所以摇臂上不安装气门间隙的调整螺钉。

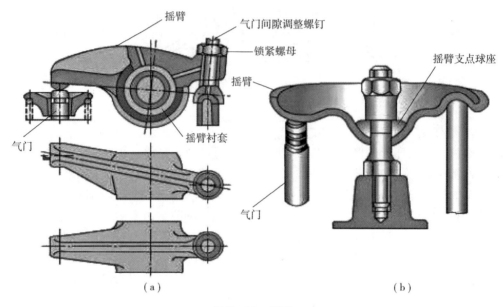

图 3-25 摇臂
(a) 摇臂结构;(b) 薄板摇臂

摇臂是由锻钢、可锻铸铁、球墨铸铁或铝合金制造而成的。

为了防止摇臂的窜动,在摇臂轴上每两个摇臂之间都装有定位弹簧,如图3-26所示。在一些轿车中,有些发动机取消了摇臂,由凸轮轴凸轮直接驱动气门。

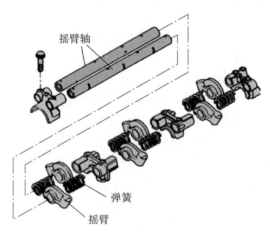

图 3-26 摇臂定位弹簧

随堂测试

1. 气门配气机构由_____和_____两部分组成。
2. 气门组主要由_____、_____、_____、_____等部件组成。
3. 气门传动组主要包括_____、_____、_____等部件。
4. 气门传动机构安装时,应特别注意_____正时齿轮(正时带轮或正时链轮)与_____正时齿轮(正时带轮或正时链轮)的相对位置关系。如果安装不当,会影响正确的配气相位和点火时刻,将严重影响发动机的动力性和经济性,甚至无法工作。

任务实施

任 务 工 单

任务名称：拆装配气机构		
姓名：	班级：	学号：

任务描述	请你针对某一型号车辆的参数配置表，向客户解释发动机配气机构的类型；针对某一型号车辆发动机的实物或图片，向客户说明该发动机配气机构的结构及特点；按要求规范解体和组装发动机配气机构并进行必要的检查		
能力目标	1. 能够解答客户关于发动机配气机构方面的咨询； 2. 具备基本识图能力，能够分析配气机构的类型及其工作原理； 3. 能够分析配气机构主要部件的结构特点； 4. 能够准确选用工、量具对配气机构进行解体与组装、检查及测量； 5. 树立以客户为中心的理念，具有与客户沟通交流能力； 6. 具备信息搜集和处理能力		
实施准备	1. 教学用发动机及拆装工作台； 2. 拆装及测量工具、专用工具、抹布、手套等； 3. 润滑油、油封及垫片等易损件； 4. 汽车维修手册及发动机相关文件； 5. 汇报用纸、笔、翻页板等		
实施步骤	自主学习	做好安全防护，按规范要求拆装配气机构、进行相应的检查并做好记录	
	小组讨论	以学习小组形式进行讨论，形成小组汇报成果	
	小组汇报	汇报小组成果； 按规范做好5S	
自我反思	在专业能力、关键能力等方面的收获或体会：		

| 项目三 发动机配气机构工作过程分析 |

任务3-3　展示可变配气相位的优点

学习内容

1. 可变气门正时控制机构；
2. 可变气门升程控制机构。

能力要求

1. 能够向客户说明可变配气相位的结构组成及工作原理；
2. 能够向客户展示可变配气相位的优点；
3. 树立以客户为中心的理念，增强服务意识；
4. 具有与客户沟通交流的能力；
5. 具备基本识图的能力；
6. 具备信息搜集和处理的能力。

任务引入

固定配气相位发动机的气门正时主要是考虑发动机在常用工况下的有效功率、有效转矩尽可能增大，很难兼顾发动机高、低速时的性能要求，那么这个问题怎么解决呢？通过下面的学习，相信你会找到答案。

任务描述

针对某一型号发动机的可变配气机构，通过小组研讨，描述出其部件组成，画出工作原理图，在学习小组或班级里汇报交流。

相关知识

在高级汽油发动机上，固定的配气相位很难满足发动机高、低速时的性能要求。如图3-27所示，在低速时，活塞运动得慢，使得可燃混合气能够跟随活塞运动，进气门必须较早地被关闭，使得可燃混合气不会被强行排回进气歧管；在高速时，进气歧管中的流量很大，以至于虽然活塞向上运动，但是可燃混合气仍能够连续不断地流入气缸，当可燃混合气不能再进入气缸时，进气门关闭。

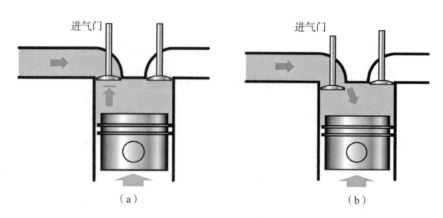

图 3-27 可变气门正时
(a) 低速进气门关闭较早；(b) 高速进气门关闭较迟

因此，在装有可变配气相位的发动机中，进气门的关闭时间被调节在速度范围之内。当发动机转速高时，增大了进气门的升程，提前开启和延迟关闭进气门，提高了发动机的功率；当发动机转速低时，减小了进气门的升程，延迟开启和提前关闭进气门，提高了发动机的转矩，以满足发动机对经济性、稳定性和减少排放污染物的要求。

发动机上的可变气门正时控制系统可以通过两种形式实现：一是可变气门正时控制机构；二是可变气门升程控制机构。

一、可变气门正时控制机构

大众车系普遍采用链张紧式进气相位可变技术。图 3-28 所示为大众公司 V 形六缸发动机的可变进气系统的组成示意，图 3-29 所示为调整进气系统装置的结构。

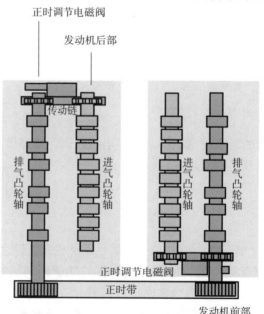

图 3-28 大众公司 V 形六缸发动机的可变进气系统的组成示意

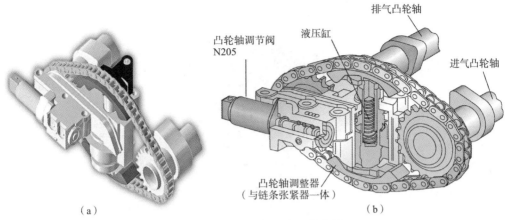

图 3-29 可变进气系统调整装置
(a) 外形图；(b) 结构图

1. 转矩调整

可变进气正时的转矩调整如图 3-30 所示。发动机在中、低转速时，为获得大转矩输出，凸轮轴调整器向下拉长，于是链条上部变短、下部变长。因为排气凸轮轴被同步带固定了，此时排气凸轮轴不能被转动，因此进气凸轮轴被提前转了一个角度，实现了进气门提前开启和关闭。

2. 功率调整

发动机高转速时，其功率大，转速达到 3 700 r/min 以上时，要求进气门延迟关闭。发动机急速时，也要求进行相同的控制。可变进气正时的功率调整如图 3-31 所示。调整链条，使其下部变短、上部变长，进气门延迟开启，进气管内气流速度高，气缸充气量足。

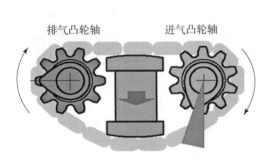

图 3-30 可变进气正时的转矩调整

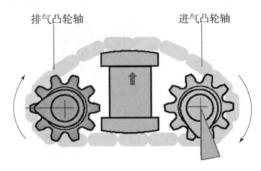

图 3-31 可变进气正时的功率调整

二、可变气门升程控制机构

本田汽车公司推出的 VTEC（Variable Valve Timing & Valve Lift Electronic Control）可变气门正时和升程电子控制系统如图 3-32 所示，可使发动机在高速范围内输出更大的功率。这套系统在丰田车上称为 VVTL-i（Variable Valve Timing & Lift - intelligent）。

该系统中的凸轮有 3 个，如图 3-33 所示。每一个的线形不同，高角度凸轮位于中央，也称高速凸轮，它的升程最大；主凸轮也称低速凸轮；最低的凸轮称为副凸轮。高角度凸轮

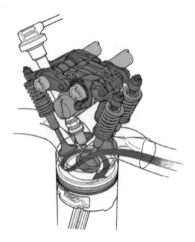

图 3-32 本田 ACCORD F22B1 汽车发动机
可变气门正时和升程电子控制系统结构

是按发动机双进双排气门工作最佳输出功率的要求设计的,主凸轮是按发动机低速工作时单气门工作要求设计的,副凸轮只是稍微高出基圆,是在发动机怠速运行时,通过次摇臂稍微打开副气门,以免燃油集聚在副进气门门口。与三个凸轮相对应的是中间摇臂、主摇臂与次摇臂,两个进气门分别安装在主、次摇臂上。每个气缸的两个进气门上都安装有可变配气相位控制机构。

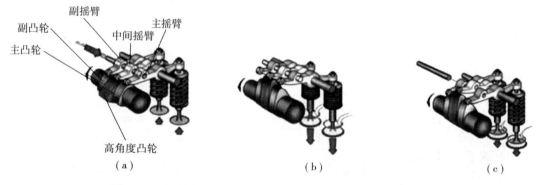

图 3-33 可变气门正时和升程电子控制系统结构与工作过程
(a) VTEC 结构;(b) 中高转速工作情况;(c) 中低转速工作情况

可变气门正时和升程电子控制装置是由传感器、控制部分和执行部分组成,如图 3-34 所示。控制部分由发动机 ECU 电控组件、VTEC 电磁阀、VTEC 压力开关等组成,执行部分由凸轮、摇臂和同步活塞等组成。在发动机工作时,各种传感器不断地向 ECU 输入发动机的转速、负荷、水温及车速信号,由 ECU 判断何时改变气门正时和升程。当转换条件符合后,ECU 操

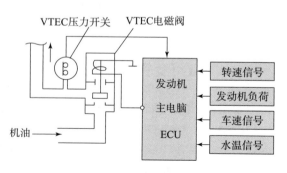

图 3-34 VTEC 控制装置

作 VTEC 电磁阀打开油路，机油压力推动同步活塞把三个摇臂串联在一起，实施 VTEC 气门正时和升程改变，以改变进气量，提高发动机功率。如果转换条件不符合，ECU 将操作 VTEC 电磁阀断电，切断油路，不实施 VTEC 控制。

当发动机中、低速运行时，ECU 无指令，凸轮轴油道内没有机油压力，正时活塞和同步活塞 A 位于主摇臂缸内，同步活塞 B 位于中间摇臂油缸内（同步活塞 B 与中间摇臂等宽），定位活塞和弹簧一起位于次摇臂油缸内。因此，三个摇臂各自独立上下运动，互不干涉。于是两个进气门分别由主、次凸轮驱动，主摇臂驱动主进气门，以提供发动机低速运行时所需的混合气，次摇臂驱动次进气门使其微微开闭。中间摇臂虽然随着中间凸轮大幅度运动，但是它不对任何气门起作用。此时发动机处于单进双排工作状况。吸入的混合气量不到高速时吸入气量的一半。由于是所有气缸都参与工作，所以发动机运行得十分平稳。

当发动机高速运行时，即发动机转速在 2 300～2 500 r/min，车速在 5 km/h 以上，水温在 -5 ℃ 以上，发动机负荷达到了一定程度，发动机 ECU 就会向 VTEC 电磁阀供电，以开启工作油道，于是工作油道中的压力机油就推动正时活塞向右移动，也推动 A、B 同步活塞克服回位弹簧的弹力而向右移动。这样主摇臂、中间摇臂和次摇臂就被 A、B 同步活塞及定位活塞串联为一体，成为一个同步活动的组合摇臂。由于中间凸轮的升程大于另外两个凸轮，并且凸轮角度提前，故组合摇臂随中间摇臂一起受中间凸轮驱动，主、次气门都大幅度地同步开启，因此配气相位发生了变化，使吸入的混合气量增加了，满足了发动机大功率时的进气要求。

而当发动机转速下降时，油压降低，凸轮轴孔内的机油开始卸荷，正时活塞在回位弹簧作用下回位，三个摇臂又脱离连接而独立运动。

随堂测试

1. 在具有可变配气相位的发动机中，当发动机转速高时，_____进气门的升程，提前开启和延迟关闭进气门，以提高发动机的功率；当发动机转速低时，_____进气门的升程，延迟开启和提前关闭进气门，提高发动机的转矩，以满足发动机的经济性、稳定性和减小排放污染物的要求。

2. 发动机上的可变配气相位控制系统可以通过两种形式实现：一是可变_____控制机构；二是可变_____控制机构。

任务实施

任 务 工 单

任务名称：展示可变配气相位的优点		
姓名：	班级：	学号：
任务描述	针对某一型号发动机的可变配气机构，通过小组研讨，描述出其部件组成图，画出工作原理，在学习小组或班级里汇报交流	
能力目标	1. 能够向客户说明可变配气相位的结构组成及工作原理； 2. 能够向客户展示可变配气相位的优点； 3. 树立以客户为中心的理念，增强服务意识； 4. 具有与客户沟通交流的能力； 5. 具备基本识图的能力； 6. 具备信息搜集和处理的能力	
实施准备	1. 具有可变配气相位控制的教学用车辆或发动机； 2. 车辆及发动机相关文件； 3. 汇报用纸、笔、翻页板等	
实施步骤	自主学习	通过查询资料，实物对照，列举可变配气相位控制系统的组成部件； 个人制作可变配气相位控制系统工作原理简图
	小组讨论	以学习小组形式进行讨论，说明可变配气相位控制系统的结构组成及工作原理，展示可变配气相位控制系统的优点，形成小组汇报成果
	小组汇报	汇报小组成果； 按规范做好5S
自我反思	在专业能力、关键能力等方面的收获或体会：	

项目四

汽油机燃料供给系工作过程分析

汽油机燃料供给系的功用是根据发动机各工况的不同要求,准确地计量空气与燃油的混合比,将一定数量的汽油喷入进气道或气缸内(缸内直喷)与空气混合,形成一定数量和浓度的可燃混合气,使其进入气缸并在气缸内燃烧做功后将产生的废气排入大气中。

汽油机燃料供给系的发展经历了由化油器式到现在的电子控制汽油喷射式。在汽车销售、维修服务等相关工作中,工作人员需要知道汽油机燃料供给系统的工作过程,并能够向客户展示缸内直喷系统的优点;另外,法规对排放的规定日益要求严格,客户在购车时也比较关注排放方面的问题,工作人员需要向客户解释说明。本项目包括分析电控燃油喷射系统工作过程、展示缸内直喷技术的优点、介绍降低汽油机排放污染措施等任务。

任务 4-1　分析电控燃油喷射系统工作过程

学习内容

1. 燃油喷射系统的基本知识;
2. 电控燃油喷射系统的基本组成及工作过程分析。

能力要求

1. 能够解答客户关于发动机燃油喷射方面的咨询;
2. 能够识别电控燃油喷射系统的基本组成部件;
3. 清楚电控燃油喷射系统的基本工作原理;
4. 树立以客户为中心的理念,增强服务意识;
5. 具有与客户沟通交流的能力;
6. 具备信息搜集和处理的能力。

 **任务引入**

目前的汽油发动机都采用电控燃油喷射系统,你能向客户解答关于电控燃油喷射系统的相关咨询吗?你能指导客户正确加油吗?通过下面的学习,相信你能做到。

 任务描述

请你针对某个型号车辆的参数配置表,向客户解释有关发动机燃油喷射系统的相关参数的含义及对发动机性能的影响;针对某一具体车辆发动机的实物或图片,向客户说明该发动机汽油喷射系统的结构及特点。

 **相关知识**

一、燃油喷射系统的基本知识

(一)燃油

燃油是用于燃油发动机的燃料,主要分为汽油和柴油两种。汽油是由石油中提炼而得到的密度小又易于挥发的液体燃料。其主要性能为蒸发性、抗爆性和热值。

1. 热值

汽油的热值是指单位质量(1 kg)的汽油完全燃烧时所产生的热量。汽油的热值约为 46 000 kJ/kg。

2. 蒸发性

汽油中必须含有足够比例的高蒸发性的成分,才能得到良好的冷起动性。蒸发性的大小影响发动机是否正常工作。当温度较高时,蒸发性过高的汽油易在油路中蒸发,形成"气阻";当温度较低时,蒸发性过低的汽油会有一部分不能蒸发、燃烧,并滞留在气缸壁上,这不仅使燃油消耗量增加,而且会稀释润滑油,导致气缸磨损加快,发动机寿命减少。

3. 抗爆性

汽油的抗爆性是指汽油在气缸中避免产生爆燃的能力。"爆燃"是一种非正常燃烧,它与发动机温度、压缩比、燃油特性等有关,通常在压缩行程终止时产生。它将造成发动机过热、排气冒烟、功率下降、油耗增加,并伴有明显的敲缸声,甚至损坏部件。

汽油抗爆性的评价指标是辛烷值。辛烷值表示异辛烷(C_8H_{18})在汽油化合物中的容积百分比,其值最大为100。辛烷值越高,汽油抗爆性越好;反之,汽油抗爆性差。由于未经处理的直馏汽油抗爆性低,因此,需要加入抗爆剂。目前从环保的角度考虑,汽油普遍使用无铅的添加剂。测定辛烷值的方法有马达法和研究法。目前我国用研究法辛烷值表示汽油的抗爆性,并对不同汽油进行编号,如90、92和95号。选择汽油标号的依据主要是发动机的压缩比,压缩比高的发动机选用辛烷值高的汽油,反之,选用辛烷值低的汽油。

(二) 可燃混合气的成分

可燃混合气是指燃料与空气的混合物。对汽油机而言,就是汽油与空气混合形成的混合物。

目前可燃混合气浓度常用过量空气系数和空燃比表示。我国采用过量空气系数,欧美采用空燃比。

1. 过量空气系数

过量空气系数是指燃烧1 kg燃料实际供给的空气质量与理论上1 kg燃料完全燃烧所需的空气质量的比值,用α表示。$\alpha=1$的可燃混合气定义为理论混合气;$\alpha<1$为浓混合气;$\alpha>1$为稀混合气。

2. 空燃比

空燃比是指实际吸入发动机中的空气质量与燃料质量的比值,用R或A/F表示。$A/F=14.7$表示理论混合气;$A/F>14.7$为稀混合气;$A/F<14.7$为浓混合气。

(三) 可燃混合气的形成过程

液体汽油必须在蒸发为气态后才能与空气均匀混合。要使混合气在很短的时间(0.01~0.02 s)内形成,必须先将燃料雾化成极小的油滴,以增大蒸发面积。

对于普通电喷发动机而言,汽油是通过发动机控制单元来控制喷油器电磁阀开启的,将一定压力的燃油以雾状喷入靠近进气门的进气歧管内,当发动机处于进气行程时,在气缸内产生真空,新鲜空气与汽油的混合气被吸入发动机气缸内。而汽油发动机缸内直喷则是通过发动机控制单元来控制喷油器电磁阀开启,将一定压力的汽油以雾状直接喷射到气缸内,燃油在气缸内混合形成可燃混合气。

(四) 可燃混合气成分对发动机性能的影响

1. 理论混合气

当$\alpha=1$时,从理论上讲,气缸内空气与燃料充分混合后正好完全燃烧。但实际上,由于气缸内还存在废气、混合气混合不均匀等原因,使气缸内理论混合气不能完全燃烧。

2. 稀混合气

当$\alpha>1$时,气缸内有足够的空气使燃料完全燃烧,当α为1.05~1.15时,燃料消耗率最低,经济性最好,我们称燃料消耗率最低时对应的可燃混合气为经济混合气。当α更大时,由于空气过量,燃烧速度减小,热损失增加,发动机功率降低,出现进气管回火现象。

3. 浓混合气

当$\alpha<1$时,气缸内可燃混合气中汽油分子较多,使燃烧速度加快,发动机功率增大,

我们称发动机输出最大功率时的可燃混合气为功率混合气,其 α 一般为 $0.85\sim0.95$。如果混合气太浓,将燃烧不完全,产生大量一氧化碳,同时在燃烧室内产生积炭,并发生排气管放炮和冒黑烟现象,导致发动机功率下降,燃油消耗率显著增加。

一般为了兼顾发动机的动力性和经济性,混合气浓度应在 $0.88\sim1.11$。过浓或过稀($\alpha<0.4$ 或 $\alpha>1.4$)都将导致火焰传播无法进行,发动机运转不稳。

(五)发动机各工况对可燃混合气成分的要求

汽车的行驶工况随载荷、车速、路况等因素经常变化,各种工况对混合气浓度的要求也不同。

1. 起动工况

由于发动机处于冷机状态(特别是北方冬天)及发动机转速较低,燃油不易汽化,造成气缸内实际产生的混合气浓度过低,不易起动,需要多喷入燃油,使发动机顺利起动。要求混合气浓度 $\alpha=0.2\sim0.6$。

2. 暖机工况

发动机起动后,随着发动机温度逐渐上升,汽油的蒸发和汽化条件逐步转好,这时应逐步减少供油量,使 α 值逐步增大,但仍属于浓混合气范围。

3. 怠速及小负荷工况

发动机在怠速工况时,节气门处于接近关闭位置,吸入的空气量少,并且汽油蒸发雾化效果差,应提供较浓的混合气,一般 $\alpha=0.7\sim0.9$。

4. 中负荷工况

这是行车中最常用的工况,要求在中负荷工况燃油经济性最好,因此 $\alpha=0.9\sim1.1$。

5. 全负荷工况

节气门全开时,为了使发动机发出最大的功率,应使 $\alpha=0.85\sim0.95$。

6. 加速工况

节气门开度突然加大,使吸入的空气量急剧增加,气缸内可燃混合气浓度瞬间变稀,影响汽车加速性能,因此,在汽车加速过程中应增加喷油量。

二、电控燃油喷射系统的基本组成及工作过程分析

(一)汽油喷射系统的分类

现代汽车发动机使用的汽油喷射系统有多种形式,可以从以下几方面进行分类。

1. 按喷油器的数目分类

在发动机燃油喷射系统中,按喷油器数目进行分类,可分为单点喷射(Single Point Injection,SPI)和多点喷射(Muiti Point Injection,MPI)两种形式。

单点喷射是在进气管的节气门体上或稳压箱内安装一个中央喷射装置,用一只或两只喷油器集中向进气歧管喷射,形成可燃混合气,在发动机进气行程时被吸入气缸内。故这种喷射系统可称为节气门体喷射系统或中央喷射系统。

多点喷射系统是在每个气缸进气门附近安装一个喷油器,所以各缸之间的空燃比混合较均匀,而且在设计进气管时可以充分利用空气惯性的增压效应,以实现高功率设计。

2. 按燃油喷射位置分类

按燃油喷射位置不同，燃油喷射系统可分为缸内喷射和缸外喷射。

缸内喷射是指喷油器将燃油直接喷射到气缸燃烧室内，因此需要较高的喷油压力（3.0~4.0 MPa）。由于喷油压力较高，故对供油系统的要求较高，成本也相应较高。同时，由于要求喷出的燃油能分布到整个燃烧室，故缸内喷油器的布置及气流组织方向比较复杂。

缸外喷射是指进气歧管内喷射或进气门前喷射。该方式中喷油器被安装于进气歧管内或进气门附近，故燃油在进气过程中被喷射后与空气混合形成可燃混合气再进入气缸内。

理论上，喷射时刻设置在各缸排气行程上止点前70°左右为佳。喷射方式可以是连续喷射或间歇喷射。

3. 按燃油喷射方式分类

根据燃油喷射方式不同，汽油喷射系统分为连续喷射和间歇喷射。

连续喷射是指在发动机运转期间汽油被连续不断地喷射，其喷油量的大小取决于喷油系统压力的高低。因无须考虑发动机的工作顺序和喷油时刻，所以其控制系统比较简单，多用于机械控制式和机电混合控制式汽油喷射系统中。

间歇喷射又称脉冲喷射，是指在发动机运转期间汽油被间断喷射。每次喷射时刻和喷油量的大小取决于喷油器针阀开启时刻和开启时间的长短。间歇喷射因能对喷油量进行精确控制而被广泛地应用于现代电控汽油喷射系统中。

间歇喷射按喷射时序的不同，又可分为同时喷射、顺序喷射和分组喷射，如图4-1所示。

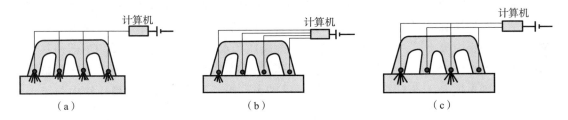

图4-1 喷油时序
(a) 同时喷射；(b) 顺序喷射；(c) 分组喷射

4. 按进气量的计量方式分类

按进气量的计量方式不同，可分为直接计量方式和间接计量方式。

直接计量方式称为流量型（L型）。它是以质量流量方式计量进气量，即用空气流量计直接计量出进气管的空气流量，用测得的空气流量除以发动机的转速得到每一个循环的进气量，由此算出每一个循环的汽油喷射量。此方法计量精度高，目前应用广泛。

间接计量方法称为压力型（D型）。它是以速度-密度方式计量进气量，即通过压力传感器测出进气管的压力，再根据发动机的转速间接地推算出进气流量，从而确定汽油喷射量。因进气管压力与进气量之间不是简单的线性关系，故此种计量方法精度不高。

（二）汽油喷射系统基本组成

图4-2所示为M型电控燃油喷射系统示意图。它是将L型汽油喷射系统与电子点火系统结合起来，用一个大规模集成电路组成的数字化微型计算机同时对这两个系统进行控制，从而实现了汽油喷射与点火的最佳配合，进一步改善了发动机的起动性、怠速稳定性、加速

性、经济性和排放性。它广泛应用于轿车发动机上。

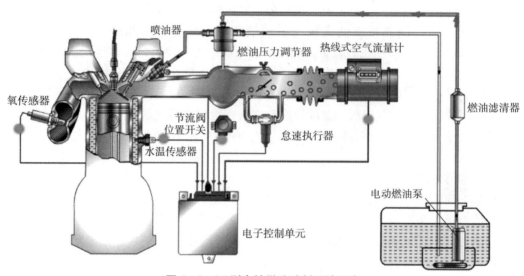

图4-2　M型电控燃油喷射系统示意

根据其作用不同，电控汽油喷射系统可分为四个子系统，即汽油供给系统、进气与排气系统、点火系统和电子控制系统。

（三）汽油供给系统

汽油供给系统的作用是供给发动机燃烧过程所需的燃油。汽油供给系统主要由燃油泵、燃油滤清器、油压脉动阻尼器、燃油压力调节器、喷油器等组成，如图4-3所示。燃油泵将燃油从燃油箱中吸出后，经过燃油滤清器滤除杂质和水分后，再经过脉动阻尼器使其油压脉动减小。燃油压力调节器控制供油总管的油压（通常为250~300 kPa）后，送至各缸喷油器。喷油器则根据ECU发出的指令，将计量后的燃油喷入各进气歧管或稳压箱中与流入发动机内的空气进行混合，形成可燃混合气。

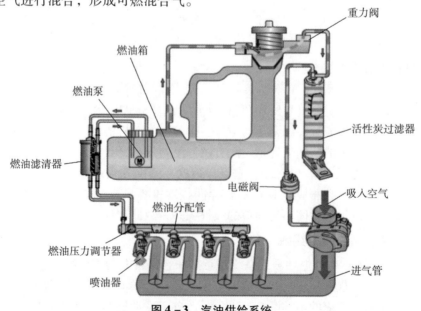

图4-3　汽油供给系统

在正常工况下，发动机的喷油量由安装在进气门前的各喷油器（MPI）或位于节气门体位置的喷油器（SPI）的通电时间长短来决定。

1. 汽油箱

汽油箱是用来储存汽油的，其容积大小与车型及发动机排量有关。其形状随车型不同而各异，这主要是为了适应在车上的布置安装。汽油箱的结构如图4-4所示。传统的汽油箱采用薄钢板冲压焊接制成，现代轿车油箱多数采用耐油硬塑料制成。

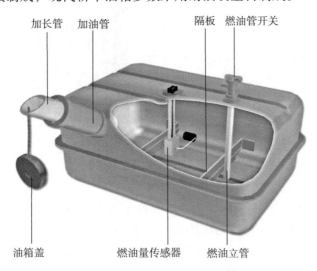

图4-4 汽油箱结构示意

油箱盖必须密封，以防止汽油因振荡溅出。为保证汽油泵正常工作，油箱盖设有空气阀和蒸气阀。图4-5所示为双阀式油箱盖剖面图。空气阀1受软弹簧控制，当汽油箱内燃油减少，压力下降到预定值（约98 kPa）时，大气推开空气阀1进入汽油箱；蒸气阀2受硬弹簧控制，当汽油箱内的蒸气压力增大到约120 kPa时，蒸气阀被推开，燃油蒸气泄出，保持汽油箱内压力正常。一些轿车的油箱盖上还设有重力阀，它的作用是依靠其自重，在正常情况下允许空气进入油箱以消除负压，当车辆倾斜45°或翻车时，此阀自动将通风口关闭，防止汽油漏出，以免发生火灾。

1—空气阀；2—蒸气阀；3—密封垫和弹片；4—管口。

图4-5 双阀式油箱盖剖面图

2. 电动汽油泵

电动汽油泵的作用是向发动机输送充足的燃油并维持足够的压力，以保证喷油器在所有工况下能够有效地喷射。

根据电动汽油泵的安装位置，分内置式和外置式两种。内置式是将电动汽油泵安装在汽油箱内，外置式是电动汽油泵安装在汽油箱外。现在绝大多数轿车采用内置式电动汽油泵。

电动汽油泵结构如图4-6所示。

只要发动机工作，电动汽油泵就一直工作，其过程是：电动汽油泵通电，电动机工作，带动泵体转动，吸入汽油。汽油通过泵体、电动机、单向阀由出油口泵出。其中单向阀的作用是

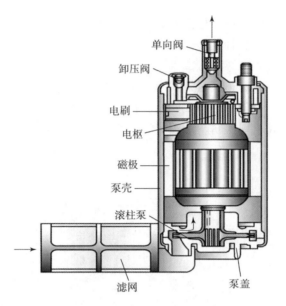

图 4-6 电动汽油泵结构示意

防止汽油倒流。当发动机停机时，电动汽油泵也停止工作，使汽油管路和燃油导轨内保存一定残余压力的汽油，以便下次发动机容易起动，并可防止由于温度较高而产生的气阻现象。

卸压阀起到保护电动汽油泵过载限压的作用。一般如果电动汽油泵输出的压力超过400 kPa，卸压阀就会打开，多余的高压油流回油箱。

3. 汽油滤清器

汽油滤清器的作用是将汽油中的氧化铁、粉尘等杂质滤去，防止燃油系统堵塞，减少机件的磨损，确保发动机稳定工作，提高可靠性。

汽油滤清器的结构如图 4-7 所示。滤芯一般由滤纸制造而成，可滤去 0.01 mm 的杂质。汽油滤清器安装在汽油泵的出口一侧，它是一次性使用的。

4. 燃油压力调节器

燃油压力调节器一般安装在燃油导轨上，其作用是根据进气歧管内的绝对压力的变化来调节系统油压（燃油总管油压），保持喷油器的喷油相对压力恒定，使喷油器的燃油喷射量只取决于喷油器的开启时间。一般系统油压为 250～300 kPa。油压调整值随进气歧管压力的变化情况如图 4-8 所示。

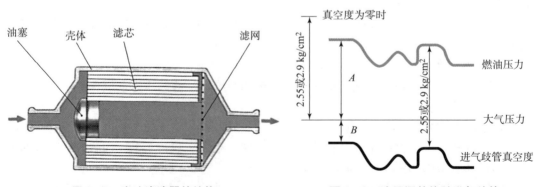

图 4-7 汽油滤清器的结构　　图 4-8 油压调整值随进气歧管压力的变化情况

燃油压力调节器的结构如图4-9所示。它有金属壳体，其内部由橡胶膜片分为弹簧室和燃油室两部分。弹簧室内有一个带预紧力的螺旋弹簧，它作用在膜片上。在膜片上安装一个阀，控制回油。另外，它还通过一根真空管与进气歧管相连。

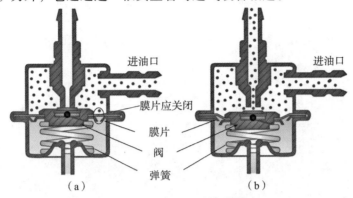

图4-9 燃油压力调节器
（a）无油回到油箱；（b）有油回到油箱

当系统油压超过规定值时，汽油压力克服弹簧压力，将膜片向下压，打开阀门，与回油通道接通，使系统压力降低，回到规定值。

如果进气歧管真空度变大，为了维持燃油导轨内部与进气歧管内部的压力差恒定，就必须降低系统油压，把进气歧管真空度引入弹簧室，能够减小膜片上螺旋弹簧的作用力，进而减小打开阀门的压力，使系统油压下降到规定值；反之亦然。

当电动汽油泵停止工作时，在膜片和螺旋弹簧力的作用下使阀关闭，保持油路中的残余压力。

5. 喷油器

喷油器是供油系统中非常重要的部件。它是一个电磁阀，由发动机控制单元控制。

电磁喷油器按喷油口形式，分为轴针式、球阀式和片阀式三种；按用途，分为单点式和多点式。

图4-10所示为轴针式电磁喷油器的结构。当电磁线圈无电流时，针阀在弹簧的作用下处于关闭状态。当发动机控制单元发出喷油脉冲信号时，电磁线圈产生电磁吸力，打开针阀（针阀上升约0.1 mm），压力燃油通过针阀与阀座之间的间隙喷出，进入进气管。

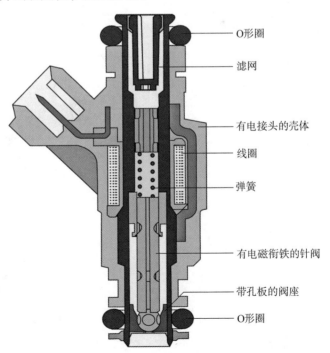

图4-10 轴针式喷油器

（四）空气供给装置与废气排出装置

空气供给装置主要包括空气滤清器、节气门体、进气歧管等，如图 4-11 所示。废气排出装置包括排气歧管、三元催化反应器及消声器等，如图 4-12 所示。

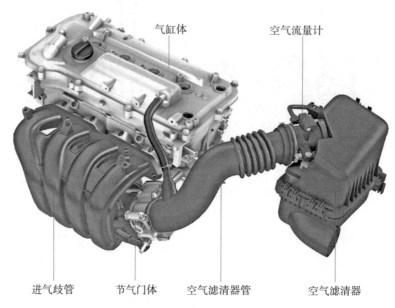

图 4-11　空气供给装置

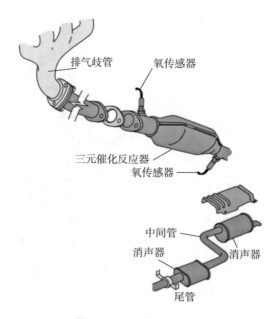

图 4-12　废气排出装置

1. 主要部件

（1）空气滤清器

空气滤清器的主要作用是过滤流入进气道的空气，防止空气中灰尘进入气缸，减少气缸、活塞、活塞环等零件的磨损，延长发动机的使用寿命。

空气滤清器常用的种类有纸质干式空气滤清器和油浴式空气滤清器。其中纸质干式空气滤清器应用最多,如图4-13所示,它是采用树脂处理的纸质滤芯,其优点是滤清效率高,并且与负荷无关,结构简单。

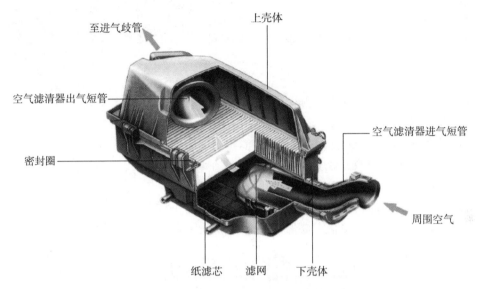

图4-13 纸质干式空气滤清器

(2) 进排气歧管

进气歧管的作用是将可燃混合气或新鲜空气送到各个气缸;而排气歧管则是汇集各缸的废气,经排气消声器排出。

进气歧管多数由铝合金或铸铁制造,有些也采用复合塑料制造,如图4-14所示。

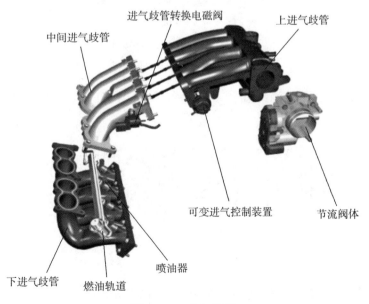

图4-14 进气歧管

稳压箱的作用是消除进气压力脉动，保证各缸混合气分配均匀，同时，进气歧管的形状、容积都进行了专门的设计，充分利用吸入空气的惯性增压作用，增大充气量，提高发动机功率。排气歧管多数采用铸铁制造，如图4-15所示。为了便于对进气歧管预热，有些发动机进、排气歧管安装在同一侧。

（3）排气消声器

排气消声器的作用是降低排气噪声，并消除废气中的火星及火焰。

排气消声器有吸收、反射两种基本的消声方式，如图4-16所示。吸收式消声器是通过废气在玻璃纤维、钢纤维和石棉等吸声材料上的摩擦而减少其能量。反射式消声器则是多个串联的谐调腔与长度不同的多孔反射管相互连接在一起，废气在其中经过多次反射、碰撞、膨胀、冷却而降低压力，减轻振动。

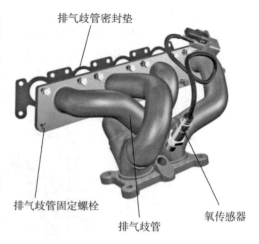

图4-15 排气歧管

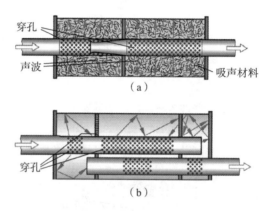

图4-16 排气消声器
(a) 吸收式消声器；(b) 反射式消声器

汽车上实际使用的排气消声器，多数是综合利用不同的消声原理组合而成的，如图4-17所示。

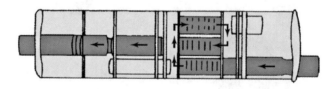

图4-17 组合式消声器

2. 可变进气系统

可变进气系统是通过进气系统的谐调作用，提高发动机的充气效率，以获得最佳的输出功率。

在进气过程中，当进气门刚打开时，进气门门口处产生一定的真空，形成负的压力波，这种负压力波沿进气管以声速传递到进气管的入口,然后反射,形成正的压力波,又返回到进气门入口端。如果在进气终止时,这种正的压力波波峰恰好到达进气门入口端,进气压力升高,充气效率增加;反之,如果波谷恰好到达进气门入口端,进气压力减小,充气效率降低。我们希望在发动机的转速范围内,这种正压力波与进气脉冲最佳匹配,使得进气终止时的正压力波的波峰恰好到达进气门入口端。这种增压技术称为谐波增压。

谐波增压可通过改变进气管的长度和容积实现。较长的进气歧管使发动机在低转速下获得较大的转矩,但在高转速下却会出现较低的最大输出功率,而较短的进气歧管却正好相反。通过可变进气歧管长度,可以保证在较大的转速范围内,不但具有较大的转矩,而且在高转速下具有较高的最大输出功率。

图 4-18 所示是奥迪 A6 轿车发动机可变进气系统的工作原理图。

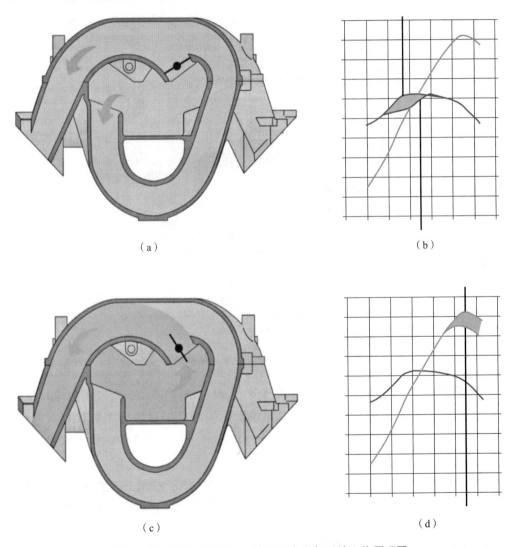

图 4-18 奥迪 A6 轿车发动机可变进气系统工作原理图
(a) 低转速时使用长进气道;(b) 低转速区域内的扭矩对比;(c) 高转速时使用短进气道;(d) 高转速区域内的功率对比

3. 废气涡轮增压系统

废气涡轮增压是指利用发动机排出的高温高压废气能量，驱动涡轮做高速旋转，带动同轴上的压缩机，对燃烧所需的空气进行预压缩，这样，在发动机排量和转速不变的情况下，增加了流入发动机的空气量，提高了进气效率，因而可提高发动机的功率。

废气涡轮增压系统的结构原理如图4-19所示。排气管接到涡轮壳上。发动机排出的具有一定压力的高温废气经排气管进入涡轮壳里，高速的废气流按一定的方向冲击涡轮，使涡轮高速旋转。废气的压力、温度和速度越高，涡轮转速也越快，通过涡轮的废气最后排入大气。因为涡轮和增压器压缩轮安装在同一转子轴上，所以两者同速旋转。经过空气滤清器吸入压气机壳内的空气，被高速旋转的压缩轮甩向压缩轮的外缘，使其速度和压力增加，被压缩的空气经发动机进气管进入气缸，以提高发动机的充气量。

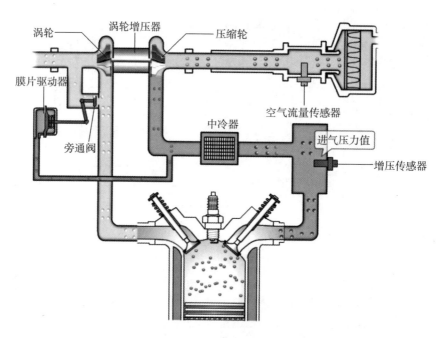

图4-19 废气涡轮增压系统结构原理

由于利用高温废气进行增压，涡轮增压器温度较高，经过压缩的空气温度也较高，使进气密度减少，对提高进气效率不利，因此，需要在压缩空气出口到进气管之间安装冷却器，冷却压缩空气，提高其密度。

（五）电子控制系统

电子控制系统包括各种传感器、电控单元、执行器。电子控制系统的作用是接收各传感器的信号，根据ECU设定的程序，对喷油时刻、喷油量及点火时刻等进行控制。

随着计算机控制功能的不断扩展，其控制项目也在不断增加，如怠速控制、进气控制、排放控制、故障自诊断等，形成多功能控制的集中管理控制系统。

图4-20所示为一个典型的轿车发动机燃油喷射控制系统。采用德国Bosch公司电子控制多点喷射系统。

项目四 汽油机燃料供给系工作过程分析

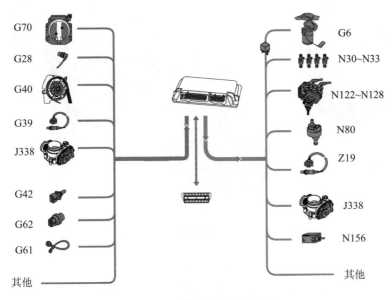

图 4-20 燃油喷射控制系统

1. 传感器

（1）空气流量计

空气流量计为热膜式，型号为 HFM5。它安装在空气滤清器和进气软管之间，其结构如图 4-21 所示。主要由阻流网、感知空气流量计的热膜（传感器元件）、进行进气温度修正的温度补偿电阻、控制热膜电流并产生输出信号的控制线路板及空气流量计壳体组成。热膜式空气流量计的传感元件如图 4-22 所示。

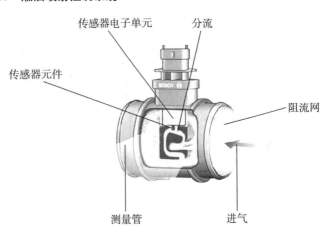

图 4-21 热膜式空气流量计的结构

空气流量计用来测量进入发动机的空气量，该信号是控制单元计算点火时间和喷油量的主要参数，其工作原理如图 4-23 所示。在空气通道中放置着热膜 R_H 和温度补偿电阻 R_K（惠斯顿电桥的两个臂）；在控制线路板上粘贴着一只精密电阻 R_A，也是惠斯顿电桥的一个臂，该电阻上的电压就是热膜空气流量计的输出电压信号；惠斯顿电桥还有一个臂 R_B，装在控制线路板上。工作时，热膜发热，其热量不断被空气带走，热膜被冷却，热膜周围通过的空气流量越大，被带走的热量也越多。热膜式空气流量计就是利用热膜与空气之间的这种热传递现象进行空气质量流量测量的。其工作原理是将热膜温度与吸入空气温度差值始终保持在 100 ℃，热膜温度由混合集成电路控制，当空气质量流量增大时，由于空气带走的热量增多，为保持热膜温度，混合集成电路使热膜 R_H 通过的电流增大；反之，则减小。这样就使通过热膜 R_H 的电流是空气质量流量的单一函数。热膜加热电流的大小由惠斯顿电桥电路中精密电阻 R_A 上的电压信号输出。在惠斯顿电桥的另一臂上有温度补偿电阻 R_K 和电桥电阻 R_B，为了减小电损耗，其阻值较高，通过这个臂上的电流较小。

· 113 ·

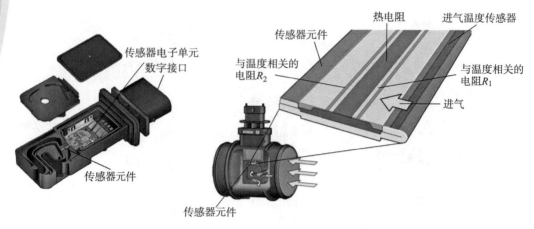

图 4-22 热膜式空气流量计的传感元件

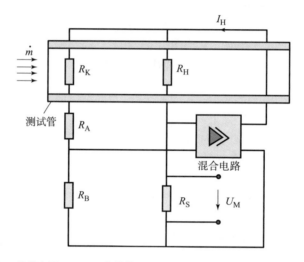

R_H—热膜电阻；R_K—温度补偿电阻；R_S—精密电阻；R_B—电桥电阻。

图 4-23 热膜式空气流量计工作原理

热膜空气流量计的优点是没有运动件，无流动阻力，传感器无污染沉积，使用可靠性好。在使用过程中，如果空气流量传感器信号中断，控制单元将根据发动机转速、节气门电位计信号及进气温度信号计算出一个替代值。

（2）发动机转速传感器

发动机转速传感器是一个磁感应传感器，它采集曲轴转角位置和发动机转速信号。其工作原理如图 4-24 所示。在曲轴上有一个靶轮，靶轮上有 60 个齿，传感器对它进行扫描。当靶轮经过传感器时，产生一个变电压信号，其频率随发动机转速变化而变化，控制单元根据交变电压的频率识别发动机的转速。在靶轮上有一处缺两个齿，感应传感器扫描到该处时，1 缸活塞处于上止点前 72°，它是作为控制单元识别曲轴转角位置的基准标记。发动机转速传感器所感应出的信号如图 4-25 所示。

（3）霍尔传感器

霍尔传感器安装在缸盖右侧，进气凸轮轴后端。它是一个电子开关，利用霍尔原理工作，结构如图 4-26 所示。霍尔传感器隔板上有一个霍尔窗口，凸轮轴每转一周（曲轴转

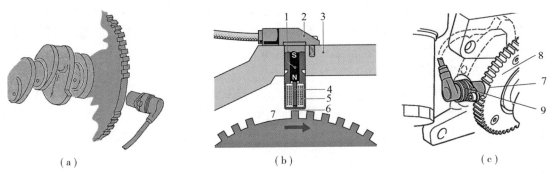

1—杆式永久磁铁；2—转速传感器壳体；3—缸体；4—软磁极柱；5—感应线圈；
6—空气间隙；7—缺齿（基准标记）；8—靶轮；9—转速传感器。

图 4-24　发动机转速传感器 G28 工作原理

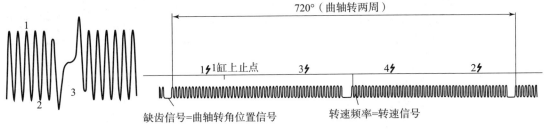

1—齿；2—齿隙；3—参考标记。

图 4-25　发动机转速传感器信号

720°），产生一个信号，该信号出现在 1 缸压缩行程上止点前 72°。控制单元根据此信号可识别 1 缸压缩行程上止点位置，用于顺序喷油和爆震选择控制。如果霍尔传感器信号中断，它没有替代功能，发动机控制单元不能区分 1 缸和 4 缸。

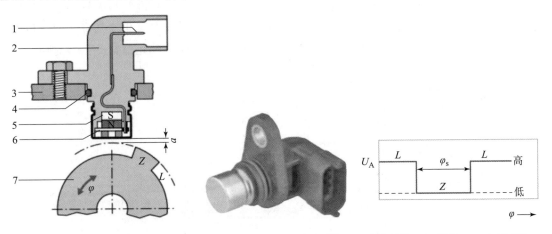

1—插头；2—传感器外壳；3—固定的壳体；4—密封圈；5—永久磁铁；6—霍尔元件；7—靶轮；a—空气间隙。

图 4-26　霍尔传感器

（4）进气温度传感器

进气温度传感器是一个负温度系数（NTC）电阻，即温度升高，阻值下降。它安装在进气管上体,如图 4-27 所示。进气温度传感器将进气温度转变成电信号,送给控制单元,用于各种控制功能的修正。如果该信号中断,控制单元将启用一个替代值,但不能准确感知进气温度,会导致热起动困难、排放量增加等故障。

(5) 冷却水温度传感器

冷却水温度传感器也是一个 NTC 电阻,直接与发动机冷却水接触,如图 4-28 所示。该信号是一个较重要的修正信号。如果该信号中断,控制单元将启用一个替代值,但不能准确感知冷却水温度,将会导致发动机冷热起动困难、油耗增加、怠速自适应差、排放升高等故障。

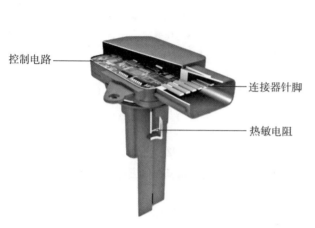

图 4-27 进气温度传感器

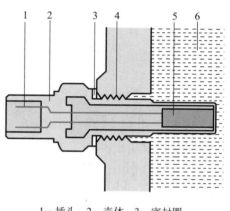

1—插头;2—壳体;3—密封圈;
4—螺纹;5—感温元件;6—防冻液。

图 4-28 冷却水温度传感器 G62

(6) λ 传感器

λ 传感器就是所说的氧传感器,它安装在排气管谐振腔内,如图 4-29 所示。λ 传感器用于检测发动机的燃烧状况,向控制单元提供修正喷油量的电信号,从而实现燃油喷射的闭环控制。氧传感器由氧化锆陶瓷及表面覆盖的多孔性铂膜制成,其内侧与大气相通,外侧与排出废气接触。废气中残余含氧量与大气中含氧量的浓度差,能在氧化锆陶瓷表面产生电位差,此电位差能体现废气中的氧含量,反映混合气的浓稀,控制单元根据此信号对喷油量进行调节。

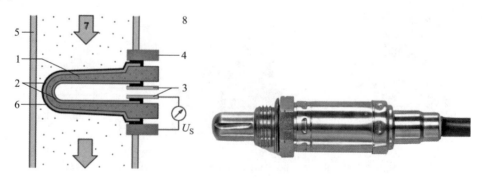

1—λ 传感器陶瓷体;2—铂电极;3—触头;4—壳体触头;5—排气管;
6—微孔陶瓷保护层;7—废气;8—大气;U_S—λ 传感器电压。

图 4-29 λ 传感器

氧传感器的最佳工作温度是600 ℃，工作温度区间为300~850 ℃，为此，在其内部设有加热器，使其能很快达到最佳工作温度。

（7）爆震传感器

爆震传感器的结构如图4-30所示。该车采用两个爆震传感器，分别安装在缸体进气侧1缸和2缸、3缸和4缸之间。当发动机发生爆震时，气缸中产生的爆震信号传递到爆震传感器的压电陶瓷，在其上产生一个电压信号，控制单元根据这个电压信号识别出爆震缸，并推迟该缸的点火。

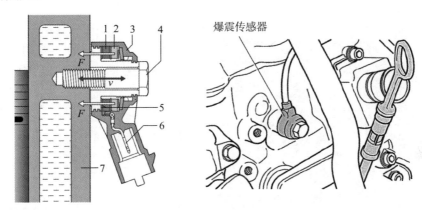

1—压电陶瓷；2—振动片；3—壳体；4—螺钉；5—接触片；6—插头；7—发动机体；v—振动速度。

图4-30 爆震传感器

2. 执行元件

（1）节流阀体

节流阀体也称节气门控制单元，它采用整体式结构，如图4-31所示，主要由怠速开关、怠速节气门电位计、节气门电位计及怠速电动机等组成。这种整体式结构取消了节气门的旁通通道，怠速调节直接在节气门上进行。最大优点是减少了部件数目，降低了漏气的可能性，避免了一些故障的发生。

怠速开关、怠速节气门电位计、节气门电位计向控制单元提供节气门当前位置信息，属于传感器部分，怠速电动机是执行元件。在怠速范围内，控制单元根据各种信息，通过控制怠速电动机来调节怠速时节气门的开度，具体功能有：怠速时，怠速电动机根据发动机负荷和温度来控制节气门开大或关小，使发动机总是工作在最佳怠速状态；当快速松开油门踏板时，怠速电动机可使节气门缓慢回位，直至达到所要求的怠速转速为止，起到了节气门缓冲器的作用；若电子控制怠速失效，节气门将保持在一个确定位置，控制单元对此不起作用。

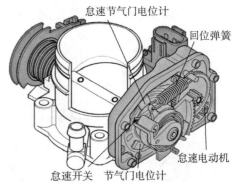

图4-31 节气门控制单元

（2）喷油器

喷油器（图4-10）装在进气门上方的进气管下体上，每一个气缸都装有一个喷油器，它是由电磁元件控制的。电控单元发出指令信号，可将喷油器头部的针阀打开，把精确配制的一定量燃油喷入进气门前,并与吸入进气歧管内的空气混合,混合后的可燃混合气进入气缸内点火燃烧。

(3) 点火线圈及终端能量输出极

点火系中的主要部件是点火线圈及终端能量输出极(点火模块)。点火线圈及终端能量输出极装在一个壳体里,固定在气缸体上,如图4-32所示。在点火线圈的壳体上有各缸排序标识。1、4缸共用一个点火线圈,2、3缸共用一个点火线圈。双火花点火线圈如图4-33所示。终端能量输出极根据控制单元指令控制点火线圈初级绕组的通电和断电,从而在点火线圈次级产生点火高压。

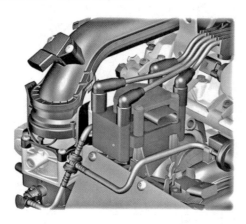
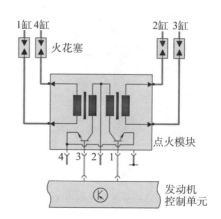

1—2、3缸点火信号线;2—点火电源;3—1、4缸点火信号线;4—搭铁。

图4-32 点火线圈及终端能量输出极

3. 控制单元

发动机控制单元是一种具有80个插脚的电子综合控制装置,其外观结构如图4-34所示。

控制单元负责对发动机控制系统进行管理。它不仅控制燃油喷射系统,同时还具有点火控制、怠速控制、油箱通风控制、自诊断和备用控制等多种功能。具体功能如下:

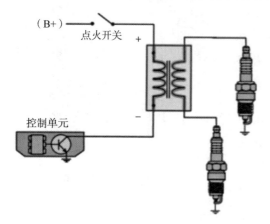
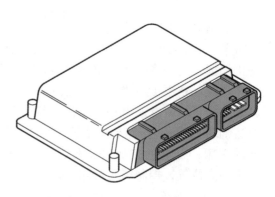

图4-33 双火花点火线圈　　　　图4-34 发动机控制单元外观结构

① 给传感器提供基准电压,将所需输出的信息转变成控制单元所能接收的信号。

②接收传感器或其他装置输入的各种信息。

③存储、计算、分析、处理信息；存储该车的特征参数；计算输出值；存储运算中的数据；存储故障信息。

④运算分析。根据信息参数求出执行命令数值，并将输出信息与标准值比较。

⑤输出执行命令。把弱信号变强的执行命令。

⑥自我修正功能（自适应功能）。

发动机控制单元（图4-34）能在较短时间内处理很多信号，并且具有上述功能，能够进行高精度的发动机控制。

发动机控制单元要管理多个信息，它通过信号线与控制器或系统部件相连，如图4-35所示。通过这些附加信号与汽车上其他系统部件之间相互交换信息。

①发动机转速。控制单元从发动机转速传感器获得发动机转速信号，并传递给转速表。

②空调压缩机信号。控制单元通过空调继电器与空调压缩机相联系。空调压缩机信号是双向传递的，一方面，它可以向控制单元提供压缩机接通信息，由发动机控制单元控制节气门控制单元提高怠速转速；另一方面，在发动机处于急加速到全负荷、应急运行、冷却水温度过高等工况时，控制单元将切断空调压缩机工作。

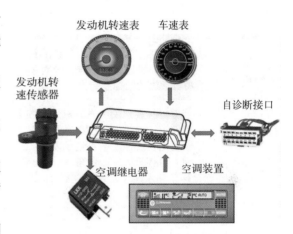

图4-35 控制单元与其他系统的信息交换

③车速信号。控制单元从车速表上获得行驶速度信号，利用该信号由节气门控制单元进行怠速稳定控制。

随堂测试

1. 目前我国用研究法_____表示汽油的牌号，如90号、92号和95号。选择汽油牌号时，主要依据发动机的压缩比，压缩比高的发动机选用辛烷值_____的汽油。

2. 按燃油喷射位置不同，燃油喷射系统可分为_____喷射和_____喷射。

3. 废气涡轮增压是指利用发动机排出的高温高压废气能量，驱动涡轮做高速旋转，带动同轴上的_____，对燃烧所需的空气进行预压缩，增加了流入发动机的空气量，提高了进气效率，因而可提高发动机的_____。

4. 进气温度传感器通常采用负温度系数（NTC）电阻，即温度升高，阻值_____。

5. λ传感器用于检测发动机的燃烧状况，向控制单元提供修正喷油量的电信号，从而实现燃油喷射的_____控制。

汽车构造（第4版）

任务实施

任 务 工 单

任务名称：分析电控燃油喷射系统工作过程			
姓名：	班级：		学号：
任务描述	请你针对某一型号车辆的参数配置表，向客户解释有关发动机汽油喷射系统的相关参数的含义及对发动机性能的影响；针对某一具体车辆发动机的实物或图片，向客户说明该发动机汽油喷射系统的结构及特点		
能力目标	1. 能够解答客户关于发动机燃油喷射方面的咨询； 2. 能够识别电控燃油喷射系统的基本组成部件； 3. 清楚电控燃油喷射系统的基本工作原理； 4. 树立以客户为中心的理念，增强服务意识； 5. 具有与客户沟通交流的能力； 6. 具备信息搜集和处理的能力		
实施准备	1. 教学用汽油电喷车辆或发动机； 2. 车辆及发动机相关文件； 3. 汇报用纸、笔、翻页板等		
实施步骤	自主学习	通过查询资料，获取某一型号发动机汽油喷射系统的参数； 针对某一实物发动机，能认识燃油喷射系统的主要部件，说明其工作原理	
	小组讨论	以学习小组形式进行讨论，形成小组汇报成果	
	小组汇报	交流汇报小组成果； 按规范做好5S	
自我反思	在专业能力、关键能力等方面的收获或体会：		

项目四　汽油机燃料供给系工作过程分析

任务 4-2　　展示缸内直喷技术的优点

 学习内容

1. 缸内直喷技术的特点；
2. 缸内直喷技术系统的组成；
3. 缸内直喷技术分层燃烧工作模式；
4. 燃料分层喷射技术。

 能力要求

1. 能够解答客户关于汽油发动机缸内直喷方面的咨询；
2. 能够识别缸内直喷技术系统基本组成部件、清楚缸内直喷技术系统的基本工作原理；
3. 能够向客户展示缸内直喷技术系统的优点；
4. 清楚燃料分层喷射（TSI）的含义，并能对系统进行说明和介绍；
5. 树立以客户为中心的理念，增强服务意识；
6. 具有与客户沟通交流的能力；
7. 具备信息搜集和处理的能力。

 任务引入

目前一些汽油发动机采用了缸内直喷技术，你能向客户解答关于缸内直喷技术的相关咨询吗？你能向客户展示缸内直喷系统的优点吗？通过下面的学习，相信你能做到。

 任务描述

请你针对某一型号装备汽油直喷发动机车辆的参数配置表，向客户解释有关发动机汽油直喷系统的相关参数的含义及对发动机性能的影响；针对某一具体车辆发动机的实物或图片，向客户说明该发动机汽油直喷系统的结构及优点。

 相关知识

缸内直喷又称 FSI（Fuel Stratified Injection），即燃料分层喷射技术。FSI 发动机像柴油机一样，采用缸内直喷技术，配备了按需控制的燃油供给技术，与进气歧管喷射原理不同的是，汽油被直接喷入燃烧室。以往的汽油发动机，在火花塞点火之前，气缸内的可燃混合气的浓度各处均相等,称为均质混合气。缸内直喷技术代表着传统汽油发动机的一个发展方向。近年来,各汽车厂商采用的发动机科技中,最炙手可热的技术非缸内直喷莫属。这套由柴油发动机衍生而来的科技目前已经广泛使用在大众的迈腾1.8T、高尔夫1.4T、速腾1.4T车型上,并且得到用户广泛的好评。

一、缸内直喷技术的特点

①燃油消耗低。缸内直喷技术发动机缸内直接喷射形成的高压雾化混合气相对于传统的缸外喷射发动机可减少大约20%燃油消耗,对减少二氧化碳的排放也有很大作用。

②热效率高。由于分层充气模式的燃烧只发生在火花塞附近,所以缸壁上的热损耗是很少的,提高了热效率。

③废气再循环率高。强制分层充气可使废气再循环率高达35%,可有效地对排放进行控制。

④压缩比高。吸入的空气通过燃油在燃烧室直接喷射雾化而冷却下来,降低了爆震的可能性,可提高压缩比。

⑤优化超速切断效果。在变速器转速恢复到低于发动机转速的过程中,气缸壁不会沉积燃油,燃油基本上被完全转化成可用能量,即使在恢复转速较低时,发动机也能稳定运行。

二、缸内直喷技术燃油系统的组成

图4-36所示是奥迪轿车缸内直喷技术燃油系统的组成。

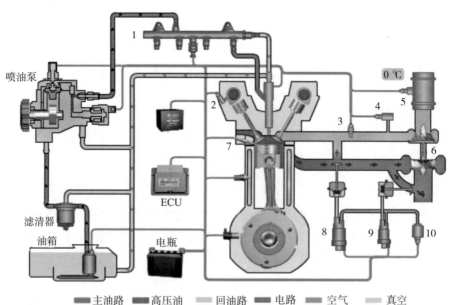

1—高压共轨;2—凸轮轴位置传感器;3—进气温度传感器;4—进气压力传感器;5—空气流量计;6—废气涡轮;7—预热塞;8—EGR电磁阀;9—压力调节阀;10—真空泵。

图4-36 缸内直喷技术燃油系统的组成

1. 燃油供给系统

燃油供给系统包括低压油路和高压油路。低压油路主要由电子燃油泵及压力调节装置组成，产生 0.35 MPa 压力的燃油供给由发动机驱动的高压油泵；高压油路主要由高压油泵、油轨、压力控制阀等组成，将油压从 0.35 MPa 升高到 12 MPa，并使油轨的压力波动最小，向各缸喷油器供油。

2. 控制系统

发动机进行负荷计算时，控制单元所需获取的传感器信号主要有：
①环境压力，通过一个安装在发动机控制单元内的高度传感器传递。
②所吸入空气的温度，通过一个安装在节气门前的传感器传递。
③节气门的位置。
④进气管中的压力和温度，通过进气管上的双传感器传递。
⑤废气再循环阀的气门位置。
⑥充气运动阀门的位置。
⑦进气凸轮轴的位置。

三、缸内直喷技术分层燃烧工作模式

缸内直喷技术分层燃烧共有分层进气、均质稀薄进气和均质进气三种工作模式。

1. 分层进气模式

分层进气模式发生在发动机的中等负荷和转速范围内。进气状态如图 4-37 所示，通过燃烧室内混合气的分层形成，发动机的过量空气系数可以被控制在 1.6~3。燃烧室内火花塞附近区域形成的是易燃的混合气，这些混合气被外层新鲜空气和废气（根据气门正时实现的内部废气再循环）包围着，通过缸壁的热损失小。

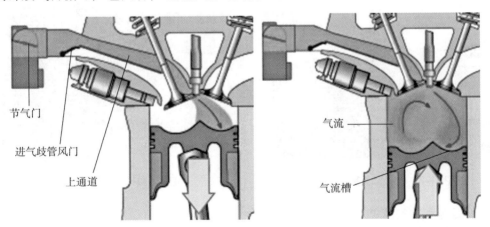

图 4-37 分层进气模式

（1）进气过程

在分层进气模式下，节气门的开度要尽可能大，这样可以使节气门处的节流损失降到最小，进气歧管转换翻板封住下进气道，这样就加速了空气运动的速率。同时，空气在经过上进气道以后，就会以旋转状进入气缸。

节气门不可能被完全打开，因为还必须要为活性炭罐系统和废气再循环系统提供一部分真空。在气缸里，由于活塞顶的特殊形状，气流的旋转运动得到了进一步加强。

（2）喷射周期

燃油在压缩行程进行到最后1/3时被喷入气缸中，整个喷油过程在点火上止点TDC前曲轴转角60°左右开始，大约在TDC前曲轴转角45°时结束。喷油时刻对混合气的形成质量有很大影响。燃油被直接喷到活塞顶的燃油凹坑上，活塞结构如图4-38所示，同时，喷油器的几何形状也是经过特殊的优化设计，以便达到更佳的燃油雾化效果。

在活塞顶处经过特殊设计的燃油凹坑和活塞的向上运动的共同作用下，燃油被带到火花塞附近区域。同时，空气的旋转运动也加强了运动效果。在向火花塞附近区域运动的过程中，燃油与空气可以充分地混合。

（3）混合气的形成过程

在分层进气模式下，混合气的形成只有40°~50°的曲轴转角，这是决定形成的混合气的易燃性的关键因素。如果喷油点和点火点的时间间隔变短，由于没有充足的准备时间，形成的混合气的可燃性就很差。因此，一个长的时间间隔可以在燃烧室里形成更加均匀的可燃混合气。这就是能在燃烧室内靠近火花塞的中心区域形成易燃性很高的混合气的原因。而这些混合气又被新鲜空气和通过废气再循环进来的废气所形成的理想的气体层包围着。

（4）燃烧过程

在火花塞附近区域形成良好的可燃混合气以后，燃烧周期也就开始了。点火时刻如图4-39所示。在可燃混合气燃烧的同时，燃烧室内的其余气体就会把它们给包裹起来，这样可以减少通过缸壁损失的热量，从而提高了热效率。由于喷油器关闭的迟缓，同时也为了保证压缩行程终了时能形成充分混合的可燃气体，点火区间被设定在一个很窄的曲轴转角范围内。这种进气模式下，发动机主要通过控制喷油量来决定扭矩的输出，进气量和点火提前角的影响很小。

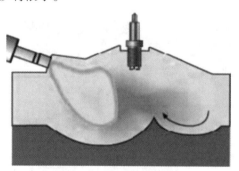

图4-38 特殊的活塞形状

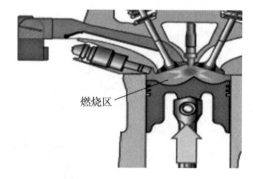

图4-39 分层充气点火时刻

2. 均质稀薄进气模式

在分层进气模式和均质进气模式的过渡转化区域，发动机以均质稀薄进气模式运行，形成过程如4-40所示。稀混合气被均匀地分布在整个燃烧室，过量空气系数 α 大约是1.55。

在缸内直喷技术进气特性曲线图中，分层进气和均质进气模式中间的区域便是均质稀薄进气模式。其进气模式和分层进气模式相类似，在燃烧室中形成的混合气的比例 $\lambda = 1.55$。

（1）进气过程

进气过程和分层进气模式的情况一样，节气门开度依旧是尽可能地开到最大，这样首先

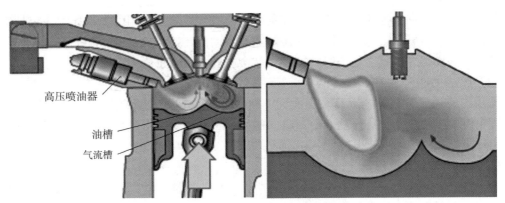

图 4-40 均质稀混合气形成过程

可以减少节流阻力的损失,其次还可以增加摄入气缸中的进气量。

(2) 喷油周期

燃油是在进气行程中上止点 TDC 前大约 300°被喷入气缸中,发动机管理系统精确地控制喷油量,从而将过量空气系数 α 控制到 1.55。

(3) 混合气的形成

由于喷油时间提前了,那么就有足够的时间在燃烧室内形成良好的可燃混合气。

(4) 燃烧过程

同均质进气模式类似,点火时刻可以根据空气/燃油的比例自由选择,燃烧过程遍布整个燃烧室。

3. 均质进气模式

在高负载和转速下,发动机以均质进气模式工作。均质混合气形成过程如图 4-41 所示,此工况下的过量空气系数 $\alpha = 1$。

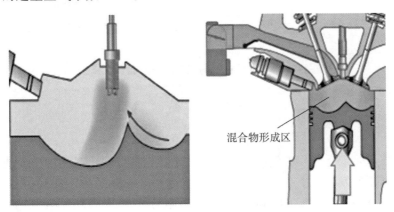

图 4-41 均质混合气形成过程

当缸内直喷技术发动机以均质进气模式运行时,该发动机类似于进气歧管燃油喷射模式的发动机,两者最本质的区别在于缸内直喷技术发动机在均质进气模式下燃油是直接被喷射到发动机的气缸中的,发动机通过控制点火提前角(短期)和进气量(长期)来控制发动机扭矩的输出,根据进气量计算合适的喷油量来满足过量空气系数 $\alpha = 1$。

(1) 进气过程

节气门的开度根据加速踏板的位置信号来动作。进气歧管转换翻板的开/闭则根据实际的运行工况决定：在中等的发动机转速和负荷下，进气歧管是关闭的，这样气流就是旋转着进入气缸中，从而可以更充分地混合气体。随着发动机转速和负荷的增加，仅仅通过上部进气道已经无法满足进气需求，这时转换翻板就会打开，下部进气道也进气。

（2）喷油周期

燃油在进气行程中上止点 TDC 前大约 300° 曲轴转角时被喷入气缸中。在燃油雾化蒸发的过程中需要吸收热量，这样就会冷却吸入的空气，从而可以得到比同样工况下的进气管喷射的发动机更高的压缩比。

（3）混合气的形成

由于在进气形成中就把燃油喷射到气缸中，从而为燃油与空气的混合提供了十分充足的时间，所以在燃烧室内就形成了混合均匀的雾化燃油与空气的可燃混合气体。燃烧室内的过量空气系数 $\alpha = 1$。

（4）燃烧过程

在均质进气模式下，点火时刻是影响发动机扭矩输出、燃油消耗和尾气排放的主要因素。

图 4-42 所示是发动机不同工况对应的混合气模式。

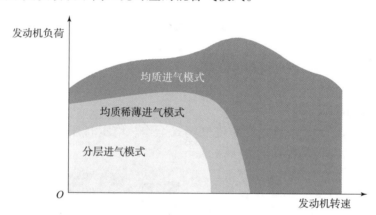

图 4-42　发动机不同工况对应的混合气模式

四、燃料分层喷射技术

缸内直喷技术是带有分层充气的直接喷射技术。燃料分层喷射是增压发动机的直接喷射技术，在涡轮增压的发动机上保留了 FSI 这个缩写，但放弃了分层充气工作模式。一方面取消了分层模式和氮氧化物传感器；另一方面则致力于较高功率和转速所带来的驾驶乐趣。

图 4-43 所示为大众 1.8TSI 发动机燃油供给系统，主要由以下几个部分组成：低压油泵、高压油泵、高压油管、喷油器、电控单元、各类传感器和执行器。

图 4-44 表示了这个系统的燃油供给路线，供油泵从油箱将燃油泵入高压油泵的进油口，由发动机凸轮轴驱动的高压油泵将燃油增压后送入共轨腔内，再由电磁阀控制各缸喷油器在相应时刻喷油。

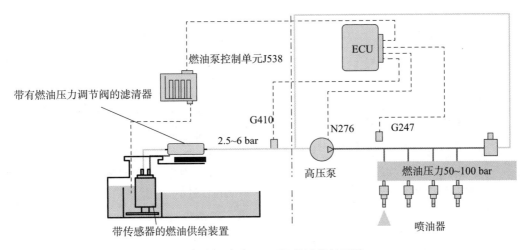

图 4-43 大众 1.8TSI 燃油供给系统

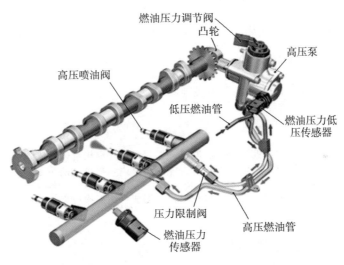

图 4-44 大众 1.8TSI 高压燃油系统油路

随堂测试

1. 带有分层充气的直接喷射技术缩写是_____，增压发动机的直接喷射技术缩写是_____。
2. 缸内直喷技术发动机像柴油机一样，采用_____技术，配备了按需控制的燃油供给技术。与进气歧管喷射原理不同的是，汽油被直接喷入燃烧室。
3. 缸内直喷技术分层燃烧共有_____、_____和_____三种工作模式。
4. 大众 1.8TSI 发动机燃油供给系统主要由低压油泵、_____、高压油管、_____、电控单元、_____和执行器几个部分组成。

任务实施

任 务 工 单

任务名称：展示缸内直喷技术的优点		
姓名：	班级：	学号：
任务描述	请你针对某一型号装备汽油直喷发动机车辆的参数配置表，向客户解释有关发动机汽油直喷系统的相关参数的含义及对发动机性能的影响；针对某一具体车辆发动机的实物或图片，向客户说明该发动机汽油直喷系统的结构及优点	
能力目标	1. 能够解答客户关于汽油发动机缸内直喷方面的咨询； 2. 能够识别缸内直喷技术系统基本组成部件，清楚缸内直喷技术系统的基本工作原理； 3. 能够向客户展示 FSI 系统的优点； 4. 清楚 TFSI（TSI）的含义并能对系统进行说明和介绍； 5. 树立以客户为中心的理念，增强服务意识； 6. 具有与客户沟通交流的能力； 7. 具备信息搜集和处理的能力	
实施准备	1. 教学用汽油直喷发动机车辆或发动机； 2. 车辆及发动机相关文件； 3. 汇报用纸、笔、翻页板等	
实施步骤	自主学习	通过查询资料，获取某一型号汽油发动机缸内直喷系统的参数； 针对某一实物发动机，能认识缸内直喷系统的主要部件，说明其工作原理
	小组讨论	以学习小组形式进行讨论，形成小组汇报成果
	小组汇报	交流汇报小组成果； 按规范做好5S
自我反思	在专业能力、关键能力等方面的收获或体会：	

| 项目四　汽油机燃料供给系工作过程分析

任务 4-3　介绍降低汽油机排放污染措施

  学习内容

1. 排放污染物的形成原因及影响因素；
2. 废气再循环控制系统；
3. 燃油蒸发排放控制系统；
4. 三元催化转化系统；
5. 二次空气喷射系统。

  能力要求

1. 能够解答客户关于汽油机降低排放污染方面的咨询；
2. 能够识别汽油机排放控制系统的组成部件及工作原理；
3. 增强法规、环保意识；
4. 具有与客户沟通交流的能力；
5. 具备信息搜集和处理的能力。

  任务引入

目前关于汽车排放的控制非常严格，汽油发动机普遍采用各种排放污染控制装置，关于排放控制装置都有哪些，你清楚吗？这些装置又是怎样降低排放的呢？通过下面的学习，相信你会找到答案。

  任务描述

针对某一具体车辆发动机的实物或图片，向客户说明该发动机排放控制系统的结构组成、工作原理及特点。

 **相关知识**

汽车的排放污染源主要有 3 个，如图 4-45 所示。一是发动机排气管排出的发动机燃烧废气（俗称尾气），汽油车的主要污染成分是 CO、HC 和 NO_x，而柴油车除了这 3 种有害物外，还排放大量的微粒物；二是曲轴箱排放物，在压缩和燃烧过程中，发动机未燃的 HC 由燃烧室漏向曲轴箱，再排向大气；三是燃料蒸发排放物，主要由发动机燃料供给系的燃料蒸

发而产生。

图 4-45 汽车排放污染源

一、排放污染物的形成原因及影响因素

（一）排放污染物的成因

1. 一氧化碳

①燃料不完全燃烧。CO 是在燃烧过程中烃类燃料缺氧而不能完全燃烧的产物。

②CO_2 和 H_2O 在高温时离解。当汽油机缸内温度超过 1 800 ℃时，CO_2 和 H_2O 在高温时会产生离解，生成 CO。

2. 碳氢化合物

①由于气缸壁对火焰的冷却作用、缝隙效应、油膜和沉积物对燃油蒸气的吸附作用，使燃料未燃烧或未完全燃烧。

②由于燃料供给系统的蒸发及燃烧室等泄漏而产生。

3. 氮氧化物

①在高温燃烧过程中，空气中的分子氮被氧化为 NO，也称为高温 NO，是 NO 的主要来源。

②在燃烧过程中，燃料中的含氮化合物分解成低分子氮化物，其被氧化生成 NO，也称为燃料 NO。

③在燃烧过程中，燃料中的碳氢化合物裂解出的 CH、CO_2、C 等与空气中的 N_2 反应生成 HCN 和 NH 等，并进一步与 OH、O 反应生成 NO，也称为激发或瞬发 NO。

（二）排放污染物的主要影响因素

1. 混合气浓度

空燃比与汽油机排气污染物的关系如图 4-46 所示（假定发动机转速和负荷不变）。当空燃比在 16 以下时，随着空燃比的下降，混合气浓度增大，氧气不足，不完全燃烧现象严重，使 CO、HC 排放增多，NO_x 排放减少。当空燃比大于 17 时，随着空燃比增大，CO 排放减少。同时氧化反应速度慢，燃烧温度下降，使 HC 排放增多，NO_x 排放减少。在混合气浓度稍稀处，HC、CO 排放浓度最小，而 NO_x 排放浓度最大。

2. 运行工况

汽油机在急速和小负荷工况运行时，供给的混合气偏浓，并且燃烧室温度较低，燃烧速度慢，易引起不完全燃烧，使 CO 含量增多；又因为燃烧室温度低，燃烧室壁面激冷现象严重，不能燃烧的燃油量增多，使排出的 HC 增多。

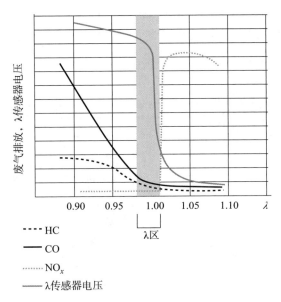

图 4-46 空燃比与汽油机排气污染物的关系

在中等负荷时，供给经济混合气，混合气易于完全燃烧，CO、HC 排放减少；由于燃烧室温度增高，使 NO_x 生成量增多。

在大负荷时，供给浓混合气，使燃烧气体压力、温度升高，有较多的 NO_x 生成；同时，也提高了排气温度，使 HC 在排气中继续燃烧，其排放量减少；但由于混合气较浓，使 CO 排放量增多。

3. 火花质量和点火提前角

汽油机点火系统的火花质量和点火提前角对汽车排气污染物有较大影响。

① 火花质量决定点燃混合气的能力。当点燃稀薄混合气时，火花的持续时间对汽车排气污染物的影响是很大的。火花越弱，出现失火现象越多，而失火将会造成大量的 HC 生成。

② 点火提前角推迟时，可降低燃烧气体的最高温度，使 NO_x 排放量降低。点火提前角的推迟，还会延长混合气燃烧时间，在做功行程后期，未燃的 HC 会继续燃烧，使 HC 排放量降低。

4. 配气相位

配气机构凸轮形状决定气门开启和关闭时刻及气门升程曲线，而这些参数影响发动机的充气过程；进入气缸新鲜混合气数量，决定发动机的转矩和功率；留在气缸内未燃混合气数量和在排气门开启时未被排出的废气量，会影响点火性能和燃烧状况，从而影响发动机效率、未燃 HC 的排放浓度。在进、排气门同时开启时，根据气缸内压力状况，新鲜混合气可能排出机外，或废气流回进气歧管，这会对发动机效率和未燃 HC 排放物造成很大影响。

二、废气再循环控制系统

废气再循环（EGR，Exhaust Gas Recirculation），是指在发动机工作时将一部分废气引入进气管，并与新鲜空气混合后吸入气缸内再次进行燃烧的过程。废气再循环是目前用于降低 NO_x 排放量的一种有效方法，它是通过降低燃烧室的燃烧温度来抑制 NO_x 的生成。

废气再循环控制系统的结构与工作原理如图4-47所示。主要由控制单元1、废气再循环（EGR）控制阀2、废气再循环温度传感器3、废气再循环电磁阀4、催化净化器上游的λ传感器5、催化净化器6等组成。

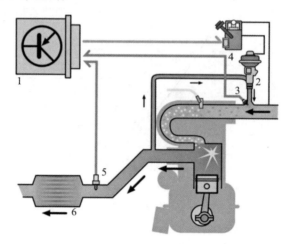

1—控制单元；2—废气再循环（EGR）控制阀；3—废气再循环温度传感器；
4—废气再循环电磁阀；5—催化净化器上游的λ传感器；6—催化净化器。

图4-47　废气再循环控制系统的结构和工作原理

发动机工作时，根据点火开关、曲轴位置、冷却液温度、节气门位置等传感器的输出信号，ECU确定发动机运行工况，同时输出指令，控制电磁阀电磁线圈的导通与截止，并利用进气管的真空来控制废气再循环控制阀开启或闭合动作，使废气再循环进行或停止。

三、燃油蒸发排放控制系统

为了防止汽油箱向大气中排放汽油蒸气所产生的污染，在现代轿车上普遍采用了由ECU控制的燃油蒸发排放控制系统，如图4-48所示。

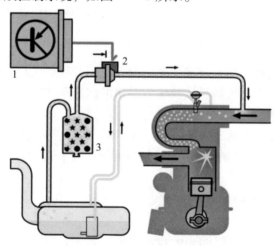

1—控制单元；2—活性炭罐电磁阀；3—活性炭罐。

图4-48　燃油蒸发排放控制系统

油箱中的燃油蒸气通过单向阀进入活性炭罐上部，空气从炭罐下部进入清洗活性炭。发动机工作时，根据发动机的转速、温度、空气流量等信号，ECU通过控制活性炭罐电磁阀的动作来控制排放控制阀上部的真空度，从而控制排放阀的开闭动作。当排放控制阀打开时，汽油蒸气通过阀中的定量排放小孔被吸入进气歧管，然后进入气缸燃烧。

在某些车型上，燃油蒸发排放控制系统为有利于发动机抑制爆燃，当ECU判断出发动机产生爆燃时，即刻使活性炭罐电磁阀关闭，切断真空，关闭排放控制阀，直至爆燃消失且超过150 ms时，ECU才使燃油蒸发排放控制系统恢复工作。

四、三元催化转化系统

发动机排气中的HC、CO和NO_x排放物在温度高于1 000 ℃时可以很容易变成无害气体。然而，在排气系统中想要维持这么高的温度是不可能的。含有铂（Pt）、钯（Pd）或铑（Ph）等贵金属的催化剂可以在低很多的温度（300～900 ℃）下将这三种排放物同时转化掉，因此被称为三元催化转化器。

三元催化转化器由壳体、减振层、载体和催化剂涂层四部分组成，如图4-49所示。

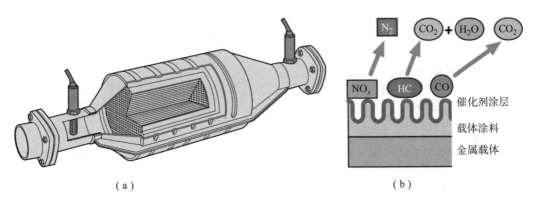

图4-49　三元催化转化器的结构
(a) 基本结构；(b) 载体和涂层结构

三元催化转化器的转化效率与空燃比关系极大（参见图4-46），要求空燃比保持在理论空燃比14.7±0.3范围内。只有这样，催化剂才能既使CO、HC氧化，又使NO_x还原，实现催化剂三效。为此，三元催化转化器必须与电喷发动机配合使用，并在三元催化转化器之前安装氧传感器，检测三元催化转化器入口处的氧气浓度，以便精确控制空燃比。

五、二次空气喷射系统

二次空气喷射系统的实质是将一定量的空气引入排气管中，使废气中的一氧化碳和碳氢化合物进一步燃烧，以减少一氧化碳和碳氢化合物的排放，这是减少污染物排放的最早使用的办法，目前与催化转换器配合使用。

图4-50所示为奥迪A6轿车二次空气喷射系统原理图。在冷起动阶段，发动机控制单元1通过二次空气泵继电器2来起动二次空气泵5，使空气到达二次空气控制阀4。与此同

时，二次空气泵电磁阀 3 起动，这就使真空作用到二次空气控制阀 4 上，于是二次空气控制阀开启，将二次空气送到气缸盖排气通道中。

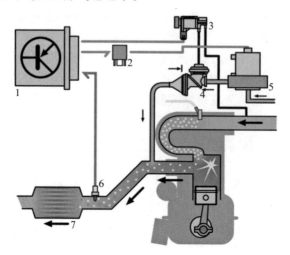

1—控制单元；2—二次空气泵继电器；3—二次空气泵电磁阀；4—二次空气控制阀；
5—二次空气泵；6—催化净化器上游的 λ 传感器；7—催化净化器。

图 4-50　二次空气喷射系统工作原理

随堂测试

1. 汽油车的主要污染成分是_____、_____和_____。

2. 在汽油机怠速和小负荷工况运行时，供给的混合气_____，并且燃烧室温度较低，燃烧速度慢，易引起不完全燃烧，使_____含量增多；又因为燃烧室温度低，燃烧室壁面激冷现象严重，不能燃烧的燃油量增多，使排出的_____增多。

3. 三元催化转化器的转化效率与空燃比关系极大，要求空燃比保持在理论空燃比 14.7±0.3 范围内。只有这样，催化剂才能使 CO、HC _____，又使 NO_x _____，实现催化剂三效。

4. 二次空气喷射系统的实质是将一定量的_____引入排气管中，使废气中的_____和_____进一步燃烧，以减少一氧化碳和碳氢化合物的排放。

项目四 汽油机燃料供给系工作过程分析

任务实施

任 务 工 单

任务名称：介绍降低汽油机排放污染措施			
姓名：	班级：		学号：
任务描述	针对某一具体车辆发动机的实物或图片，向客户说明该发动机排放控制系统的结构组成、工作原理及特点		
能力目标	1. 能够解答客户关于汽油机降低排放污染方面的咨询； 2. 能够识别汽油机排放控制系统的组成部件及工作原理； 3. 树立以客户为中心的理念，增强服务意识； 4. 具有与客户沟通交流的能力； 5. 建立起环保和法规意识		
实施准备	1. 教学用车辆或发动机； 2. 车辆及发动机相关文件； 3. 汇报用纸、笔、翻页板等		
实施步骤	自主学习	分析发动机排放污染物的形成原因及影响因素； 通过查询资料，获取汽车相关排放标准； 针对某一实物发动机，能认识废气排放控制系统主要部件，说明其工作原理	
	小组讨论	以学习小组形式进行讨论，形成小组汇报成果	
	小组汇报	交流汇报小组成果； 按规范做好5S	
自我反思	在专业能力、关键能力等方面的收获或体会：		

· 135 ·

项目五

柴油机燃料供给系工作过程分析

以前柴油机广泛应用于拖拉机、工程机械、重型汽车等。随着电子控制技术的发展，现代柴油机普遍采用电子控制燃油喷射系统，性能得到了极大的提升，在汽车方面的应用也不断增加，不仅用于中、重型汽车，而且在轻型车、轿车上也得到应用。本项目介绍电控柴油机喷射系统、分析电控柴油共轨喷射系统工作过程和介绍降低柴油机排放污染措施。

任务 5-1　介绍电控柴油喷射系统

 学习内容

1. 柴油供给系统基本知识；
2. 柴油机可燃混合气的形成及燃烧过程；
3. 柴油机燃料供给系统的组成；
4. 电子控制柴油机喷射系统的基本类型和工作原理。

 能力要求

1. 能够解答客户关于柴油机燃料供给系统方面的咨询；
2. 能够识别柴油机供给系统的种类和基本组成；
3. 树立以客户为中心的理念，增强服务意识；

4. 具有与客户沟通交流的能力;
5. 具备信息搜集和处理的能力。

任务引入

柴油发动机广泛应用于商用车和工程车辆上,目前柴油发动机普遍采用电控燃油喷射系统,你能向客户解答关于电控柴油喷射系统的一般性咨询吗?通过下面的学习,相信你能做到。

任务描述

请你针对某一型号柴油车辆的参数配置表,向客户解释柴油发动机喷射系统的类型和相关参数的含义;能够结合使用环境向客户推荐柴油牌号;针对某一具体车辆发动机的实物或图片,向客户说明该发动机喷射系统的结构及特点。

相关知识

一、柴油供给系统基本知识

柴油是在 533~625 K 的温度范围内由石油中提炼出来的碳氢化合物,其中各成分质量分数分别是碳 87%、氢 12.6%、氧 0.4%。

柴油的使用性能指标主要是发火性、蒸发性、黏度和凝点。

1. 发火性

发火性是指柴油的自燃能力。柴油机工作时,柴油被喷入燃烧室后,并非立即着火燃烧,而要经过一段时间的物理和化学准备,这个准备时间称为备燃期。柴油的发火性用十六烷值表示,十六烷值越高,发火性越好。但十六烷值过高的柴油喷入燃烧室后,还来不及与空气充分混合就着火,使柴油在高温下裂解分离出大量的游离碳,造成油耗、烟度上升。因此,一般汽车用柴油的十六烷值应在 40~50 范围内。

2. 蒸发性

蒸发性是指柴油汽化的特性,是通过蒸馏试验来确定的,需要测量馏程为 50%、90% 及 95% 的馏出温度。同一相对蒸发量的馏出温度越低,越有利于可燃混合气的形成与燃烧,越有利于起动,但同时也会使柴油机工作粗暴;反之,若燃料中重馏分含量过多,则会造成雾化不良,汽化缓慢,使燃烧不完全而产生严重的积碳现象。

3. 黏度

黏度决定柴油的流动性。黏度过大的柴油,流动阻力也过大,难以沉淀、滤清,影响喷雾质量;反之,黏度过小的柴油,将增加精密偶件工作表面间的柴油漏失量,并加剧这些表面的磨损。因此应选用黏度合适的柴油。

4. 凝点

凝点是表示柴油冷却到开始失去流动性的温度,柴油牌号依据柴油的凝点来划分。

汽车用柴油机属于高转速工作的，采用轻柴油（轻柴油多用于转速 1 000 r/min 以上的高速柴油机）。根据凝点，轻柴油的牌号分为 5 号、0 号、-10 号、-20 号、-35 号、-50 号。如 0 号和 -35 号轻柴油的凝点分别为 0 ℃ 和 -35 ℃。

选择柴油牌号时，应比柴油机最低工作温度低 3~5 ℃ 以上。如果牌号（凝点）选择过高，将会造成油路堵塞。柴油牌号选择推荐如下：

5 号轻柴油适用于风险率为 10% 的最低气温在 8 ℃ 以上的地区使用；
0 号轻柴油适用于风险率为 10% 的最低气温在 4 ℃ 以上的地区使用；
-10 号轻柴油适用于风险率为 10% 的最低气温在 -5 ℃ 以上的地区使用；
-35 号轻柴油适用于风险率为 10% 的最低气温在 -29 ℃ 以上的地区使用；
-50 号轻柴油适用于风险率为 10% 的最低气温在 -44 ℃ 以上的地区使用。

为降低柴油的凝点，改善其低温流动性，使用时可在其中添加降凝剂。

二、可燃混合气的形成与燃烧

与汽油机相比，柴油机可燃混合气的形成与燃烧条件要差得多。在柴油机工作中，进气行程进入气缸的是纯空气，只是在压缩行程接近终了时刻，才将高压柴油喷入燃烧室。喷油持续时间只占 15°~35° 曲轴转角，形成的可燃混合气很不均匀，在燃烧室的不同区域及不同时期，可燃混合气的浓度相差都很大。

根据气缸中压力和温度的变化特点，可将混合气的形成与燃烧过程按曲轴转角划分为四个阶段，如图 5-1 所示。

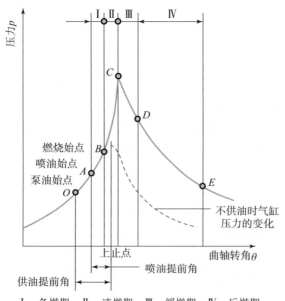

Ⅰ—备燃期；Ⅱ—速燃期；Ⅲ—缓燃期；Ⅳ—后燃期。
图 5-1 气缸压力与曲轴转角的关系

（一）备燃期 Ⅰ

备燃期是指喷油器喷油始点 A 到燃烧始点 B 之间的曲轴转角。这一期间进行着燃烧前的物理和化学准备过程。

（二）速燃期 Ⅱ

速燃期是指从燃烧始点 B 到气缸内压力达最高的 C 点之间的曲轴转角。火焰自火源迅速向四周推进，上一时期积存的柴油及在此期间陆续喷入的柴油，在已燃气体的高温作用下，迅速蒸发、混合和燃烧，使气缸内压力和温度急剧上升，最高压力可达 6~9 MPa，一般出现在上止点后 6°~15°曲轴转角处。这一时期的放热量为每循环放热量的 30%左右。

（三）缓燃期 Ⅲ

缓燃期是指从最高压力点 C 到最高温度点 D 之间的曲轴转角。在此期间，燃烧以很快的速度继续进行，后期由于氧气缺少，废气增加，燃烧速度越来越慢。此期间的压力逐渐下降，但燃气温度还在继续升高，最高温度可达 1 973~2 273 K，一般出现在上止点后 20°~35°曲轴转角处。喷油是在 D 点以前结束的，缓燃期内的放热量为每循环放热量的 70%左右。

（四）后燃期 Ⅳ

后燃期是指从最高温度点 D 到柴油已基本上完全燃烧的 E 点之间的曲轴转角。燃烧是在逐渐恶化的条件下缓慢进行，直到停止。在此期间，压力和温度均下降。为防止柴油机过热，应尽量缩短后燃期。加强燃烧室内气体的运动，改善混合气的形成条件，是缩短后燃期的有效措施。

综上所述，柴油机的工作特点是工作粗暴、排气冒烟、噪声大。从喷油开始到燃烧结束，仅占 50°~60°的曲轴转角，可燃混合气形成的时间极短、空间极小。因此，在这段时间里，提高燃料的雾化程度、加强气流的运动强度、改善燃烧后期的燃烧条件，是提高柴油机动力性和经济性的有效途径。

三、传统柴油机燃料供给系的组成

柴油机燃料供给系一般由油箱、柴油滤清器、输油泵、喷油泵、调速器、喷油器及油管等部件组成。其中喷油泵是柴油机燃料供给系中的关键部件。

图 5-2 所示是装有柱塞式喷油泵的柴油机燃料供给系统示意。发动机工作时，输油泵经吸油管将柴油自柴油箱内吸出，经柴油滤清器过滤后，并将柴油压力提高到 0.15~0.30 MPa 左右送至喷油泵，喷油泵将柴油压力进一步提高至 10 MPa 以上，通过高压油管泵入喷油器，喷油器再将柴油以雾状喷入燃烧室并与空气混合后自行着火燃烧。输油泵供给的多余柴油及喷油器顶部回油孔流出的少量柴油，都经回油管流回柴油箱。

喷油泵又称为高压油泵。它是柴油机燃料供给系中最重要的一个总成。它的功用是根据发动机的不同工况，定时、定量地向喷油器输送高压柴油。调速器的作用是根据柴油机负荷的变化，自动地调节喷油泵的供油量，以保证柴油机在各种工况下稳定运转，达到稳定怠速、限制超速或在工作转速范围内的任一选定转速下稳定工作的目的。

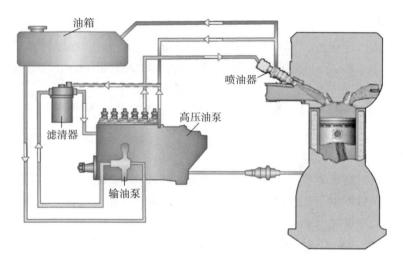

图 5-2 装有柱塞式喷油泵的柴油机燃料供给系统示意

四、电子控制柴油喷射系统的基本类型和优点

电子控制柴油喷射系统根据产生高压燃油的机构不同,可分为电子控制直列泵喷射系统、电子控制分配泵喷射系统、电子控制泵喷嘴喷射系统和电子控制共轨喷射系统,其中电子控制共轨喷射系统比较常用。

与传统柴油机相比,电子控制柴油机具有以下优点:

1. 改进了发动机的调速控制

由电子控制调速器取代了机械调速器,使转速控制更加精确,电子控制可以通过程序对行驶过程中的正常转速降进行设定,在取力装置(PTO)工作和汽车驻车时,甚至可以实现零转速降。

2. 改善了发动机燃油经济性

选定发动机工况后,ECU 将按程序对发动机的运转工况进行监测,特别是对喷油过程有重要影响的定时、温度、负荷、转速和增压压力等。

3. 改善了发动机的冷起动性

有些电子控制系统采用冷却液温度传感器,而有些电子控制系统则采用机油温度传感器,以确定发动机是否处于低温状态,ECU 将根据传感器输入的信号对喷油定时和喷油量进行优化控制,可以减少起动时的白烟;另外,ECU 将发动机冷态下的怠速转速提高到 800～850 r/min,按照程序规定,在发动机冷却液温度或机油温度达到最低工作温度以前,ECU 将忽略油门的任何输入。

4. 降低了发动机排气的烟度

ECU 能够根据油门的开度、机油温度和涡轮增压压力精确地控制喷油定时和喷油量,使发动机在稳态及瞬态工况下的烟度能够达到排放法规的要求。

5. 减少发动机的排气污染物,满足排放法规要求

6. 具有发动机自动保护功能

当专用传感器向电子控制单元(ECU)指示系统超过正常安全参数运转时,ECU 将向驾驶员发出报警信号,并减小发动机的功率,甚至使发动机停止运转。

7. 具有发动机故障诊断功能

ECU 对发动机或汽车的所有传感器、喷油器、连接器和线路进行连续监测,在传感器及电路发生故障时,ECU 将储存诊断故障码(DTC)或故障码。

8. 减小了发动机的维护工作量

由于燃油喷射得到了严格的控制,从而改善了发动机燃烧,另外,由于取消了机械调速器拉杆或齿条,从而减少了调整和维修项目。

随堂测试

1. 柴油的使用性能指标主要是_____、_____、_____和_____。
2. 轻柴油的牌号根据_____分为 5 号、0 号、-10 号、-20 号、-35 号、-50 号。如 0 号和 -35 号轻柴油的_____分别为 0 ℃和 -35 ℃。
3. 柴油机工作根据气缸中压力和温度的变化特点,可将混合气的形成与燃烧过程按曲轴转角划分为四个阶段,即_____、_____、_____和_____。
4. 传统柴油机燃料供给系一般由柴油箱、柴油粗滤器、_____、柴油细滤器、_____、_____、喷油器及油管等部件组成。
5. 调速器的作用是根据柴油机负荷的变化,自动地调节_____的供油量,以保证柴油机在各种工况下稳定运转,达到稳定怠速、限制超速或在工作转速范围内的任一选定转速下稳定工作的目的。
6. 电子控制柴油喷射系统根据其产生高压燃油的机构不同,可分为电子控制_____喷射系统、电子控制_____喷射系统、电子控制_____喷射系统和电子控制_____喷射系统。

任务实施

任 务 工 单

任务名称：介绍电控柴油喷射系统			
姓名：	班级：		学号：
任务描述	请你针对某一型号柴油车辆的参数配置表，向客户解释有关柴油发动机喷射系统的类型和相关参数的含义；能够结合使用环境向客户推荐柴油牌号选择；针对某一具体车辆发动机的实物或图片，向客户说明该发动机喷射系统的结构及特点		
能力目标	1. 能够解答客户关于柴油机燃料供给系统方面的咨询； 2. 能够识别柴油机供给系统的种类和基本组成； 3. 树立以客户为中心的理念，增强服务意识； 4. 具有与客户沟通交流的能力； 5. 具备信息搜集和处理的能力		
实施准备	1. 教学用柴油车辆或柴油发动机实验台； 2. 车辆及发动机相关文件； 3. 汇报用纸、笔、翻页板等		
实施步骤	自主学习	通过查询资料，获取某一型号柴油发动机喷射系统的参数； 针对某一实物柴油发动机，能认识燃油喷射系统的主要部件，说明其工作原理	
	小组讨论	以学习小组形式进行讨论，形成小组汇报成果	
	小组汇报	交流汇报小组成果； 按规范做好5S	
自我反思	在专业能力、关键能力等方面的收获或体会：		

项目五 柴油机燃料供给系工作过程分析

任务 5-2　分析电控柴油共轨喷射系统工作过程

学习内容

1. 电控柴油共轨喷射系统的优点；
2. 电控柴油共轨喷射系统的工作过程；
3. 电控柴油共轨喷射系统的组成。

能力要求

1. 能够解答客户关于电控柴油共轨的喷射系统方面的咨询；
2. 能够识别电控柴油共轨喷射系统的基本组成和工作原理；
3. 树立以客户为中心的理念，增强服务意识；
4. 具有与客户沟通交流的能力；
5. 具备信息搜集和处理的能力。

任务引入

目前，车用柴油机普遍采用电控柴油共轨喷射系统，你能向客户解答关于电控柴油共轨喷射系统的相关咨询吗？你能向客户展示电控柴油共轨喷射系统的优点吗？通过下面的学习，相信你能做到。

任务描述

请你针对某一型号电控柴油共轨发动机的参数配置表，向客户解释有关电控柴油共轨喷射系统的相关参数及对发动机性能的影响；针对某一具体共轨发动机的实物或图片，向客户说明该发动机电控柴油共轨喷射系统的结构及工作过程。

相关知识

一、电控柴油共轨喷射系统的优点

电子控制共轨式燃油系统的主要优点是它可以在宽广的范围内改变喷射压力和喷射时间，通过将油压产生过程和燃油喷射控制过程分开，来实现柴油机的电子控制。

①可用于轿车、轻型、重型载货车的柴油机，应用领域广阔。

②更高的喷油压力，可达到 200 MPa。

③喷油的始点、喷油的终点可以方便地改变。

④可以实现预喷射、主喷射和后喷射，可以根据排放等要求实现多段喷射。

⑤喷油压力与实际使用工况相适应。在电子控制共轨式燃油系统中，喷油压力的建立与燃油喷射之间无互相依存关系，喷油压力不取决于发动机转速和喷油量。在高压燃油存储器即"共轨"中，始终充满喷射用的具有一定压力的燃油。喷油量由电子控制单元通过计算决定，受到的其他制约条件很少。

⑥喷油正时和喷油压力在 ECU 中由存储的特性曲线谱（MAP）算出。然后，电磁阀控制装在每个发动机气缸上的喷油器（喷油单元）予以实现。

⑦与其他电子控制燃油系统相比，电子控制高压共轨燃油系统具有较高的技术和经济优势。

电控柴油共轨喷射系统与其他电子控制柴油喷射系统相比，具有较高的技术和经济优势，见表 5 – 1。

表 5 – 1　柴油机三种电控喷射系统的比较

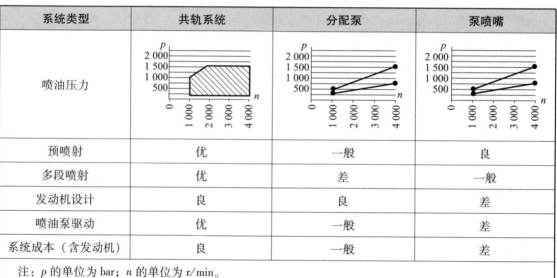

系统类型	共轨系统	分配泵	泵喷嘴
喷油压力			
预喷射	优	一般	良
多段喷射	优	差	一般
发动机设计	良	良	差
喷油泵驱动	优	一般	差
系统成本（含发动机）	良	一般	差

注：p 的单位为 bar；n 的单位为 r/min。

二、电控柴油共轨喷射系统的结构与工作过程

电控柴油共轨喷射系统的组成与工作过程如图 5 – 3 所示。

供油泵从油箱将燃油泵入高压油泵的进油口，由发动机驱动的高压油泵将燃油增压后送入共轨腔内，发动机电控单元根据各种传感信息发出指令来控制各缸喷油器在相应时刻喷油。

共轨电控喷射系统中，最重要的控制就是喷油器喷射过程的控制，一般都采用带有电磁阀、具备预喷射功能的电控喷油器。具体喷射过程如下：

在主喷射之前预喷射，将小部分燃油喷入气缸，在缸内发生预混合或者部分燃烧，缩短

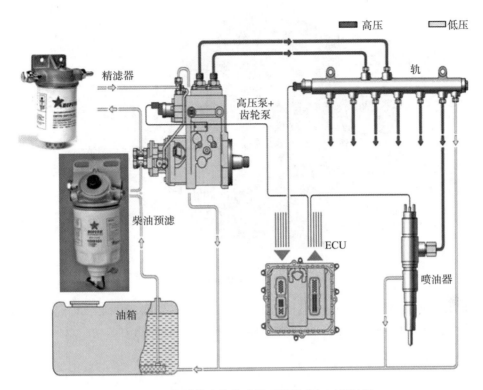

图5-3 电控柴油共轨喷射系统组成与工作过程

主喷射的着火延迟期。这样缸内压力升高率和峰值压力都会下降,发动机工作比较缓和,同时,缸内温度降低,使得NO_x排放减少。预喷射还可以降低失火的可能性,改善高压共轨系统的冷起动性能。主喷射初期降低喷射速率,也可以减少着火延迟期内喷入气缸内的油量。提高主喷射中期的喷射速率,可以缩短喷射时间,从而缩短缓燃期,使燃烧在发动机更有效的曲轴转角范围内完成,提高输出功率,减少燃油消耗,降低碳烟排放。主喷射末期快速断油可以减少不完全燃烧的燃油,降低烟度和碳氢排放。

三、电控柴油共轨喷射系统的主要部件

电控柴油共轨喷射系统主要由液力系统和电控系统组成,如图5-3所示。主要包括油箱、柴油滤清器、高压油泵、共轨腔及高压油管、喷油器、电控单元(ECU)、各类传感器和执行器等部件。其中,喷油器、高压泵、高压油轨、电控单元为柴油共轨系统四大核心的部件。

1. 液力系统

液力系统又分为低压液力系统和高压液力系统。低压液力系统由油箱、输油泵、燃油滤清器、低压油管等组成;高压液力系统由高压泵、高压油轨、喷油器、高压油管等组成。

(1) 高压泵

高压泵的作用是将燃油由低压状态通过柱塞将其压缩成高压状态,以满足系统和发动机对燃油喷射压力和喷油量的要求。高压泵总成外形如图5-4所示。

(2) 高压油轨

高压油轨为各缸共同所有,其为共轨系统的标志。高压油轨如图5-5所示,高压油轨

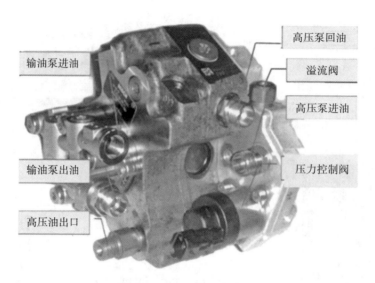

图 5-4 高压泵总成外形

的功用是储存高压油泵提供的高压燃油,并根据需要分配给各喷油器,即起到蓄压器的作用;此外,共轨应能抑制高压油泵供油和喷油器喷油时引起的压力波动,以保持共轨中压力的稳定。

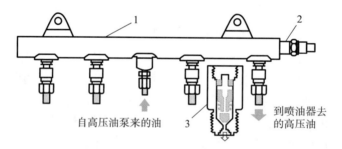

1—高压共轨;2—共轨压力传感器;3—流量限制器。

图 5-5 高压油轨

流量限制器的功用:在非常情况下防止喷油器常开并持续喷油,即一旦某喷油器常开并持续喷油,导致共轨输出的油量超过一定限值,流量限制器则会关闭该喷油器的供油通道。

流量限制器的工作原理:由于弹簧和节流孔的作用,使限制阀向下移动的量随喷油速率增加而增大。喷油器异常泄漏使"喷油"速率和喷油量超过正常喷油最大值,限制阀完全关闭,停止给喷油器供油。

(3)喷油器

喷油器,通常是电磁阀式喷油器,由孔式喷油嘴和电磁阀(喷油器电磁阀的灵敏度为 0.2 ms 左右)等组成。喷油器喷孔的数量一般为 6 个左右。其结构和工作原理与注油喷射系统喷油器的基本相同。

2. 电子控制系统

电子控制系统由传感器、电控单元、执行器等组成,如图 5-6 所示。

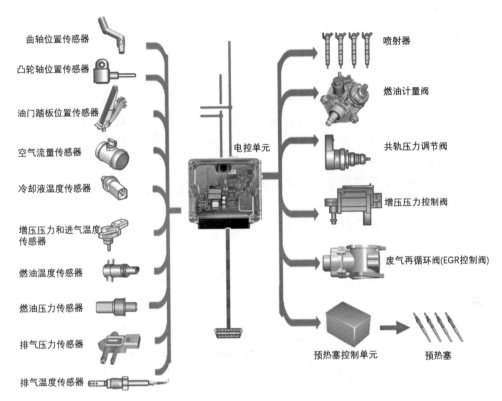

图 5-6 电子控制系统组成

（1）电控单元

电控单元就像发动机的大脑，它收集发动机的运行工况参数，结合已存储的特性图谱进行计算处理，并把信号传递给执行器，实现发动机的运行控制、故障诊断等功能。

（2）传感器

①加速踏板位置传感器。

功用：又称负荷传感器，用来检测加速踏板被驾驶员踩下的位置及位置变化。

②凸轮轴/曲轴位置传感器。

功用：检测曲轴基准和曲轴转角，产生的信号用于喷油正时控制。

安装位置：曲轴、凸轮轴或飞轮处。

③压力传感器。

柴油机电控系统中的压力传感器包括进气管绝对压力传感器、增压压力传感器、大气压力传感器、排气压力传感器、压差传感器、燃油压力传感器，用来检测发动机各部位的压力，以修正供油量和供油时刻等。

④温度传感器。

包括进气温度传感器、冷却液温度传感器、燃油温度传感器、排气温度传感器等，用来检测发动机各部位的温度，以修正供油量和供油时刻，还可以控制发动机的排气污染。

⑤空气流量传感器。

功用：测量进气量，用于进气控制和废气再循环控制。

（3）执行器

执行器主要包括带电磁阀的喷油器、共轨压力控制阀、预热塞控制单元、增压压力控制阀、废气循环（EGR）控制阀等。带电磁阀的喷油器在前面液力系统中已经做了相关介绍。

① 共轨压力控制阀。

功用：调节共轨压力。控制单元首先根据加速踏板位置、空气流量、凸轮轴位置、曲轴位置传感器等信号，确定高压共轨内的燃油压力值；然后再发出指令，通过占空比信号调节共轨压力调节阀，实现共轨压力控制。同时，通过共轨压力传感器的反馈信号，实现对共轨内的燃油压力闭环控制。

共轨压力控制阀根据需要安装在共轨上或高压油泵上。

② 预热塞控制单元。

电热塞控制一般集成在执行器电控单元中，控制过程如图 5-7 所示。控制分为预热和后热两部分。

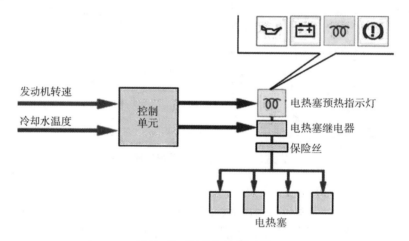

图 5-7　预热塞控制过程

预热：由于直喷柴油机的起动性能好，预热只需在温度低于 +9 ℃以下进行，冷却水温传感器为电控单元提供准确的温度信号，驾驶员通过仪表盘上的预热报警灯了解预热情况。

后热：发动机起动以后，就要进入后热阶段，后热可以减少发动机的噪声，改善急速工况的发动机性能，并且降低碳氢排放。发动机转速达到 2 500 r/min 时后热阶段停止。

③ 增压压力控制阀。

柴油机电控增压系统如图 5-8 所示。控制单元根据进气管压力传感器、进气管温度传感器和海拔传感器等信号确定增压压力控制电信号，传给增压压力控制阀。增压压力控制阀把电信号转化成真空度信号，传给废气涡轮增压器上的增压压力调节阀，控制增压压力沿理想的特性曲线运行。

④ 废气再循环控制阀。

电控柴油机废气再循环（EGR）系统如图 5-9 所示。EGR 控制阀把电信号转化成真空度信号传给 EGR 阀，改变 EGR 阀的开度，控制废气再循环率。

在控制单元内，存有 EGR 特性曲线，它包括发动机各工况点所需的空气量。控制单元

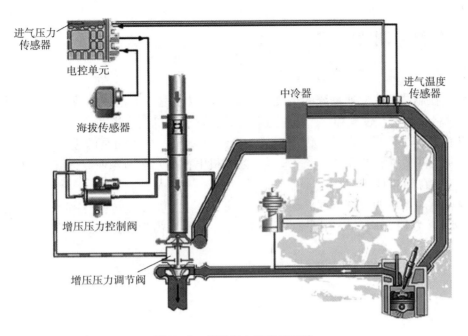

图 5-8 柴油机电控增压系统

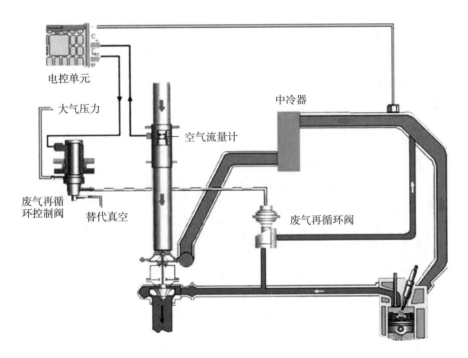

图 5-9 电控柴油机废气再循环

利用空气流量传感器的信号,把实际进气量与标定进气量进行比较,为补偿这个差值,对 EGR 控制阀发出相应的控制电信号。

随堂测试

1. 电子控制共轨式燃油系统的主要优点是它可以在宽广的范围内改变喷射压力和喷射时间，通过将_____过程和_____过程分开实现柴油机电子控制。

2. 共轨式燃油系统工作时，供油泵从油箱将燃油泵入高压油泵的进油口，由发动机驱动的高压油泵将燃油增压后送入_____，发动机电控单元根据各种传感信息发出指令控制各缸_____在相应时刻喷油。

3. 柴油共轨系统四大核心部件是指_____、_____、_____和_____。

4. 共轨压力控制阀的功用是调节共轨压力，根据需要，一般安装在_____上或_____上。

项目五 柴油机燃料供给系工作过程分析

任务实施

任 务 工 单

任务名称：分析电控柴油共轨喷射系统的工作过程			
姓名：	班级：		学号：
任务描述	请你针对某一型号电控柴油共轨发动机的参数配置表，向客户解释有关电控柴油共轨喷射系统的相关参数及对发动机性能的影响；针对某一具体共轨发动机的实物或图片，向客户说明该发动机电控柴油共轨喷射系统的结构及工作过程		
能力目标	1. 能够解答客户关于电控柴油共轨喷射系统方面的咨询； 2. 能够识别电控柴油共轨喷射系统的基本组成和工作原理； 3. 树立以客户为中心的理念，增强服务意识； 4. 具有与客户沟通交流的能力； 5. 具备信息搜集和处理的能力		
实施准备	1. 教学用柴油共轨发动机实验台或车辆； 2. 柴油共轨发动机及车辆相关技术文件； 3. 汇报用纸、笔、翻页板等		
实施步骤	自主学习	通过查询资料，获取某一型号柴油共轨发动机燃油喷射系统的相关参数，个人编制柴油共轨发动机喷射系统简要介绍材料； 在柴油共轨发动机实验台或实验车辆上介绍柴油共轨喷射系统的主要部件，说明其工作原理	
	小组讨论	以学习小组形式进行讨论，形成小组汇报成果	
	小组汇报	交流汇报小组成果； 按规范做好 5S	
自我反思	在专业能力、关键能力等方面的收获或体会：		

· 151 ·

汽车构造（第4版）

任务 5-3　介绍降低柴油机排放污染措施

学习内容

1. 柴油机排放污染物的成因；
2. 柴油机排放污染物的主要影响因素；
3. 降低柴油车废气排放的措施。

能力要求

1. 能够解答客户关于柴油机排放污染方面的咨询；
2. 能够识别主要柴油机排放控制系统的组成及工作原理；
3. 树立以客户为中心的理念，增强服务意识；
4. 具有与客户沟通交流的能力；
5. 具备信息搜集和处理的能力。

任务引入

关于汽车排放控制的要求越来越严格，汽油机污染物主要是 CO、HC 和 NO_x，而柴油机污染物主要是 PM（微粒和碳烟）和 NO_x。柴油发动机普遍采用了各种排放污染控制装置，那么排放控制装置都有哪些？这些装置又是怎样降低排放的呢？通过下面的学习，相信你会找到答案。

任务描述

针对某一型号柴油发动机，整理编制该发动机在排放污染物方面所采取的措施，向客户说明该发动机排放控制系统的特点、组成及工作原理。

相关知识

柴油机污染物主要是 PM（微粒和碳烟）和 NO_x。

一、柴油机排放污染物的成因

从总体看，由于柴油机的平均混合气浓度比汽油机稀得多，即使在高负荷区，平均过量空气系数也远大于1，所以柴油机总有足够的氧气对已形成的 CO 和 HC 进行氧化。柴油机的 CO 和 HC 排放量要比汽油机低得多。从细节上看，柴油机 CO 和 HC 的具体生成原因也与汽油机有所不同。

1. 一氧化碳

柴油机 CO 主要来源于缺氧造成喷注中过浓部分的不完全燃烧。

2. 碳氢化合物

柴油机 HC 的生成主要有下述两个原因。

①滞燃期中，处于喷注前缘的极稀混合气如图 5-10 所示。其浓度远低于燃烧极限而无法着火，便产生 HC。滞燃期越长，滞燃期中喷油量越多，过分稀释的混合气也越多，HC 排放也就增多。

②在柴油机中，喷雾质量、喷雾贯穿度、与空气的混合等因素对未燃 HC 的生成影响很大。喷油器结构不合理，特别是针阀后压力室容积过大是

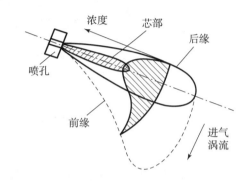

图 5-10　滞燃期喷入气缸内的喷注形状示意

形成未燃 HC 的重要原因。此外，窜机油、起动时不着火及不正常喷射（如二次喷射）也是产生未燃 HC 的原因。在冷起动、怠速、低负荷等条件下，喷注中的大颗粒油滴来不及蒸发，严重的后燃也会造成未燃 HC 的排放。

3. 氮氧化物

柴油机的 NO_x 生成条件与汽油机的相同，也是高温、富氧和较长的作用时间。但是达到上述条件的具体情况各不相同。

柴油机在燃烧过程中产生 NO_x 的区段有速燃期的稀燃火焰区和缓燃期的扩散燃烧区。因为这两个区段具有生成 NO_x 的条件。

4. 微粒和碳烟

柴油机中，微粒和碳烟的生成来源于高温和局部混合气过浓。

混合气越浓，其中碳成分就越多。在柴油喷注中，混合气浓度由芯部的极浓到前缘的极稀，所以，在燃烧过程中，芯部总会有自由碳产生。

在高于一定温度条件下，混合气与某些燃料分子会产生热裂解而分解成许多相对分子质量小而碳比例高的碳氢化合物，如乙炔、乙烯等，其中也有自由碳。以这些裂解产物为核心，会不断使表面增长和凝聚，尺寸不断扩大，形成球形粒子。到一定尺寸后，多个粒子又会聚成键状的集合体。当燃烧进行到末期时，缸内温度下降，一些未燃 HC 和有机、无机物凝结与黏附在这些集合体表面，这就成为柴油机排气中的微粒。

碳烟生成量与温度及混合气浓度的关系如图 5-11 所示。1 600~1 700 K 的温度范围对碳烟形成的影响最大；混合气越浓，碳烟值越大。

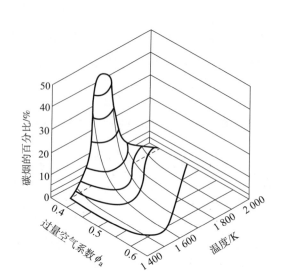

图 5-11　碳烟生成量与温度及混合气浓度的关系

二、柴油机排放污染物的主要影响因素

1. 混合气浓度

混合气浓度与直喷式柴油机排气污染物的关系如图 5-12 所示。尽管柴油机混合气不均匀，会有局部过浓区，但由于过量空气系数较大，氧气较充分，能对生成的 CO 在缸内进行氧化，因而一般 CO 较少，只是在接近冒烟界限时急剧增加。HC 也较少，当 φ_a 增加时，HC 将随之上升。在 φ_a 稍大于 1 的区域，虽然总体是富氧燃烧，但由于混合气不均匀，当局部高温缺氧使 $1 < \varphi_a \leq 2$ 时，就会急剧产生大量碳烟，随着 φ_a 增大，碳烟浓度将迅速下降。柴油 NO_x 排放量随混合气浓度变稀、温度下降而减少。

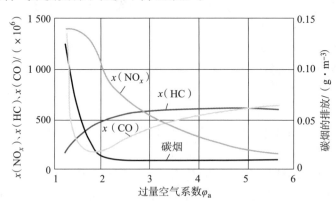

图 5-12　混合气浓度与直喷式柴油机排气污染物的关系

2. 运行工况

车用柴油机不仅在宽广的负荷和转速范围内工作，而且还经常进行加、减速工况转换。这些情况下的排放特性各有其自身特点，对总体排放量有不可忽视的影响。

（1）稳定工况时负荷和转速变化的影响

工况对排放的影响总体表现为：低速、低负荷时，CO 和 HC 排放偏高，而 NO_x 和微粒排放量很低；高速、高负荷则微粒和 NO_x 排放上升；特别是微粒碳烟排放，即使是中、低转速，由于转矩校正、油量加大，往往烟度超标，所以低速冒烟常常成为车用柴油机的一个痼疾。

（2）柴油机的加、减速排放特性

对于全速式调速器，踩下加速踏板，相当于加大弹簧预紧力，调速器起作用，很快加大供油量，转矩上升，然后再下降达到新的平衡点，因此加速迅猛，过大的油量往往造成过高的碳烟和 HC、CO 排放量。而两速式调速器，踩下加速踏板直接操纵喷油泵供油拉杆，达到新的平衡点后加速平缓，污染物排放量的增加很少。柴油机的减速过程是减小供油量，所以污染物排放量下降。

（3）冷起动过程的影响

柴油机冷起动时，缸内压缩温度很低，燃油雾化条件差，相当部分会附于燃烧室壁面，初期未燃 HC 以白烟的形式排出机外。由于起动时雾化程度低，直喷柴油机一般要加大 50%~100% 的起动油量，因此碳烟、HC 和 CO 排放量必然增多。

3. 喷油提前角

推迟喷油，直接喷射式柴油机的 NO_x 大幅度下降，而间接喷射式涡流室柴油机的 NO_x 的下降幅度则小一些。但是喷油过迟，燃油消耗率和碳烟排放都会恶化，对 CO 和 HC 的排放也有不利影响。

4. 喷油压力

近年来，提高喷油压力的高压喷射措施日渐成为直接喷射式柴油机机内净化的最佳手段；而间接喷射式柴油机，由于主要依靠气流进行雾化、混合，所以对喷油压力要求较低。

在循环喷油量和喷孔大小及分布不变的情况下，提高喷油压力就是加大喷油率，它直接产生两种效果：

（1）降低微粒烟度的排放量

喷油压力提高，则喷雾粒子的粒径减小，贯穿度加大，喷雾锥角加大，再加上紊流的增强，直接促进了燃油与空气的混合。其直接效果是降低了某一时刻浓混合气成分的比例，使生成微粒碳烟的范围缩小。所以高压喷射必然使微粒碳烟排放降低。

（2）降低油耗率

喷油率增大，必然会缩短喷油时期，使燃烧加速，从而使油耗率降低。

以上高压喷射降低烟度和油耗的优点，恰恰弥补了推迟喷油所带来的缺点。我们应认识到，高压喷射并没有明显削弱推迟喷油所带来的减少 NO_x 排放的效果。因此，若将两种措施同时应用，进行合理调配后，NO_x 和微粒碳烟排放都会降低。

三、降低柴油车废气排放的措施

柴油车排放控制技术主要有：
① 采用废气再循环控制系统。
② 采用电控可变进气涡流技术。
③ 采用废气涡轮增压与中冷技术。
④ 采用氧化催化转化器。
⑤ 采用四气门结构。

⑥发展电控柴油喷射系统，采用电控共轨喷射技术。
⑦采用可变配气相位技术。
⑧采用微粒捕集器。

1. 电控共轨柴油喷射系统

电控共轨柴油喷射技术的最大特点是喷油正时与燃油计量完全分开，喷油压力、喷油量和喷油时刻由 ECU 控制，其喷油压力在整个喷油期内几乎保持恒定，最大值可达到 135 MPa，是普通柴油机喷油压力的数倍，大大降低了柴油发动机的排放污染。

2. 微粒捕集器

微粒捕集器也称为柴油机微粒过滤器。作为微粒捕集器的过滤材料，可以使用陶瓷蜂窝载体、陶瓷纤维编织物、金属蜂窝载体和金属纤维编织物等。

目前应用最多的是壁流式蜂窝陶瓷微粒捕集器（图 5-13），与一般催化剂载体不同的

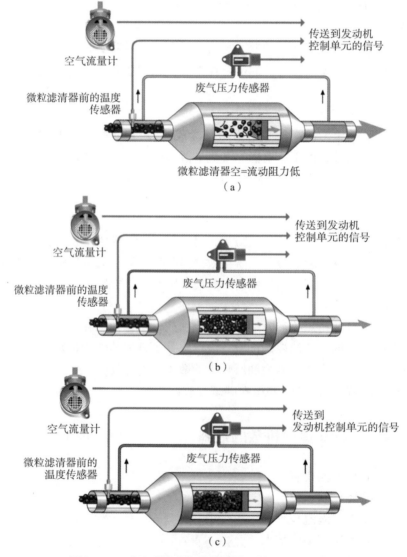

图 5-13　壁流式蜂窝陶瓷微粒捕集器及其控制系统
(a) 微粒滤清器空；(b) 微粒滤清器满；(c) 微粒滤清器还原过程

是，这种微粒捕集器的壁面是多孔陶瓷，相邻的两个通道中，一个通道的出口侧被堵住，而另一通道的进口侧被堵住。这就迫使排气由入口敞开的通道进入，穿过多孔陶瓷壁面进入相邻的出口敞开通道，而微粒就被过滤在通道壁面上。这种微粒捕集器对碳烟的过滤效率可达90%以上，可溶性有机成分SOF（主要是高沸点HC）也能部分被捕集。与催化器不同的是，一般微粒捕集器只是一种物理性的降低排气微粒方法。随着过滤下来的微粒的积累，造成排气背压增加，使发动机动力性和经济性恶化。因此，必须及时除去微粒捕集器中的微粒，以便能继续工作。除去微粒捕集器中积存的微粒称为再生，这是微粒捕集器实用化中的关键技术。

微粒捕集器常采用的再生方法是断续加热。在实际使用加热再生方法时，需要一套复杂的控制系统。通常排气系统中装有两个微粒捕集器，当一侧的捕集器由于微粒的存积使排气背压升高到一定限值时，再生系统起动，通过电磁阀切换，使排气流向另一侧的捕集器；同时，对积存了微粒的捕集器进行电加热，以烧掉微粒使其再生。这样，两侧的微粒捕集器就交替工作或再生。

3. 选择性催化还原系统

选择性催化还原系统（Selective Catalytic Reduction，SCR），已成功地应用于柴油机的氮氧化物的排放控制。该技术原理是利用还原剂在催化剂的作用下，在富氧的环境内将氮氧化物选择性还原生成氮气和水。

SCR尾气后处理系统主要由催化器、尿素箱、定量给料单元、喷嘴（喷雾器）、传感器、压缩空气罐、空气滤等组成，如图5-14所示。

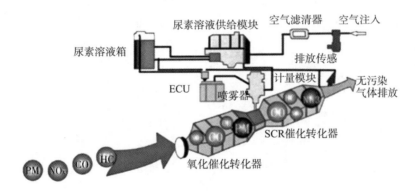

图5-14　SCR尾气后处理系统结构

通过优化柴油发动机缸内燃烧过程，使燃烧废气中的一氧化碳（CO）、碳氢化合物（HC）及颗粒（PM）等排放物得到有效控制并达到法规的要求，最后对发动机排出尾气中含量较高的氮氧化物（NO_x）再利用，使用专门的车载后处理系统进行处理，以满足法规要求。在后处理过程中，定量给料单元会根据发动机电控单元给出的指令精确地将与发动机运行工况相匹配的尿素量喷入排气管，尿素分解出的氨与氮氧化物在催化器中经过催化还原反应，最后生成无害的氮气（N_2）和水（H_2O）。

随堂测试

1. 柴油机污染物主要是_____和_____。
2. 柴油机中，微粒和碳烟的生成源于_____和_____。
3. 列出四种柴油车排放控制技术：_____、_____、_____、_____。
4. 选择性催化还原系统 SCR 的工作原理是利用还原剂在催化剂的作用下，在富氧的环境内将氮氧化物选择性还原生成_____和_____。

任务实施

任 务 工 单

任务名称：介绍降低柴油机排放污染的措施			
姓名：		班级：	学号：
任务描述			针对某一型号柴油发动机，整理编制该发动机在排放污染物方面所采取的措施，向客户说明该发动机排放控制系统的特点、组成及工作原理
能力目标			1. 能够解答客户关于柴油机排放污染方面的咨询； 2. 能够识别主要柴油机排放控制系统的组成及工作原理； 3. 树立以客户为中心的理念，增强服务意识； 4. 具有与客户沟通交流的能力； 5. 具备信息搜集和处理的能力
实施准备			1. 教学用柴油车辆或柴油发动机； 2. 实验车辆及发动机相关文件； 3. 汇报用纸、笔、翻页板等
实施步骤	自主学习		整理编制某一型号柴油发动机在排放污染物方面所采取的措施介绍材料； 通过查询资料，了解国家法规关于柴油机的排放标准要求； 对照国家法规要求，向客户说明该柴油发动机排放控制系统的特点、组成、工作原理及先进的柴油机排放控制技术
	小组讨论		以学习小组形式进行讨论，形成小组汇报成果
	小组汇报		交流汇报小组成果； 按规范做好5S
自我反思			在专业能力、关键能力等方面的收获或体会：

项目六

发动机冷却系与润滑系工作过程分析

发动机冷却系的功用就是使发动机得到适度的冷却,从而保持发动机在最适宜的温度范围内工作。润滑系的功用就是对发动机进行润滑,从而减小摩擦阻力、降低功率消耗、减轻机件磨损,以达到提高发动机工作可靠性和耐久性的目的。本项目包括分析发动机冷却系工作过程和分析润滑系工作过程两个任务。

任务 6-1　分析发动机冷却系工作过程

学习内容

1. 汽车发动机冷却系的作用和分类;
2. 冷却水和防冻液;
3. 水冷系的组成与工作过程;
4. 冷却系主要部件的结构。

能力要求

1. 能够向客户在实际车辆上讲解冷却系的工作过程、各部件的构造;
2. 树立以客户为中心的理念,增强服务意识;
3. 具有与客户沟通交流的能力;
4. 具备信息搜集和处理的能力。

项目六 发动机冷却系与润滑系工作过程分析

任务引入

发动机的工作过程就是不断地将燃料燃烧产生的热能转换为机械能的过程。工作时的温度会很高,为了使发动机能够在适宜温度下工作,需要对发动机进行冷却,通常采用冷却液冷却,在仪表板上还有显示冷却液温度的水温表。你能够就某一车型的发动机向客户讲解冷却系的工作过程吗?

任务描述

冷却系统工作的正常与否直接影响发动机能否工作。在汽车使用过程中,需要提醒客户经常观察冷却液温度表状态、检查发动机冷却液液面等。请你就某一型号车辆绘制一个该车发动机冷却液循环路线图,并讲解冷却系工作过程,在学习小组或班级里进行交流汇报。

相关知识

一、冷却系的作用

发动机工作时,气缸内燃烧气体的温度可高达 2 200~2 800 K(汽油机),如果不对发动机采取必要的冷却措施,将不能保证其正常工作。

发动机冷却系的任务就是使发动机得到适度的冷却,从而保持在最适宜的温度范围内工作。

发动机的冷却要适度。若冷却不足,会使发动机过热,从而造成:充气效率下降,早燃和爆燃的倾向加大,致使发动机功率下降;运动机件间正常的间隙受到破坏,使零件不能正常运动,甚至卡死、损坏;零件因力学性能下降而导致变形和损坏;因润滑油黏度减小、润滑油膜易破裂而加剧零件的磨损。

若冷却过度,会使发动机过冷,从而导致:进入气缸的可燃混合气(或空气)因温度过低而使点燃困难或燃烧延迟,造成发动机功率下降及油耗上升;润滑油黏度增大,造成润滑不良而加剧零件的磨损;因温度低而使未汽化的燃油冲刷摩擦表面(气缸壁、活塞等)上的油膜;同时,因混合气与温度较低的气缸壁接触,使其中已汽化的燃油重新凝结而流入曲轴箱内,不仅增加油耗,而且使机油变稀而影响润滑,从而导致发动机功率下降,磨损增加。

二、冷却系的分类

发动机冷却系按冷却介质的不同,可分为水冷系和风冷系。

1. 水冷系

水冷系是通过冷却水在发动机水套中循环流动而吸收多余的热量,再将此热量散入大气而进行冷却的一系列装置。水冷系因冷却强度大、易调节,便于冬季起动而广泛用于汽车发动机上。采用水冷系时，气缸盖内冷却水的温度应保持在353～363 K 范围内，气缸壁的温度则不超过470～550 K。

2. 风冷系

风冷系是将发动机中高温零件的热量，通过装在气缸体和气缸盖表面的散热片直接散入大气中而进行冷却的一系列装置。风冷系因冷却效果差、噪声大、功耗大等缺点，仅用于部分小排量及军用汽车发动机。采用风冷系时，气缸体和气缸盖的允许温度分别为 423～453 K 及 433～473 K。

风冷系利用高速空气流直接流过气缸体及气缸盖表面，而将热量散入大气。

图 6-1 所示为发动机风冷系示意。气缸体和气缸盖通常用导热性好的铝合金分别铸出，然后装到整体的曲轴箱上。为了增大散热面积，在气缸体和气缸盖的表面布满了散热片。

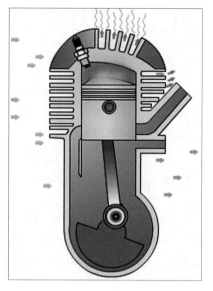

图 6-1 发动机风冷系示意

三、冷却水和防冻液

水冷汽车发动机中使用的冷却水应该是清洁的软水。井水、河水、海水等因含有大量的矿物质而称为硬水。在高温作用下，这些矿物质会从水中沉淀析出来而产生水垢，这些水垢积附在水套的内壁和软管的接口处，影响了水的循环，造成高温零件散热困难而使发动机过热。

在冬季寒冷地区，往往因冷却水结冰而发生散热器、气缸体、气缸盖变形、胀裂的现象。为适应冬季行车的需要，可在冷却水中加入一定量的防冻剂，以达到降低冰点、提高沸点的目的。

现代汽车普遍使用防冻液。防冻液通常由一定比例的乙二醇和蒸馏水混合而成，其冰点可达 238 K，沸点则高达 400 K 左右。在优质的防冻液中，还常含有水泵润滑剂、防尘剂、防腐剂和酸度中和剂，以减少保养维修工作量，延长发动机的使用寿命。

因防冻剂的膨胀系数比水受热时的膨胀系数略高，为避免因为膨胀而造成冷却水溢流损失，冷却水不能加得太满。在带有膨胀水箱的冷却系中，冷却水的液面高度应与膨胀水箱上的标记对齐。

四、水冷系的组成及工作过程

目前汽车发动机上普遍采用的是强制循环式水冷系（图 6-2）。它利用水泵将冷却水压力提高，使其在发动机冷却系中循环流动。

水冷发动机的气缸盖和气缸体中都铸有相互连通的水套。在水泵的作用下，冷却水流经气缸体及气缸盖的冷却水套而吸收热量，然后沿水管流入散热器。利用汽车行驶的速度及风扇的强力抽吸，而使空气流由前向后高速通过散热器，不断地将流经散热器的高温冷却水的热量散到大气中而使冷却水温度下降。冷却后的水流至散热器的底部后，被水泵再次压入发动机

项目六　发动机冷却系与润滑系工作过程分析

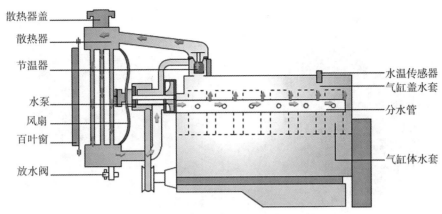

图 6-2　强制循环式水冷系示意图

的水套中，如此循环，从而将发动机工作时产生的大量热量不断带走，保证发动机正常工作。

为使发动机在低温时减少热量损失，缩短暖机时间，在低速大负荷情况下加快散热，冷却系中设有调节温度的装置，如节温器、风扇离合器及百叶窗等。为便于驾驶员能及时掌握冷却系的工作情况，在仪表板上还设有水温表和高温警告灯等。

五、水冷系主要部件的结构

1. 散热器

散热器俗称水箱，安装在发动机前的车架横梁上。其作用是将冷却水在水套中所吸收的热量传给外界大气，使水温下降。散热器要用导热性能良好的材料制造，并应保证足够的散热面积。

散热器主要由上、下储水箱及散热器芯、散热器盖组成（图 6-3）。在上、下储水箱上分别装有进水管口及出水管口，它们分别与发动机气缸盖上的出水管口及水泵的进水管口用软管连接。下储水箱中还常设有放水开关。

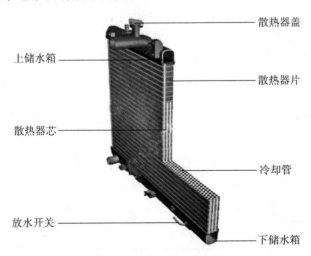

图 6-3　散热器的组成

常用散热器芯的结构形式有管片式和管带式两种，如图 6-4 所示。

· 163 ·

 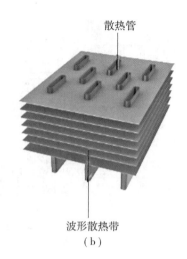

图 6-4 散热器芯的结构

(a) 管片式；(b) 管带式

散热器一般为竖流式，即冷却水从顶部流向底部。为降低汽车发动机罩轮廓的高度，有些轿车（如奥迪轿车）采用了横流式散热器，即冷却水从一侧的进水口进入水箱，然后水平横向流动到另一侧的出水口。

正确的冷却水水面对冷却系统的有效工作极其重要。因此，有些汽车上装有冷却水回收装置，可将受热溢出的冷却水回收在膨胀箱内。此时检查液面和加注冷却水都在膨胀箱上进行，安全方便。发动机处于冷态时，冷却水面应在膨胀水箱的 MIN 和 MAX 两标记之间；发动机处于暖态时，其水面应略高于 MAX 标记。

汽车上广泛采用闭式水冷系，该水冷系的散热器盖具有空气-蒸汽阀作用（图 6-5），可自动调节冷却系内的压力，提高冷却效果。

发动机热状态正常时，两个阀在弹簧力作用下均关闭，从而使冷却系与大气隔绝。因水蒸气的产生而使冷却系内的压力稍高于大气压力，提高了冷却水的沸点，改善了冷却效能。当散热器内压力达到 126~137 kPa 时（此压力下，水的沸点达到 381 K），蒸汽阀开启而使水蒸气从蒸汽排出管排出（图 6-5 (a)）；当水的温度下降，冷却系内的真空度低于 1~20 kPa 时，空气阀打开，空气从蒸汽排出管进入冷却系（图 6-5 (b)），以防散热器及芯管被大气压瘪。

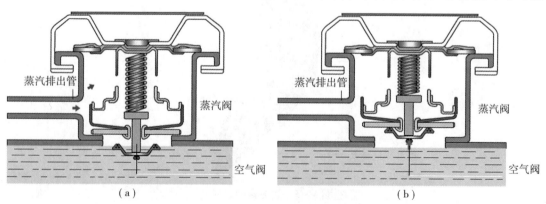

图 6-5 具有空气-蒸汽阀的散热器盖

(a) 蒸汽阀开启；(b) 空气阀开启

2. 水泵

水泵安装在发动机前端（图6-2），通常与风扇一起用带轮同轴驱动。水泵的作用是对冷却水加压，使之在冷却系中循环流动。

汽车发动机广泛采用离心式水泵。它具有结构紧凑、泵水量大及因故障而停止工作时不会妨碍水在冷却系内自然循环等优点。其工作原理如图6-6所示。当叶轮旋转时，水泵内的水被叶片推动一起旋转，在离心力的作用下甩向叶轮边缘，在轮廓线为对数螺旋线的水泵壳体内将动能转变为水的压力能，经与叶轮成切线方向的出水口压入发动机的冷却水套。与此同时，叶轮中心因具有负压而使散热器中的水经进水管被吸入水泵。

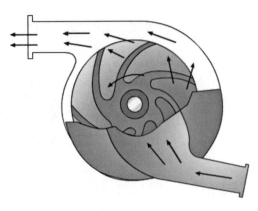

图6-6 离心式水泵工作原理

3. 风扇

风扇通常安装在散热器的后面并与水泵同轴驱动（图6-2），用来提高流经散热器的空气流速和流量，增强散热器的散热能力，同时对发动机其他附件也有一定的冷却作用。

风扇的扇风量主要取决于风扇的直径、转速、叶片形状及安装角等。

目前车用水冷发动机大多采用轴流式风扇（图6-7）。风扇叶片多用薄钢板压制而成，数目为4~8片。为减小叶片旋转时的振动和噪声，叶片之间的夹角一般不相等。叶片与其旋转平面成30°~45°的安装倾斜角，借以产生吸风能力，使空气沿轴向流动。在轿车及轻型载货汽车上还常使用翼形断面的整体风扇，由铝合金、尼龙等材料制成，可提高风扇的效率、减小功率消耗、降低噪声。

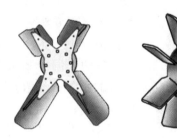

图6-7 风扇形式

风扇常和发电机一起由曲轴带轮通过V带驱动。为调节皮带的张紧程度，通常将发电机的支架做成可调节的。

在轿车上普遍采用以蓄电池为动力的电动风扇，其转速与发动机的转速无关。电动机的开关由位于散热器的温度传感器控制，需要风扇工作时自行起动。这种风扇无动力损失，结构简单，布置方便。

注意：采用电动风扇的汽车行驶一段时间热车时，即使关闭点火开关，发动机停止工作，风扇也很有可能自行工作，在检查维修时要特别注意，以免伤到手。

4. 节温器

节温器安装在水泵的进水口或气缸盖的出水口。其作用是根据发动机冷却水温度的高低，自动改变冷却水的循环路线及流量，以使发动机始终在最合适的温度内工作。目前汽车上多采用蜡式节温器，其核心部分为蜡质感温元件。反推杆11的一端固定于支架上，另一端插入橡胶套4的中心孔内，橡胶套与感应体9间装有精制石蜡8，利用石蜡受热后由固态变为液态时体积膨胀的性质进行控制（图6-8）。

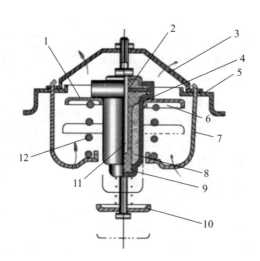

1—主阀门；2—盖和密封垫；3—上支架；4—橡胶套；5—阀座；6—通气孔；
7—下支架；8—石蜡；9—感应体；10—旁通阀；11—反推杆；12—弹簧。

图6-8 蜡质感温元件

图6-9所示为上海桑塔纳轿车冷却系所用的蜡式双阀门节温器。发动机工作后，因温度逐渐升高而使石蜡逐渐变为液态，体积开始膨胀。在发动机冷却水温度低于358 K时，因石蜡产生的膨胀力小于主阀门弹簧的预紧力，主阀门在主阀门弹簧的作用下压在出水口上，从散热器来的低温冷却水不能进入发动机水套内。此时，从发动机气缸盖出水口流出的高温冷却水可以不经散热器而直接进入水泵，于是，未经散热的冷却水被水泵重新压入发动机水套内，因而减少了热量损失。此时冷却水的循环路线称为小循环，如图6-10（a）所示。当发动机冷却水温度超过358 K时，石蜡产生的膨胀力克服了主阀门弹簧的预紧力，主阀门开始打开。当水温达到378 K时，主阀门完全打开，而副阀门则彻底关闭了小循环通路。这时来自气缸盖出水口的高温冷却水全部进入散热器进行冷却，之后再由水泵重新压入发动机的水套内。此时冷却水的循环路线称为大循环，如图6-10（b）所示。当冷却水的温度为358～378 K时，主、副阀门都打开一定的程度，此时冷却系中的大小循环同时进行。

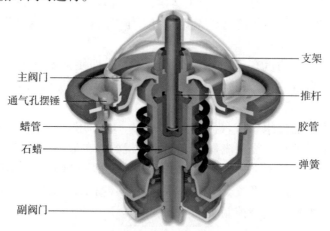

图6-9 蜡式双阀门节温器

项目六 发动机冷却系与润滑系工作过程分析

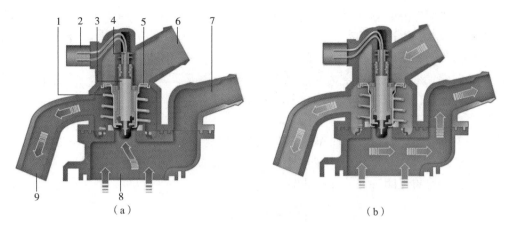

1—弹簧；2—插头；3—石蜡；4—接线柱；5—阀门；
6—自散热器来；7—到散热器；8—自发动机来；9—到水泵。

图6-10 发动机冷却水循环工作示意图
（a）小循环；（b）大循环

5. 风扇离合器和温控开关

为减少发动机功率损失，减小风扇噪声，改善低温起动性能，节约燃料及降低排放，普遍采用风扇离合器或风扇温控开关来控制风扇的转速，自动调节冷却强度。

（1）风扇离合器

风扇离合器主要有硅油式及电磁式等多种。图6-11所示为硅油风扇离合器。

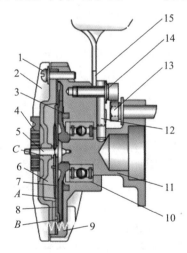

1—螺钉；2—前盖；3—密封毛毡圈；4—双金属感温器；5—阀片轴；6—阀片；7—主动扳；
8—从动扳；9—壳体；10—轴承；11—主动轴；12—锁止板；13—螺栓；
14—圆柱头内六角螺钉；15—风扇；A—进油孔；B—回油孔；C—漏油孔。

图6-11 硅油风扇离合器

当冷却水温度不高时，双金属感温器4不带动阀片6偏转，进油孔A关闭，工作腔内无油，风扇离合器处于分离状态。这时仅由于密封毛毡圈3和轴承10的摩擦，使风扇随同离合器壳体一起在主动轴上空转打滑，转速很低。当发动机的负荷增加而使吹向双金属感温器的气流温度超过338 K时，阀片转到将进油孔A打开的位置，于是硅油从储油腔进入工作腔。主动扳7利用硅油的黏性带动离合器壳体和风扇15转动。此时离合器处于接合状态，风扇转速得到提高，以适应发动机增强冷却的需要。若发动机的负荷减小，流经双金属感温器的气流温度低于308 K时，双金属感温器复原，阀片将进油孔关闭。工作腔内油液继续从回油孔 B 流向储油腔，直至甩空为止。这时风扇离合器又回到分离状态。漏油孔 C 的作用是防止风扇离合器在静态时从阀片轴周围泄漏硅油。

(2) 风扇温控开关

图6-12所示为上海桑塔纳轿车的双温蜡质热敏温控开关。它由蜡质感温驱动元件及两挡触点动作机构组成，利用石蜡9受热由固态变为液态时体积突然变大的原理来移动推杆7，控制触点4、5的开闭。它装在散热器的水箱上。

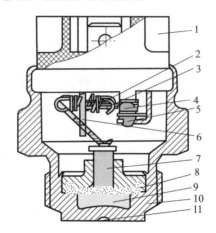

1—接线杆座；2—触点1拉簧；3—触点2拉簧；4—触点1；5—触点2；6—拉簧架；
7—推杆；8—橡胶密封膜；9—石蜡；10—外壳；11—调整坑。

图6-12 双温蜡质热敏温控开关

随着冷却水温度的升高，石蜡开始膨胀，通过橡胶密封膜8推动推杆7而压动拉簧架6。当冷却水温升至368 K时，低速触点闭合，散热器电动机风扇接通电源，以1 600 r/min低速运转。

当冷却水温继续上升至378 K时，因石蜡继续膨胀而使高速触点闭合，使散热器电动机风扇以2 400 r/min的高速运转，以增加冷却强度。当冷却水温下降时，石蜡体积收缩，推杆在触点拉力的作用下回缩而使触点断开，实现了对散热器电动机风扇的控制。

6. 百叶窗

在某些汽车发动机散热器的前面还装有起辅助调节冷却强度的百叶窗。它通过调节流经散热器的空气量来调节冷却系的冷却强度，使发动机保持在适宜的温度下工作。

百叶窗由许多片活动挡板组成，可由驾驶员通过手柄在驾驶室内操纵、控制；也可由节温器根据水温的高低自动调节百叶窗挡风板的开度。

随堂测试

1. 发动机冷却系的任务就是使发动机得到_____冷却，从而保持在_____的温度范围内工作。

2. 发动机冷却系按冷却介质的不同，可分为_____和_____。

3. 水冷发动机，冷却水在_____的作用下，流经气缸体及气缸盖的冷却水套而吸收热量，然后由水管流入_____，利用汽车行驶的速度及_____的强力抽吸，而使空气流由前向后高速通过散热器，不断地将流经散热器的高温冷却水的热量散到大气中，从而使冷却水温度下降。

4. 节温器的作用是根据发动机冷却水温度的高低，自动改变冷却水的_____及_____，以使发动机始终在最合适的温度下工作。

5. 为减少发动机功率损失，减小风扇噪声，改善低温起动性能，节约燃料及降低排放，普遍采用_____或_____来控制风扇的转速，自动调节冷却强度。

任务实施

任 务 工 单

任务名称：分析发动机冷却系的工作过程		
姓名：	班级：	学号：

任务描述	冷却系统工作的正常与否直接影响发动机的工作。在汽车使用过程中，提醒用户经常观察冷却液温度表状态、检查发动机冷却液液面等。请你就某一型号车辆绘制一个该车发动机冷却液循环路线图，并讲解冷却系工作过程，在学习小组或班上进行交流汇报	
能力目标	1. 能够向客户在实际车辆上讲解冷却系的工作过程、各部件的构造； 2. 树立以客户为中心的理念，增强服务意识； 3. 具有与客户沟通交流的能力； 4. 具备信息搜集和处理的能力	
实施准备	1. 教学用车辆或发动机实验台； 2. 车辆或发动机相关资料； 3. 汇报用纸、笔等	
实施步骤	自主学习	搜集和处理信息，个人绘制发动机冷却系冷却液循环路线图
	小组讨论	以学习小组形式进行讨论，形成小组汇报成果
	小组汇报	汇报小组成果，并通过角色扮演方式在实际车辆或发动机实验台上向客户讲解冷却系工作过程； 按规范做好5S
自我反思	在专业能力、关键能力等方面的收获或体会：	

项目六 发动机冷却系与润滑系工作过程分析

分析发动机润滑系工作过程

学习内容

1. 汽车发动机润滑系的功用和润滑方式；
2. 润滑系的组成与工作过程；
3. 润滑系主要部件的构造；
4. 曲轴箱通风系统的构造。

能力要求

1. 能够向客户在实际车辆上讲解润滑系的工作过程、各部件的构造；
2. 树立以客户为中心的理念，增强服务意识；
3. 具有与客户沟通交流的能力；
4. 具备信息搜集和处理的能力。

任务引入

发动机工作时，有大量的运动部件，存在很多摩擦副。这些摩擦副需要很好地润滑才能确保发动机正常工作。观察机油压力报警灯状态、检查机油量是对车辆使用者的基本要求，定期更换发动机机油也是车辆保养的重要作业项目。你能够就某一车型的发动机向客户讲解润滑系工作过程吗？

任务描述

润滑系工作的正常与否直接影响发动机能否工作。在汽车使用过程中，需要提醒用户经常观察机油压力报警灯状态、检查发动机机油量等。请你就某一型号车辆绘制一个该车发动机的润滑油路图和曲轴箱通风系统图，并讲解润滑系工作过程和曲轴箱通风工作过程，在学习小组或班级里进行交流汇报。

相关知识

一、润滑系的功用

发动机的润滑是由润滑系来实现的。润滑系的功用就是在发动机工作时连续不断地将数量足够、压力和温度适当的洁净润滑油输送到全部运动副的摩擦表面,并在摩擦表面之间形成油膜,实现液体摩擦,从而减小摩擦阻力、降低功率消耗、减轻机件磨损,以达到提高发动机工作可靠性和耐久性的目的。此外,流动的润滑油还能起到清洁、吸热、密封、减震、降噪、防锈的作用。

二、润滑方式

由于发动机运动副的工作条件不尽相同,因此,对负荷及相对运动速度不同的运动副采用不同的润滑方式。

(1) 压力润滑

压力润滑是将润滑油以一定压力供入摩擦表面的润滑方式。主要用于主轴承、连杆轴承及凸轮轴承等负荷较大、相对运动速度较高的摩擦表面的润滑。

(2) 飞溅润滑

飞溅润滑是利用发动机工作时运动零件溅泼起来的油滴或油雾润滑摩擦表面的润滑方式。主要用来润滑负荷较轻的气缸壁面,以及配气机构的凸轮、挺柱、气门杆及摇臂等零件的工作表面。

(3) 润滑脂润滑

通过润滑脂油嘴定期加注润滑脂来润滑零件的工作表面,如水泵及发电机轴承等。

汽车发动机润滑系所用的润滑剂包括润滑油和润滑脂两种。

目前国际上广泛采用美国 SAE 黏度分类法和 API 用途分类法,并已被国际标准化组织 (ISO) 确认。

美国汽车工程师学会(SAE)按照机油的黏度等级,把机油分为冬季用机油和夏季用机油。冬季用机油有 6 种牌号:SAE0W、SAE5W、SAE10W、SAE15W、SAE20W、SAE25W。夏季用机油有 5 种牌号:SAE20、SAE30、SAE40、SAE50、SAE60。数字较大的机油,其黏度较大,适合在较高的环境温度下使用。

上述牌号的机油只有单一的黏度等级,称为单级油。当使用这种机油时,汽车驾驶员需根据季节和气温的变化随时更换机油。汽车使用的机油大多数具有多黏度等级,称为多级油或稠化机油,其牌号有 SAE5W-20、SAE10W-30、SAE15W-40、SAE20W-40 等。例如,SAE5W-30 在低温下使用时,其黏度与 SAE5W 的一样,而在高温下,其黏度又与 SAE30 相同,因此,其冬夏通用。根据使用环境温度选用机油型号,如图 6-13 所示。

API 用途分类法是美国石油学会(API)根据机油的性能及其最适合的使用场合,把机油分为 S 系列和 C 系列两类。S 系列为汽油机油,目前有 SA、SB、SC、SD、SE、SF、SG、SH、SJ 这 9 个级别。C 系列为柴油机油,目前有 CA、CB、CC、CD、CD-2、CE、CF-4 和 CG-4 这 8 个级别。级号越靠后,使用性能越好,适用的机型越新或强化程度越高。其中 SA、SB、SC 和 CA 级油已很少使用。

我国的机油参照采用 ISO 分类方法分类。GB/T 7631.3—1995 规定,按机油的性能和使用场合分为:

汽油机油:SC、SD、SE、SF、SG、SH 6 个级别。

柴油机油:CC、CD、CD-1、CE、CF-4 5 个级别。

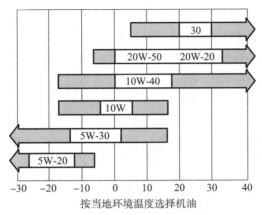

按当地环境温度选择机油

图 6-13　机油型号的选用

二冲程汽油机油：ERA、ERB、ERC、ERD 4 个级别。

每一种使用级别又有若干种单一黏度等级和多黏度等级的机油牌号。

近年来还出现了汽、柴油机通用的多用途发动机油。

润滑脂是将稠化剂掺入液体润滑剂中所制成的一种稳定的固体或半固体产品，其中可以加入旨在改善润滑脂某种特性的添加剂。

润滑脂在常温下可附着于垂直表面而不流淌，并能在敞开或密封不良的摩擦部位工作，具有其他润滑剂所不能代替的特点。因此，在汽车的许多部位都使用润滑脂润滑。

三、润滑系的组成

汽车发动机润滑系的组成如图 6-14 所示，润滑系统主要由油底壳、机油泵、机油滤清器、油道、油孔等组成。

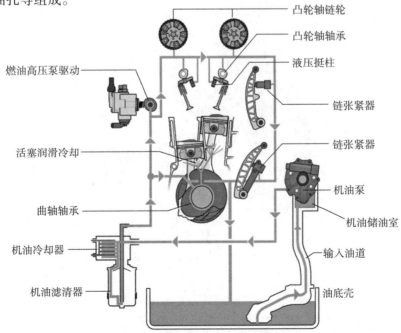

图 6-14　发动机润滑系组成

①油底壳。储存润滑油的装置，加密封垫后固定在气缸体底面上。

②机油泵。能够建立足够的油压，以保证机油循环，实现压力润滑。

③机油滤清器。用来防止润滑油中混入的金属磨屑、机械杂质及润滑油本身氧化生成的胶质进入主油道。

④限压阀及旁通阀。限压阀用来限制最高油压，通常集成于机油泵内；旁通阀用来避免因机油滤清器堵塞而造成主油道供油中断，通常集成于机油滤清器内。

⑤机油冷却器。用来加强润滑油冷却，使润滑油温度保持在正常工作范围内（343～363 K），用于热负荷较高的发动机。

⑥机油压力表、温度表和机油标尺。用来使驾驶员随时掌握润滑系工作状况。

此外，发动机润滑系还包括油管、油道等组成的润滑油引导、输送、分配装置。

四、润滑系的工作过程

图 6-15 所示是本田轿车发动机润滑系统结构及油路示意。该发动机曲轴主轴承、连杆轴承、凸轮轴和摇臂轴上各轴承等均采用压力润滑；摇臂、活塞、活塞环、气缸壁等部位则采用飞溅润滑。机油泵装在发动机前面，由曲轴直接驱动。发动机工作时，机油泵 4 由曲轴带动运转，机油从油底壳 2 经机油集滤器 1 被吸进机油泵。机油在通过机油集滤器时，夹杂在机油中的一些较大的机械杂质被过滤。被机油泵压出的由限压阀 3 限制且具有一定压力的机油经过机油滤清器 5 将一些在机油中较细的机械杂质和胶质进一步过滤。机油在润滑系

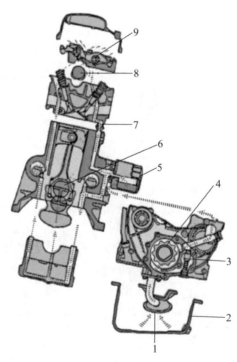

1—机油集滤器；2—油底壳；3—限压阀；4—机油泵；5—机油滤清器；
6—曲轴；7—机油控制节流孔；8—凸轮轴；9—摇臂轴。

图 6-15 本田轿车发动机润滑系统结构及油路示意

中不断地循环，从而不断地被滤清器过滤、清洁。被滤清器过滤并具有一定压力的机油从滤清器流出进入主油道，然后分两路，一路经油道润滑曲轴主轴承、连杆轴承和平衡轴轴承；另一路经缸体油道，通过机油控制节流孔 7 进行流量调节后，送到缸盖上的油道，润滑凸轮轴 8 和摇臂轴 9 上各轴承。飞溅起来的润滑油则润滑凸轮、摇臂等其他零件。活塞和气缸壁是靠连杆大头轴瓦油孔喷出来的润滑油润滑的，各润滑部位的机油最后经气缸体回油道流回油底壳，在机油泵的作用下经过过滤再次循环，不断润滑各零件摩擦表面。

在发动机润滑系统油路中还装有机油压力传感器和油压过低信号器，并分别通过导线与驾驶室的机油压力指示装置和机油压力报警灯相接，以便驾驶员可以随时监视系统油压，保证发动机正常工作。限压阀 3 和旁通阀分别装在机油泵和机油滤清器中。

五、润滑系主要部件的构造

1. 机油泵

机油泵的功用是保证机油在润滑系统内循环流动，并在发动机任何转速下都能以足够高的压力向润滑部位输送足够数量的机油。

机油泵结构形式可分为齿轮式和转子式两类。齿轮式机油泵又分内齿轮式和外齿轮式。

（1）外齿轮式机油泵

外齿轮式机油泵的工作原理如图 6-16 所示。在机油泵壳体内装有一对外啮合齿轮，齿轮的端面由机油泵盖封闭。壳体、泵盖和齿轮的各个齿槽组成工作腔。当齿轮按图示方向旋转时，轮齿逐渐脱离啮合而使进油腔（吸油腔）的容积增大，腔内产生一定的真空，机油从油底壳经进油口被吸入进油

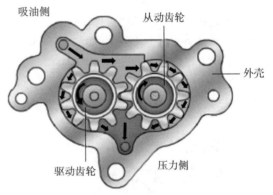

图 6-16　外齿轮式机油泵工作原理图

腔，随后又被轮齿带到出油腔（压力腔）。轮齿逐渐进入啮合而使出油腔的容积减小，使机油压力升高，机油经出油口被压入发动机机体上的油道。在发动机工作时，机油泵齿轮不停地旋转，机油便连续不断地流入油道，经过滤清之后被送到各润滑部位。

当轮齿进入啮合时，封闭在轮齿径向间隙内的机油的压力急剧升高，使齿轮受到很大的推力，并使机油泵轴衬套的磨损加剧。所以在泵盖上加工一道卸压槽，使轮齿径向间隙内被挤压的机油通过卸压槽流入出油腔，降低油压。

外齿轮式机油泵结构如图 6-17 所示。齿轮式机油泵结构简单、制造方便、工作可靠、效率高，故应用广泛。但是需要中间传动机构，制造成本相应较高。

（2）内齿轮式机油泵

内齿轮式机油泵工作原理如图 6-18 所示。当发动机工作时，主动齿轮随驱动轴一起转动，并带动从动齿轮以相同的方向旋转。主、从动齿轮在转到吸油侧处时开始逐渐脱离啮合，并沿旋转方向两者形成的空间逐渐增大，产生一定的真空度，将油从机油泵吸油侧吸入。随着齿轮的继续旋转，月牙块将主、从动齿轮隔开，齿轮旋转时，把齿间所存的油带往

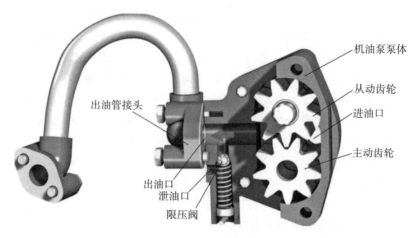

图 6-17 外齿轮式机油泵结构

压力侧。在靠近压力侧处，主、从动齿轮间的空间逐渐减少，油压升高，油从机油泵压力侧送往发动机油道中，主、从动齿轮又重新啮合。

（3）转子式机油泵

转子式机油泵的工作原理如图 6-19 所示。当机油泵工作时，主动轴带动内转子旋转，内转子则带动外转子朝同一方向转动。内、外转子工作面的轮廓是一对共轭曲线，可以保证两个转子相互啮合时既不干涉也不脱离。内、外转子将外转子的内腔分成四个工作腔。当某一工作腔转过进油口时，容积增大，油压减小，机油经进油口被吸入工作腔；当该工作腔转过出油口时，容积减小，油压升高，机油经出油口被压出。

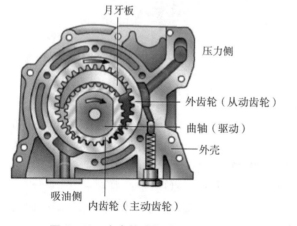

图 6-18 内齿轮式机油泵工作原理

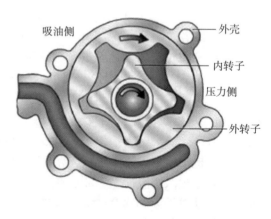

图 6-19 转子式机油泵工作原理

（4）安全阀

机油泵必须在发动机各种转速下都能供给足够数量的机油，以保持足够的机油压力，保证发动机的润滑。机油泵供油量的多少与其转速有关，而机油泵的转速又与发动机转速成正比。因此，在设计机油泵时，都是保证其在低速时有足够大的供油量。但是，在高速时机油泵的供油量偏大，机油压力明显偏高。另外，在发动机冷起动时，机油黏度大，流动性差，机油压力也会大幅度升高。为了防止油压过高，在润滑油路中设置了安全阀或限压阀。安全阀一般装在机油泵上或机体的主油道上。当安全阀安装在机油泵上时，如果油压达到规定值,安全阀开启,多余的机油返回机油泵进口;如果安全阀安装在主油道上,则当油压达到规定值时,多余的机油经过安全阀流回油底壳。

2. 滤清器

汽车发动机在运转过程中,为了保持机油清洁,延长机油的使用寿命,在发动机润滑系中都装有滤清器。

为了保证滤清效果,一般使用多级滤清器,方式有两种:轿车上普遍采用集滤器加全流式机油滤清器的滤清方式,机油滤清器串联于机油泵和主油道之间,全部机油都经过它滤清,如图6-20(a)所示;货车特别是重型货车上一般采用集滤器加粗、细双级滤清器的滤清方式,其中机油粗滤器与主油道串联,而分流式机油细滤器则与主油道并联,经过粗滤器的机油进入主油道,而流过细滤器的机油直接返回油底壳,如图6-20(b)所示。粗滤器滤除机油中粒径为0.05 mm以上的杂质,细滤器则用来滤除粒径为0.01 mm以上的细小杂质。

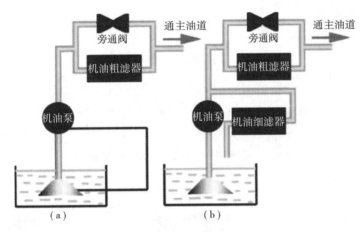

图6-20 机油滤清方式
(a) 全流式;(b) 分流式

六、曲轴箱通风系统构造

发动机工作时,存在着一定的燃气下窜现象。漏到曲轴箱内的汽油蒸气凝结后,将稀释机油,使机油黏度变小;废气中的水蒸气凝结于润滑油中形成泡沫,破坏润滑油的供给。废气中的水蒸气和酸性物质侵蚀零件并使润滑油变质。同时,漏入曲轴箱内的气体使曲轴箱压力和温度升高,将造成机油从油封、衬垫处泄漏而流失。因此,曲轴箱必须设有曲轴箱通风装置,排出漏入的气体并加以利用,同时使新鲜的空气进入曲轴箱,形成不断的对流。

为了减少对大气污染,现代发动机采用的是强制通风法。图6-21所示是发动机曲轴箱强制通风系统。强制通风的动力来自进气管的真空。为了防止在发动机低速小负荷时进气管的真空度太大而将机油从曲轴箱内吸出,在抽气管上装有单向阀(PCV阀)。

PCV阀构造如图6-22所示。当发动机在小负荷低转速运转时,进气管真空度较大,此时阀4克服弹簧3的压力被吸靠在阀座2上,曲轴箱内的废气经阀4的中心小孔进入进气

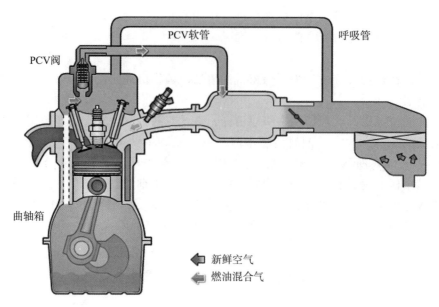

图 6-21 发动机曲轴箱强制通风系统

管。由于节流作用,避免了曲轴箱内的机油被吸出,如图 6-23(b)所示。当负荷加大时,进气管真空度降低,阀在弹簧张力的作用下离开阀座而逐渐打开,通风量逐渐加大,如图 6-23(c)所示。当发动机在大负荷时,阀 4 全开,通风量最大,如图 6-23(d)所示。因此,既更新了曲轴箱内的气体,又使机油消耗降低到最低限度。

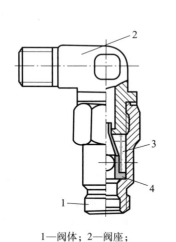

1—阀体;2—阀座;
3—弹簧;4—阀。

图 6-22 PCV 阀构造

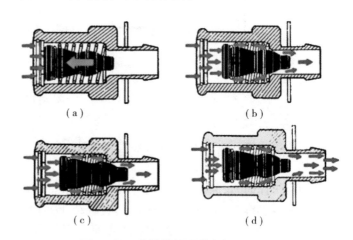

图 6-23 曲轴箱通风单向阀工作过程
(a)不工作时;(b)小负荷;
(c)中等负荷;(d)大负荷

随堂测试

1. 润滑系的功用就是在发动机工作时连续不断地将数量足够、压力和温度适当的洁净润滑油输送到全部_____的摩擦表面,并在摩擦表面之间形成_____,实现液体摩擦。

从而减小摩擦阻力、降低功率消耗、减轻机件磨损，以达到提高发动机工作_____和_____的目的。此外，流动的润滑油还能起到清洁、吸热、密封、减震、降噪、防锈的作用。

2. 目前使用的机油大多数具有多黏度等级，称为多级油或稠化机油。例如，SAE5W-20在低温下使用时，其黏度与_____一样，而在高温下，其黏度又与_____相同。

3. 润滑方式可分为_____、_____和_____，对负荷及相对运动速度不同的运动副采用不同的润滑方式。

4. 曲轴箱通风装置的作用是排出漏入_____的气体并加以利用，同时使_____进入曲轴箱，形成不断的对流。

任务实施

任 务 工 单

任务名称：分析发动机润滑系的工作过程		
姓名：	班级：	学号：
任务描述	\multicolumn{2}{l|}{润滑系工作的正常与否直接影响发动机能否工作。在汽车使用过程中，需要提醒客户要经常观察机油压力报警灯状态、检查发动机机油量等。请你就某一型号车辆绘制一个该车发动机润滑油路图和曲轴箱通风系统图，并讲解润滑系工作过程和曲轴箱通风工作过程，在学习小组或班级里进行交流汇报}	
能力目标	\multicolumn{2}{l|}{1. 能够向客户在实际车辆上讲解润滑系的工作过程、各部件的构造； 2. 树立以客户为中心的理念，增强服务意识； 3. 具有与客户沟通交流的能力； 4. 具备信息搜集和处理的能力}	
实施准备	\multicolumn{2}{l|}{1. 教学用车辆或发动机实验台； 2. 车辆或发动机相关资料； 3. 汇报用纸、笔等}	
实施步骤	自主学习	学习相关知识，搜集信息，个人绘制发动机润滑系油路图和曲轴箱通风系统图
	小组讨论	以学习小组形式进行讨论，形成小组汇报成果
	小组汇报	汇报小组成果，并通过角色扮演方式在实际车辆或发动机实验台上向客户讲解润滑系工作过程； 按规范做好5S
自我反思	\multicolumn{2}{l|}{在专业能力、关键能力等方面的收获或体会：}	

项目七

发动机点火系与起动系工作过程分析

　　点火系的作用是适时地点燃气缸内被压缩的可燃混合气,使发动机能及时、迅速地做功。起动系的作用就是起动发动机,并且在发动机起动后立即停止工作。本项目包括分析汽油机点火系工作过程和分析发动机起动系工作过程两个任务。

任务 7-1　分析汽油机点火系工作过程

学习内容

1. 汽油发动机点火系的功用;
2. 微机控制点火系统;
3. 点火系主要部件的结构。

能力要求

1. 能够向客户在实际车辆上讲解点火系的工作过程、各部件的构造;
2. 树立以客户为中心的理念,增强服务意识;
3. 具有与客户沟通交流的能力;
4. 具备信息搜集和处理的能力。

 任务引入

汽油发动机工作时,需要电火花将气缸内已压缩的可燃混合气点燃。点火系是汽油机特有的系统,你能够就某一汽油机车型向客户讲解点火系的工作过程吗?

 任务描述

点火系直接影响汽油发动机的工作,如果点火系出现故障,往往表现为发动机不能起动着火或发动机工作抖动等异常现象。请你就某一型号汽油机车辆绘制汽油发动机点火系工作示意图,并讲解点火系的工作过程。

 相关知识

 一、点火系的功用

点火系统是适时地为汽油发动机气缸内已压缩的可燃混合气提供足够能量的电火花,使发动机能及时、迅速地做功,能够按时在火花塞两电极之间产生电火花的全部装置。

点火系的工作机理就是想办法将蓄电池或发电机供给的 12 V 低压电,转变为上万伏的高压电,并按工作需要分送到各缸火花塞,使其电极间产生电火花。

 二、微机控制点火系统

点火系统种类较多,主要有传统点火系统、无触点电子点火系统、微机控制点火系统等。随着化油器发动机的淘汰,现代汽油车普遍采用电控燃油喷射系统,将燃油喷射控制与点火控制结合在一起,实行集中控制,共用很多传感器信号。

微机控制点火系统主要由传感器、电子控制器、点火器、点火线圈等组成,如图 7-1 所示。

①传感器(包括各种开关)主要有发动机转速传感器、曲轴位置传感器、节气门开度传感器、进气温度传感器、冷却液温度传感器、氧传感器、爆震传感器(燃烧传感器)、加速踏板位置传感器、车速传感器、空调开关信号等。

②电子控制单元的作用是根据发动机各传感器输入的信息及内存的数据,进行运算、处理、判断,然后输出指令(信号)控制有关执行器(如点火器)动作,达到快速、准确控制发动机工作的目的。

③点火线圈受点火模块控制,点火模块的作用是根据电子控制器输出的指令,通过内部的大功率三极管的导通和截止,控制点火线圈初级电流的通断,进而使点火线圈的次级产生高压,完成点火工作。

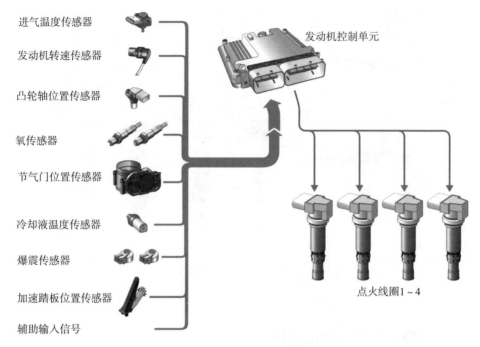

图 7-1 微机控制点火系统原理

采用微机点火控制,可以由控制系统直接进行高压电的分配,成为无分电器电子点火系统。

无分电器电子点火系统分为两种:一种为每两缸装一个点火线圈,两缸同时点火,如图7-2所示;另一种为每缸一个点火线圈,各缸独立进行控制,如图7-3所示。

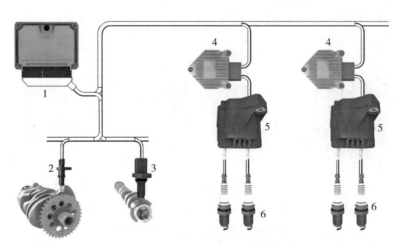

1—ECU;2—曲轴位置传感器;3—凸轮轴位置传感器;4—点火模块;5—点火线圈;6—火花塞。

图 7-2 每两缸一个点火线圈的点火系统

· 183 ·

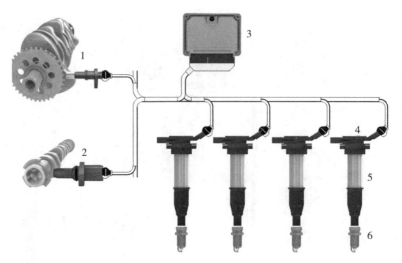

1—曲轴位置传感器；2—凸轮轴位置传感器；3—ECU；4—点火模块；5—点火线圈；6—火花塞。

图 7-3　每缸一个点火线圈的点火系统

三、点火系主要部件的结构

1. 点火线圈

点火线圈由初级绕组、次级绕组和铁芯等组成。按磁路的结构形式不同，可分为开磁路式点火线圈和闭磁路式点火线圈。闭磁路式点火线圈具有漏磁少、转换效率高、体积小、质量小、铁芯裸露易于散热等优点，故已在电子点火系中广泛采用。

闭磁路式点火线圈的结构如图 7-4 所示。在"口"字形或"日"字形铁芯内绕有初级绕组，在初级绕组外面绕有次级绕组，初级绕组在铁芯中的磁通通过铁芯形成闭合磁路，故称其为闭磁路式点火线圈。

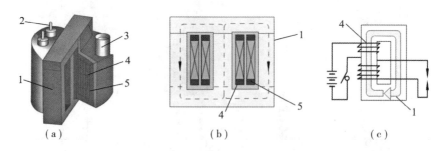

1—铁芯；2—低压接线柱；3—高压接线柱；4—初级绕组；5—次级绕组。

图 7-4　闭磁路式点火线圈结构

(a) 闭磁路式点火线圈外形；(b) "日"字形铁芯；(c) "口"字形铁芯

2. 火花塞

火花塞的结构如图 7-5 所示。在钢制壳体的内部固定有高氧化铝陶瓷绝缘体，使中心电极与侧电极之间保持足够的绝缘强度。绝缘体孔的上部装有金属杆，通过接线螺母与高压导线相连，下部装有中心电极。金属杆与中心电极之间用导电玻璃密封。中心电极用镍锰合金制成，具有良好的耐高温、耐腐蚀和导电性能。火花塞借壳体下部的螺纹旋入气缸盖中，旋紧时密封垫圈受压变形，保证壳体与缸盖之间密封良好。为了适应不同发动机的需要，火花塞因下部的形状和绝缘体裙部长度的不同而有多种形式。

火花塞的热特性主要取决于绝缘体裙部的长度。绝缘体裙部长的火花塞，受热面积大，传热距离长，散热困难，裙部温度高，称为热型火花塞；反之，裙部短的火花塞，称为冷型火花塞。热型火花塞适用于低速、低压缩比、小功率发动机；冷型火花塞适用于高速、高压缩比、大功率发动机。

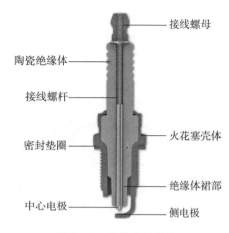

图 7-5 火花塞的结构

随堂测试

1. 点火系统的作用是适时地为汽油发动机气缸内已压缩的_____提供足够能量的_____，使发动机能及时、迅速地做功。

2. 微机控制点火系统主要由_____、_____、_____、点火线圈等组成。

3. 闭磁路式点火线圈在"口"字形或"日"字形铁芯内绕有初级绕组，在初级绕组外面绕有次级绕组，初级绕组在铁芯中的_____，通过铁芯形成_____，故称其为闭磁路式点火线圈。

4. 火花塞的热特性主要取决于绝缘体裙部的_____。绝缘体裙部长的火花塞，受热面积大，传热距离长，散热困难，裙部温度高，称为_____火花塞。

任务实施

任 务 工 单

任务名称：分析汽油机点火系的工作过程		
姓名：	班级：	学号：
任务描述	请你就某一型号汽油机车辆绘制汽油发动机点火系工作示意图,并讲解点火系工作过程	
能力目标	1. 能够向客户在实际车辆上讲解点火系的工作过程、各部件的构造; 2. 树立以客户为中心的理念,增强服务意识; 3. 具有与客户沟通交流的能力; 4. 具备信息搜集和处理的能力	
实施准备	1. 教学用车辆或发动机实验台; 2. 车辆或发动机相关资料; 3. 汇报用纸、笔等	
实施步骤	自主学习	学习相关知识,个人绘制汽油发动机点火系工作示意图
	小组讨论	以学习小组形式进行讨论,形成小组汇报成果
	小组汇报	汇报小组成果,并通过角色扮演方式在实际车辆或发动机实验台上向客户讲解点火系工作过程; 按规范做好 5S
自我反思	在专业能力、关键能力等方面的收获或体会:	

项目七 发动机点火系与起动系工作过程分析

任务 7-2　分析发动机起动系工作过程

学习内容

1. 发动机起动系的组成；
2. 起动系的工作过程；
3. 起动系主要部件的结构。

能力要求

1. 能够向客户在实际车辆上讲解起动系的工作过程、各部件的构造；
2. 树立以客户为中心的理念，增强服务意识；
3. 具有与客户沟通交流的能力；
4. 具备信息搜集和处理的能力。

任务引入

通过前面发动机工作原理的学习，我们知道四行程发动机工作时，就某个气缸而言，就是进入了一个进气、压缩、做功、排气的工作循环。但发动机由静止状态到运转工作状态，首先需要由外力使发动机运转起来，完成气缸的进气、压缩过程，才能进入做功、排气过程，实现工作循环。这个能够为发动机起动运转提供初始外力的装置就是起动装置。

任务描述

起动系直接影响汽车的工作，如果起动系出现故障，往往表现为发动机不能起动着火等。请你就某一型号车辆绘制发动机起动系工作示意图，并讲解起动系的工作过程。

相关知识

一、起动系统的功用与组成

起动机的作用就是起动发动机，发动机起动之后，起动机便立即停止工作。
发动机常用的起动方式有人力起动、辅助汽油机起动和电力起动机起动。目前大多数运输车辆都采用电力起动机起动。

电力起动系一般由蓄电池、起动机、起动继电器、点火开关等组成，如图7-6所示。起动机安装在汽车发动机飞轮壳前端的座孔上。

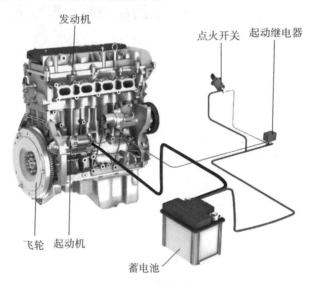

图7-6 电力起动系组成

二、发动机起动机组成

起动机由串激直流电动机、传动机构和操纵机构三个部分组成，如图7-7所示。

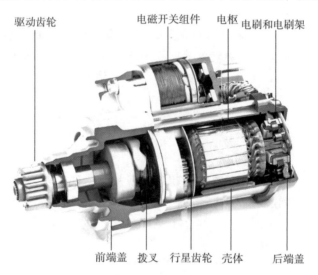

图7-7 起动机构造

1. 直流电动机

电动机的作用是将蓄电池输入的电能转换为机械能，产生电磁转矩。直流电动机主要由电枢、磁极、电刷和电刷架等主要部件构成。

（1）电枢

电枢是直流电动机的旋转部分，包括电枢轴、换向器、电枢铁芯、电枢绕组。为了获得足够的转矩，通过电枢绕组的电流一般为 200～600 A，因此电枢绕组采用较粗的矩形裸铜线绕制成成型绕组。电枢绕组各线圈的端头均焊接在换向器片上，通过换向器和电刷将蓄电池的电流引进来。换向片和云母片叠压成换向器，为了避免电刷磨损的粉末落入换向片之间造成短路，起动机换向片间的云母一般不必割低。

（2）磁极

磁极一般是 4 个，两对磁极相对交错安装在电动机定子内壳上，低碳钢板制成的机壳也是磁路的一部分；也有用 6 个磁极的起动机。

（3）电刷与电刷架

电刷架一般为框式结构，其中正极刷架与端盖绝缘地固装，负极刷架直接搭铁。电刷置于电刷架中，电刷由铜粉与石墨粉压制而成，呈棕红色。刷架上装有弹性较好的盘形弹簧。

（4）轴承

因为起动机工作时间短暂，每次工作时间仅几秒钟，所以一般都是采用青铜石墨轴承或铁基含油轴承。

2. 传动机构

起动机的传动机构是起动机的主要组成部件，它包括离合器和拨叉两个部分。离合器的作用是将电动机的电磁转矩传递给发动机使之起动，同时又能在发动机起动后自动打滑，保护起动机不致飞散损坏。传动机构中的离合器分为滚柱式离合器、摩擦片式离合器、弹簧式离合器 3 种。而拨叉的作用是使离合器做轴向移动，将驱动齿轮啮入和脱离飞轮齿圈。

发动机起动时，按下按钮或起动开关，线圈通电产生电磁力将铁芯吸入，于是带动拨叉转动，由拨叉头推出离合器，使驱动齿轮啮入飞轮齿圈。发动机起动后，只要松开按钮或开关，线圈即断电，电磁力消失，在回位弹簧的作用下，铁芯退出，拨叉返回，拨叉头将打滑工况下的离合器拨回，驱动齿轮脱离飞轮齿圈。

（1）滚柱式离合器

滚柱式离合器是目前国内外汽车起动机中使用最多的一种，解放牌汽车、东风牌汽车、北京牌吉普车等均使用滚柱式离合器。滚柱式离合器的构造如图 7-8 所示。其中，驱动齿轮与外壳连成一体。外壳内装有十字块和 4 套或 6 套滚柱及弹簧，十字块与花键套筒固定连接，壳底与外壳相互折合密封。花键套筒的外面装有缓冲弹簧及衬圈，末端固装着拨环与卡圈。整个离合器总成利用花键套筒套在起动机轴的花键部位上，可以做轴向移动和随轴移动。

滚柱式离合器的工作原理如下：如图 7-9（a）所示，发动机起动时，经拨叉将离合器沿花键推出，驱动齿轮啮入发动机飞轮齿圈。由于十字块处于主动状态，随电动机电枢一起旋转，促使滚柱进入槽的窄端，将花键套筒与外壳挤紧，于是电动机电枢的转矩就可由十字块经滚柱离合器外壳传给驱动齿轮，从而达到驱动发动机飞轮齿圈旋转、起动发动机运转的目的。如图 7-9（b）所示，发动机起动后，飞轮齿圈的转速高于驱动齿轮，十字块处于被动状态，促使滚柱进入槽的宽端而自由滚动，只有驱动齿轮随飞轮齿圈做高速旋转，起动机转速并不升高，在这种离合器打滑的功能下，防止了电枢超速飞散的危险。起动完毕后，由于拨叉回位弹簧的作用，经拨环使离合器退回，驱动齿轮完全脱离飞轮齿圈。

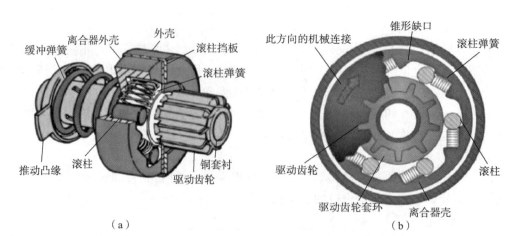

图 7-8 滚柱式离合器的结构
(a) 总成；(b) 构件

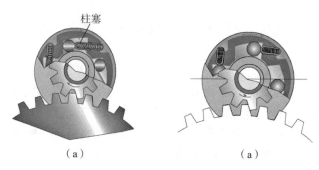

图 7-9 滚柱式离合器的工作原理
(a) 发动机起动时；(b) 发动机起动后

这种滚柱式离合器具有结构简单、坚固耐用、体积小、质量小、工作可靠等优点，因此得到广泛采用。其不足之处是不能用于大功率起动机。

(2) 摩擦片式离合器

该离合器的驱动齿轮与外接合鼓做成一个整体，如图 7-10 所示。在外接合鼓的内壁有 4 道轴向槽沟，钢质被动摩擦片利用外围 4 个齿插装其中。在花键套筒的一端表面也有 3 条螺旋花键，其上套着内接合鼓。内接合鼓的表面也有 4 条轴向槽沟，用钢或青铜制造的主动摩擦片利用内圆 4 个齿套装在沟槽内。主动摩擦片和被动摩擦片彼此相间地排列组装。内接合鼓的外面装有缓冲弹簧，端部固装着拨环。

离合器总成在起动机不工作时，主、被动摩擦片之间处于放松无摩擦力状态。发动机起动时，通过拨叉推动拨环使内接合鼓沿 3 条螺旋花键向外移动，主动和被动摩擦片相互压紧，具有了摩擦力。当驱动齿轮啮入飞轮齿圈时，就能利用起动机转矩驱动曲轴旋转。发动机起动后，驱动齿轮被飞轮齿圈带动做高速旋转，在惯性力和拨叉返回的作用下，内接合鼓沿 3 条螺旋花键向内移动，于是主动和被动摩擦片之间的摩擦力消失而打滑，避免了电枢超速飞散的危险。

摩擦片式离合器具有传递大转矩、防止超载损坏起动机的优点，多用在大功率起动机上。但由于摩擦片容易磨损而影响起动性能，需要经常检查、调整或更换摩擦片。此外，这种离合器结构比较复杂，耗用材料较多，加工费时，而且不便于维修。

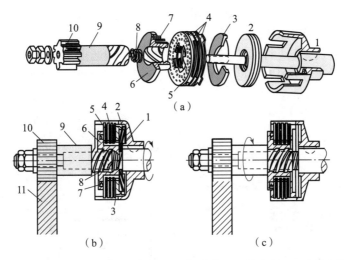

1—外接合鼓；2—弹性圈；3—压环；4—主动片；5—被动片；6—内接合鼓；
7—小弹簧；8—减震弹簧；9—齿轮柄；10—驱动齿轮；11—飞轮。

图 7-10 摩擦片式离合器的结构
(a) 结构；(b) 压紧；(c) 放松

（3）弹簧式离合器

弹簧式离合器的主动套筒套装在电枢轴的花键上，如图 7-11 所示。小齿轮套筒套在电枢轴的光滑部分，在小齿轮套筒与主动套筒外圆上装有驱动弹簧，驱动弹簧内径略大于两套筒的外径。起动发动机时，传动叉拨动滑环，并压缩弹簧，推动离合器移向飞轮齿圈一端，使小齿轮啮入飞轮齿圈。电枢旋转时带动主动套筒，在摩擦力的作用下，驱动弹簧被扭紧，将两个套筒抱死，起动机转矩便由此传给飞轮。起动机起动后，驱动小齿轮和飞轮齿圈的主动与从动关系改变，啮合器因驱动弹簧被放松而打滑，从而使电枢轴避免了超速运转的危险。

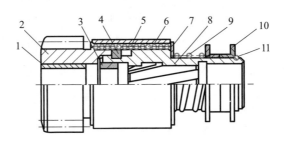

1—衬套；2—驱动齿轮；3—挡圈；4—月形圈；5—扭力弹簧；6—护套；
7—垫圈；8—传动套筒；9—缓冲弹簧；10—移动衬套；11—卡簧。

图 7-11 弹簧式离合器的结构

弹簧式离合器具有结构简单、制造工艺简单、成本低等优点，但由于驱动弹簧所需圈数较多，使其轴向尺寸增大。

三、控制装置

控制装置的作用是接通和断开电动机与蓄电池之间的电路。

起动机的控制装置分为直接操纵式和电磁操纵式两种形式。目前，采用电子式起动继电器的电磁操纵式起动机使用得最为广泛。

为了便于大家直观理解，下面以传统汽车采用的机械触点式起动继电器的电磁操作系统为例，介绍其工作过程。QD124 型起动机为电磁操纵式起动机，其接线如图 7-12 所示。

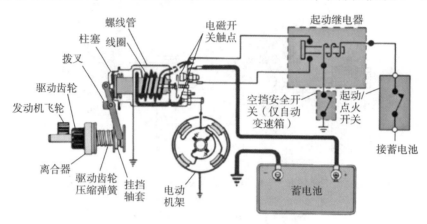

图 7-12　QD124 型起动机控制电路

发动机起动时，将点火开关钥匙旋至起动挡位，起动继电器通电后，吸下可动臂使触点闭合，接通了电磁开关线圈电路，起动机投入工作。发动机起动后，只需松开点火开关钥匙，点火开关自动转回到点火工作挡位，起动继电器线圈断电触点打开，电磁开关也随即断开，起动机停止工作。

利用起动继电器控制电磁开关，能减小通过点火开关起动触点的电流，避免烧蚀触点，延长使用寿命。有些汽车上的起动继电器在改进控制电路以后，还能起到自动停止起动机工作及安全保护的作用。

提示：对于装有自动变速器的车辆，起动机的工作电路还将受到变速器的挡位开关信号的控制，只有在 N 挡（空挡）或 P 挡（停车挡）才允许起动机工作。

随堂测试

1. 起动机的作用就是起动发动机，发动机_____之后，起动机便_____工作。

2. 电力起动系一般由_____、_____、起动继电器、点火开关等组成，起动机安装在汽车发动机_____前端的座孔上。

3. 电动机的作用是将蓄电池输入的电能转换为_____，产生电磁转矩。直流电动机主要由_____、_____、_____等主要部件构成。

4. 起动机的传动机构是起动机的主要组成部件，它包括_____和_____两个部分。离合器的作用是将电动机的电磁转矩传递给发动机使之起动，同时又能在发动机起动后自动_____，保护起动机不致飞散损坏。

| 项目七 发动机点火系与起动系工作过程分析 |

任务实施

任 务 工 单

任务名称：分析发动机起动系的工作过程			
姓名：	班级：	学号：	
任务描述	请你就某一型号车辆绘制发动机起动系工作示意图，并讲解起动系的工作过程		
能力目标	1. 能够向客户在实际车辆上讲解起动系的工作过程、各部件的构造； 2. 树立以客户为中心的理念，增强服务意识； 3. 具有与客户沟通交流的能力； 4. 具备信息搜集和处理的能力		
实施准备	1. 教学用车辆或发动机实验台； 2. 车辆或发动机相关资料； 3. 汇报用纸、笔等		
实施步骤	自主学习	学习相关知识，个人绘制发动机起动系工作示意图或电路示意图	
	小组讨论	以学习小组形式进行讨论，形成小组汇报成果	
	小组汇报	汇报小组成果，并通过角色扮演方式在实际车辆或发动机实验台上向客户讲解起动系工作过程； 按规范做好5S	
自我反思	在专业能力、关键能力等方面的收获或体会：		

项目八

传动系工作过程分析

传动系是汽车底盘的重要组成部分,其功用是将发动机产生的动力传递到驱动车轮。传动系分为手动变速传动和自动变速传动。本项目包括分析手动变速传动工作过程和分析自动变速传动工作过程两个任务。

任务 8-1　分析手动变速传动工作过程

学习内容

1. 离合器的组成与工作过程;
2. 手动变速器的组成与工作过程;
3. 万向传动装置的组成与工作过程;
4. 驱动桥的组成与工作过程。

能力要求

1. 能够向客户在实际车辆上讲解离合器的工作过程、各部件的构造;
2. 能够向客户在实际车辆上讲解手动变速器的工作过程、各部件的构造;
3. 能够向客户在实际车辆上讲解万向传动装置的组成与工作过程;
4. 能够向客户在实际车辆上讲解驱动桥的组成与工作过程;
5. 具有与客户沟通交流的能力;
6. 具备信息搜集和处理的能力。

项目八　传动系工作过程分析

任务引入

通过项目一的学习，我们知道传动系是汽车底盘的重要组成部分，它是从发动机到驱动轮之间的所有动力传递装置的总称。传动系分为手动变速传动和自动变速传动。手动变速传动的主要装置是离合器、手动变速器、万向传动装置、驱动桥。你是否能够做到通过向客户讲解手动变速器车辆的动力传递工作过程来提升客户对汽车的使用和操作水平呢？

任务描述

手动变速的车辆相对自动变速的车辆而言操作起来复杂，操作过程中需要不断手动换挡来完成变速行驶。请你就某一手动挡型号车辆绘制一个该车从发动机到驱动轮的动力传递路线图，并讲解各装置的结构与工作过程，在学习小组或班级里进行交流汇报。

相关知识

汽车传动系是指从发动机到驱动轮之间的所有动力传递装置的总称。基本功用是将发动机发出的动力传给驱动车轮，使汽车以一定速度行驶。它具有减速与变速、实现倒车、中断动力传动、实现驱动车轮差速等功能。手动变速传动系主要包括离合器、手动变速器、万向传动装置、驱动桥。

一、离合器的组成

（一）离合器的功用与分类

1. 功用

离合器由驾驶员操作，根据需要随时切断和接通发动机传给变速器的动力，从而保证了汽车的平稳起步、换挡平顺，同时还可以通过离合器自动打滑来防止传动系过载。

离合器是手动变速汽车传动系中直接与发动机相连接的部件。离合器的具体结构，首先应在保证传递发动机最大转矩的前提下，满足两个基本性能要求：分离彻底、接合柔和。其次，离合器从动部分的转动惯量要尽可能小，还要求离合器散热良好。

2. 分类

离合器可分为摩擦式离合器、液力偶合器和电磁离合器。目前汽车上广泛使用的是摩擦式离合器。摩擦式离合器按摩擦片数目，可分为单片离合器、双片离合器和多片离合器；按压紧弹簧的安装位置和结构不同，可分为周布弹簧离合器、中央弹簧离合器和膜片弹簧离合器。由于膜片弹簧离合器各方面性能优势明显，被广泛应用。

（二）膜片弹簧离合器

1. 膜片弹簧离合器的结构

膜片弹簧离合器的基本结构如图8-1所示。

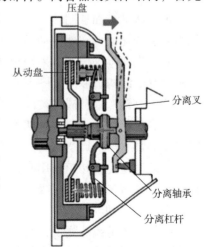

图8-1　膜片弹簧离合器基本结构

膜片弹簧离合器由主动部分、从动部分、压紧机构和操纵机构组成，如图 8-2 所示。

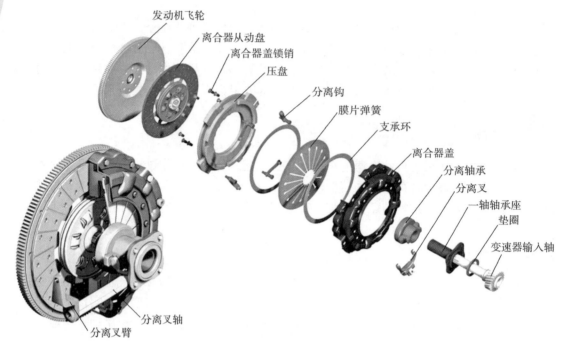

图 8-2　膜片弹簧离合器的结构

（1）主动部分

主动部分由飞轮、离合器盖和压盘组成。离合器盖通过螺栓固定在飞轮上，为了保持安装位置正确，离合器盖通过定位销进行定位。压盘与离合器盖之间通过周向均匀的三组或四组传动片来传递转矩。传动片用弹簧钢片制成，每组两片，一端用铆钉铆在离合器盖上，另一端用螺钉连接在压盘上。

（2）从动部分

包括从动盘和从动轴，从动盘一般都带有扭转减震器。发动机传到传动系的转速和转矩是周期性变化的，它使传动系产生扭转振动，这将使传动系的零部件受到冲击性交变载荷，使寿命下降、零件损坏。采用扭转减震器可以有效地防止传动系的扭转振动。带扭转减震器的从动盘的结构和原理如图 8-3 所示。

从动盘钢片外圆周铆接波浪形弹簧钢片，摩擦衬片分别铆接在弹簧钢片上，从动盘钢片与减震器盘铆接在一起，这两者之间夹有摩擦垫圈和从动盘毂。从动盘毂、从动盘钢片和减震器盘上都有沿圆周均布的六个窗孔，减振弹簧装在窗孔中。

当从动盘受到转矩作用时，转矩从摩擦衬片传到从动盘钢片，再经减振弹簧传给从动盘毂，此时弹簧将被压缩，吸收发动机传来的扭转振动。

（3）压紧机构

压紧机构是膜片弹簧，其径向开有若干切槽，形成弹性杠杆。切槽末端有圆孔，固定铆钉穿过圆孔，并固定在离合器盖上。膜片弹簧两侧装有钢丝支承环，这两个钢丝支承环是膜片弹簧工作时的支点。膜片弹簧的外线通过分离钩与压盘联系起来。

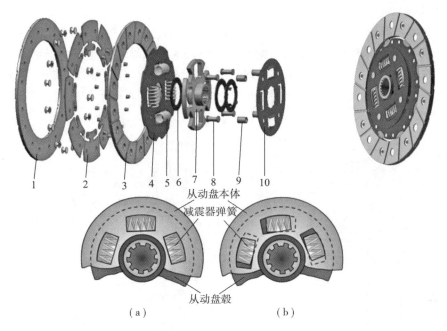

1、3—摩擦衬片；2—波浪形弹簧钢片；4—从动盘钢片；5—减振弹簧；6—摩擦片；
7—从动盘毂；8—止动销；9—衬套；10—减震器盘。

图 8-3 带扭转减震器的从动盘
(a) 不工作时；(b) 工作时

膜片弹簧用优质钢板制成，其形状如图 8-4 所示，其上开有若干个径向切槽，切槽的内端开通，外端为圆孔，在每两切槽之间，钢板形成一个弹性杠杆，称为分离指。膜片弹簧既是压紧弹簧，又是分离杠杆。

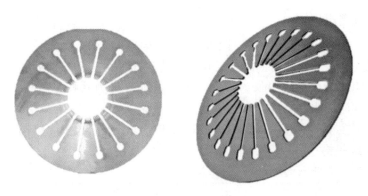

图 8-4 膜片弹簧

(4) 操纵机构

操纵机构由离合器踏板、分离拉杆、调节叉、分离叉、分离套筒、分离轴承、分离杠杆、回位弹簧等组成。

当离合器处于正常接合状态时，分离轴承与分离杠杆之间应留有一定量的间隙，防止从动盘摩擦片磨损变薄时，离合器接合不彻底。因此，为消除这一间隙所需的离合器踏板行程称为离合器踏板自由行程。

2. 工作原理

膜片弹簧离合器的工作原理如图 8－5 所示。当离合器盖通过螺栓固定在飞轮上时，膜片弹簧在支承环处受压产生弹性变形，此时膜片弹簧的外圆周对压盘产生压紧力，使离合器处于接合状态，如图 8－5（a）所示。当踩下离合器踏板时，分离轴承推动膜片弹簧，使膜片弹簧以支承环为支点，其外圆周向后翘起，通过分离钩拉动压盘后移，使离合器分离，如图 8－5（b）所示。

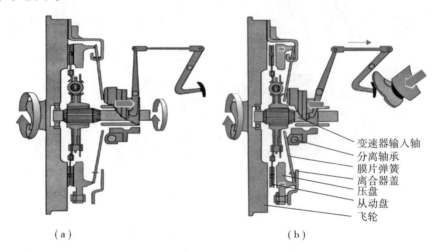

图 8－5　膜片弹簧离合器的工作原理
(a) 离合器接合状态；(b) 离合器分离状态

从上面的介绍中可以看出，膜片弹簧既是压紧弹簧，又是分离杠杆，使结构简化了。另外，膜片弹簧的弹簧特性优于圆柱螺旋弹簧，所以膜片弹簧离合器的应用越来越广泛，在各种车型上都有应用。

（三）离合器操纵机构

按照分离离合器时所需操纵能源的不同，离合器操纵机构分为人力式和助力式。人力式又可以分为机械式和液压式的；助力式又可以分为气压助力式和弹簧助力式。人力式操纵机构是以驾驶员作用在踏板上的力作为唯一的操纵能源。助力式操纵机构除了驾驶员的力以外，一般主要以其他形式的能源作为操纵能源。

下面重点介绍在轿车中应用较多的机械式操纵机构、液压式操纵机构。

1. 机械式操纵机构

机械式操纵机构有杆系传动和绳索传动两种形式。

杆系传动机构如图 8－6 所示。其结构简单，工作可靠，广泛应用于各型汽车上。

绳索传动机构如图 8－7 所示。它可消除杆系传动机构的一些缺点，并能采用便于驾驶员操纵的吊挂式踏板。但绳索寿命较短，拉伸刚度较小，故只适用于轻型、微型汽车和轿车。例如桑塔纳、捷达轿车离合器的操纵机构中就采用了绳索传动机构。

2. 液压式操纵机构

液压式操纵机构的示意图如图 8－8 所示，它主要由主缸、工作缸和管路系统等组成。液压式操纵机构在各类型汽车上应用广泛。

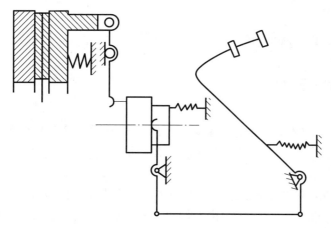

图 8-6 杆系传动机构

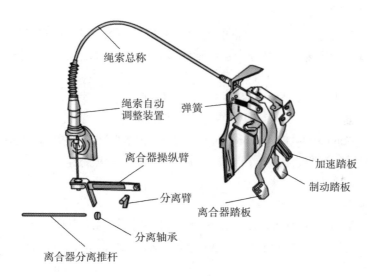

图 8-7 绳索传动机构

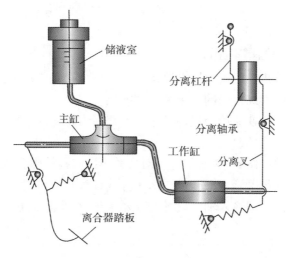

图 8-8 液压式操纵机构示意

二、手动变速器的组成

（一）变速器的主要功用

变速器的主要功用是：

①改变传动比，在较大的范围内改变汽车的行驶速度和汽车驱动轮上转矩的数值，以适应经常变化的行驶条件，同时使发动机在有利的（功率较高而耗油率较低）工况下工作。

②在发动机旋转方向不变的前提下，利用倒挡实现汽车倒向行驶。

③在发动机不熄火的情况下，利用空挡中断动力传递，可以使驾驶员松开离合器踏板离开驾驶位置，并且便于汽车起动、怠速、换挡和动力输出。

（二）变速器的种类

按传动比变化方式的不同，变速器可分为有级式、无级式和综合式三种。

按操纵方式不同，变速器还可分为强制操纵式变速器、自动操纵式变速器和半自动操纵式变速器三种。

按变速器操纵方式，可分为手动变速器、自动变速器和手动自动一体变速器三种。

（1）手动变速器

手动变速器（Manual Transmission，MT）是通过驾驶员用手操纵变速杆来选定挡位，并直接操纵变速器的换挡机构进行挡位变换。齿轮式有级变速器大多数采用这种换挡方式。

（2）自动变速器

自动变速器（Automatic Transmission，AT）的自动控制系统根据发动机的负荷和车速的变化情况自动地选定挡位，并进行挡位变换，即自动地改变传动比。驾驶员只需要操纵加速踏板即可控制车速。

（3）手动自动一体变速器

这种变速器可以自动换挡，也可以手动换挡，比较典型的如奥迪 A6 轿车，上海帕萨特 1.8T 轿车也装有手动自动一体变速器。

（三）普通齿轮传动的基本原理

手动变速器包括变速传动机构和操纵机构两大部分。变速传动机构的主要作用是改变转速和转矩的大小、方向；操纵机构的作用是实现换挡。

现代汽车手动变速器的变速传动机构应用的是普通齿轮变速原理，利用不同齿数的齿轮啮合传动来实现转矩和转速的改变。

齿轮传动的基本原理如图 8-9 所示。一对齿数不同的齿轮啮合传动时，可以实现变速，而且两齿轮的转速比与其齿数成反比。设主动齿轮转速为 n_1，齿数为 z_1，从动齿轮转速为 n_2，齿数为 z_2。主动齿轮（即输入轴）转速与从动齿轮（即输出轴）转速之比称为传动比，用字母 i_{12} 表示。

即由 1 传到 2 的传动比

$$i_{12} = n_1/n_2 = z_2/z_1$$

如图 8-9（a）所示，当小齿轮为主动齿轮带动大齿轮转动时，输出转速降低，即 $n_2 < n_1$，称为减速传动，此时传动比 $i>1$；如图 8-9（b）所示，当大齿轮驱动小齿轮时，输出转速升高，即 $n_2 > n_1$，称为增速传动，此时传动比 $i<1$。汽车变速器就是根据这一原理利用若干大小不同的齿轮副传动而实现变速的。

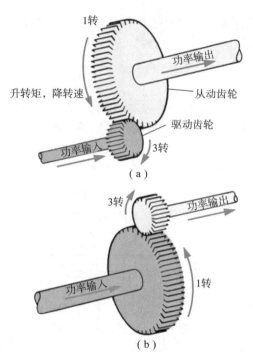

图 8-9 齿轮传动的基本原理
（a）减速传动；（b）增速传动

多级齿轮传动的传动比为

$i =$ 所有从动齿轮齿数的乘积/所有主动齿轮齿数的乘积 = 各级齿轮传动比的乘积

对于变速器，各挡的传动比 i 就是变速器输入轴转速与输出轴转速之比，即

$$i = n_{输入}/n_{输出} = T_{输出}/T_{输入}$$

当 $i>1$ 时，$n_{输出} < n_{输入}$，$T_{输出} > T_{输入}$，此时实现降速增矩，为变速器的低挡位，并且 i 越大，挡位越低；当 $i=1$ 时，$n_{输出} = n_{输入}$，$T_{输出} = T_{输入}$，为变速器的直接挡；当 $i<1$ 时，$n_{输出} > n_{输入}$，$T_{输出} < T_{输入}$，此时实现升速降矩，为变速器的超速挡。

（四）变速器的变速传动机构

变速传动机构是变速器的主体，按工作轴的数量（不包括倒挡轴），可分为二轴式变速器和三轴式变速器。这里主要介绍二轴式变速器。

二轴式变速器用于发动机前置前轮驱动的汽车，一般与驱动桥（前桥）合称为手动变速驱动桥。前置发动机有横向布置和纵向布置两种形式，与其配用的二轴式变速器也有两种不同的结构形式。发动机横置时，主减速器采用一对圆柱齿轮，如图 8-10 所示。发动机纵置时，主减速器为一对圆锥齿轮，如图 8-11 所示。

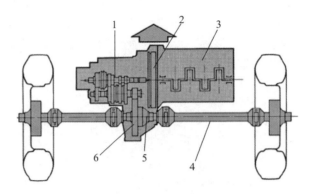

1—变速器；2—离合器；3—发动机；4—带等角速万向节的半轴；5—差速器；6—主减速器。

图8-10 发动机横置的二轴式变速器传动示意

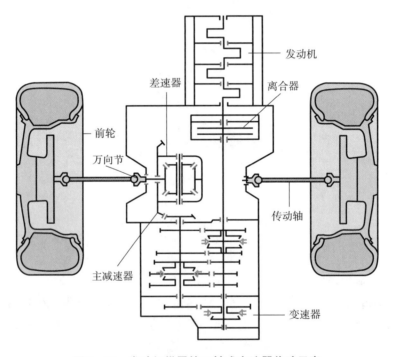

图8-11 发动机纵置的二轴式变速器传动示意

1. 变速器结构

图8-12和图8-13所示分别为桑塔纳轿车二轴式变速器传动机构的结构图和示意图。该发动机为纵向布置。

变速传动机构包括输入轴、输出轴及其上的齿轮。输入轴和输出轴平行布置，输入轴也是离合器的从动轴，输出轴也是主减速器的主动锥齿轮轴。该变速器具有五个前进挡和一个倒挡，全部采用锁环式惯性同步器换挡。输入轴上有一至五挡主动齿轮，其中一、二挡主动齿轮与轴制成一体，三、四、五挡主动齿轮通过滚针轴承空套在轴上。输入轴上还有倒挡主动齿轮，它与轴制成一体。三、四挡同步器和五挡同步器也装在输入轴上。输出轴上有一至

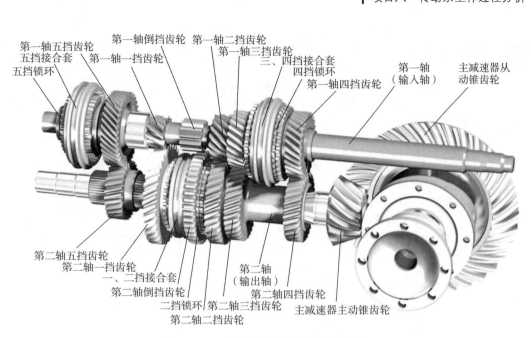

图 8-12 二轴式变速器传动机构的结构

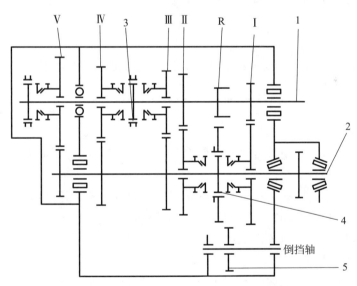

1—输入轴；2—输出轴；3—三、四挡同步器；4——一、二挡同步器；5—倒挡中间齿轮；
Ⅰ——挡齿轮；Ⅱ—二挡齿轮；Ⅲ—三挡齿轮；Ⅳ—四挡齿轮；Ⅴ—五挡齿轮；R—倒挡齿轮。

图 8-13 二轴式变速器传动机构的示意

五挡从动齿轮，其中一、二挡从动齿轮通过滚针轴承空套在轴上，三、四、五挡齿轮通过花键套装在轴上。一、二挡同步器也装在输出轴上。在变速器壳体的右端还装有倒挡轴，上面通过滚针轴承套装有倒挡中间齿轮。

2. 各挡动力传动路线

各挡动力传动路线见表 8-1（参见图 8-13）。

表 8-1 桑塔纳 2000 轿车变速器动力传动路线

挡位	动力传递路线
一	变速器操纵杆从空挡向左、向前移动,实现: 动力→输入轴→输入轴一挡齿轮→输出轴一挡齿轮→输出轴上一、二挡同步器→输出轴→动力输出
二	变速器操纵杆从空挡向左、向后移动,实现: 动力→输入轴→输入轴二挡齿轮→输出轴二挡齿轮→输出轴上一、二挡同步器→输出轴→动力输出
三	变速器操纵杆从空挡向前移动,实现: 动力→输入轴→输入轴三、四挡同步器→输入轴三挡齿轮→输出轴三挡齿轮→输出轴→动力输出
四	变速器操纵杆从空挡向后移动,实现: 动力→输入轴→输入轴三、四挡同步器→输入轴四挡齿轮→输出轴四挡齿轮→输出轴→动力输出
五	变速器操纵杆从空挡向右、向前移动,实现: 动力→输入轴→输入轴五挡同步器→输入轴五挡齿轮→输出轴五挡齿轮→输出轴→动力输出
倒	变速器换挡操纵杆从空挡向右、向后移动,实现: 动力→输入轴→输入轴倒挡齿轮→倒挡轴倒挡齿轮→输出轴倒挡齿轮→输出轴→动力反向输出

(六) 同步器

同步器的作用是换挡时使接合套与待啮合的齿圈迅速同步,以缩短换挡时间,防止待啮合的齿轮产生轮齿冲击。

同步器有常压式、惯性式、自行增力式等种类。目前广泛采用的同步器几乎都是摩擦式惯性同步器。按锁止装置不同,可分为锁环式惯性同步器和锁销式惯性同步器。这里以锁环式同步器为例,介绍其结构与工作原理。

1. 锁环式惯性同步器

锁环式惯性同步器的结构如图 8-14 所示。花键毂用内花键套装在二轴外花键上,用垫圈、卡环轴向定位。花键毂两端与第一轴齿轮及第二轴齿轮之间各有一个青铜制成的锁环(即同步环)。锁环上有短花键齿圈,其花键的尺寸和齿数与第一轴齿轮及第二轴齿轮的外花键齿相同。两个齿轮和锁环上的花键齿在靠近接合套的一端都有倒角(锁止角 β),并且与接合套齿端的倒角相同。锁环有内锥面,与两齿轮的外锥面锥角相同,锥角为 α。在锁环内锥面上制有细密的螺纹(或直槽),当锥面接触后,它能及时破坏油膜,增加锥面间的摩擦力。锁环内锥面摩擦副称为摩擦件,外沿带倒角的齿圈是锁止件,锁环上还有三个均布的缺口。三个滑块分别装在花键毂上三个均布的轴向槽内,沿槽可以轴向移动。滑块被两个弹簧圈的径向力压向接合套,滑块中部的凸起部位压嵌在接合套中部的环槽内。滑块和弹簧是推动件。滑块两端伸入锁环的缺口中,滑块窄而缺口宽,两者之差等于锁环的花键齿宽。锁环相对于滑块顺转和逆转都只能转动半个齿宽，并且只有当滑块位于锁环缺口的中央时，接合套与锁环才能接合。

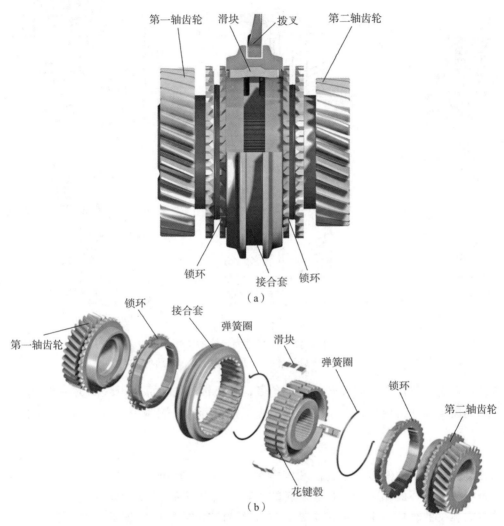

图 8 – 14　锁环式惯性同步器
（a）装配图；（b）分解图

2. 锁环式同步器工作原理

以五挡换六挡为例说明同步器的工作原理，如图 8 – 15 所示。

①空挡位置。

接合套刚从五挡退入空挡时，如图 8 – 15（a）所示，六挡接合齿圈、接合套、锁环及与其有关联的运动件，因惯性作用而沿原方向继续旋转（图示箭头方向）。由于六挡齿轮是高挡齿轮（相对于五挡齿轮来说），所以接合套、锁环的转速低于六挡齿轮的转速。

②挂挡。

欲换入六挡时，驾驶员通过变速杆使拨叉推动接合套连同滑块一起向左移动，如图 8 – 15（b）所示，滑块又推动锁环移向六挡齿轮，使锥面接触。驾驶员作用在接合套上的轴向推力，使两锥面有正压力 N，又因两者有转速差，所以产生摩擦力矩。通过摩擦作用，六挡

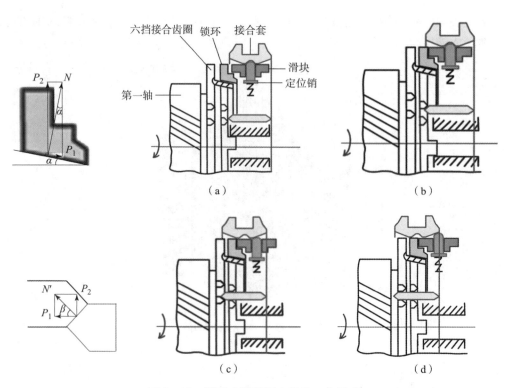

图 8-15 锁环式惯性同步器的工作原理
(a) 空挡位置；(b) 挂挡时；(c) 锁止；(d) 同步啮合

齿轮带动锁环相对于接合套向前转动一个角度，直至锁环缺口靠在滑块的另一侧为止，此时接合套的内齿与锁环的内齿错开了约半个齿宽，接合套的齿端倒角面与锁环的齿端倒角面互相抵住。

③ 锁止。

驾驶员的轴向推力使接合套的齿端倒角面与锁环的齿端倒角面之间产生正压力，从而形成一个企图拨动锁环的相对于接合套反转的力矩，此力矩称为拨环力矩。这样在锁环上同时作用着方向相反的摩擦力矩和拨环力矩，同步器的结构参数可以保证在同步前（存在摩擦力矩）拨环力矩始终小于摩擦力矩，所以，在同步之前，无论驾驶员施加多大的操纵力，都不会挂上挡，即产生锁止作用，如图 8-15 (c) 所示。

④ 同步啮合。

随着驾驶员施加于接合套上的推力加大，摩擦力矩不断增加，使六挡齿轮的转速迅速降低。当六挡齿轮、接合套和锁环达到同步时，作用在锁环上的摩擦力矩消失。此时在拨环力矩的作用下，锁环、六挡齿轮及与之相连的各零件都相对于接合套反转一个角度，滑块便处于锁环缺口的中央，键齿不再抵触，锁环的锁止作用消除。接合套压下弹簧圈继续左移（滑块脱离接合套的内环槽而不能左移），与锁环的花键齿圈进入啮合，进而再与六挡接合齿圈进入啮合，如图 8-15 (d) 所示，从而换入六挡。

锁环式同步器尺寸小、结构紧凑、摩擦力矩也小，多用于轿车和轻型车辆。

锁销式惯性同步器的工作原理与锁环式惯性同步器的类似。

(七) 变速器操纵机构

变速器操纵机构的功用是根据汽车使用条件，保证驾驶员能准确、可靠地使变速器挂入所需要的任一挡工作，并可随时使之退到空挡。

变速器操纵机构按照变速操纵杆（变速杆）位置的不同，可分为直接操纵式和远距离操纵式两种类型。

(1) 直接操纵式

直接操纵式的变速器布置在驾驶员座椅附近，变速杆由驾驶室底板伸出，驾驶员可以直接操纵，如图 8-16 所示。多用于发动机前置后轮驱动的车辆。

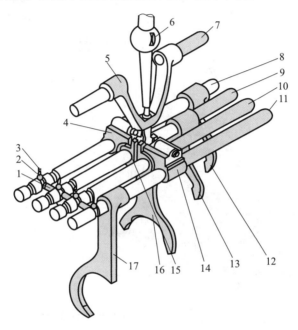

1—互锁销；2—自锁钢球；3—自锁弹簧；4—倒挡拨块；5—叉形拨杆；6—变速杆；7—换挡轴；8—倒挡拨叉轴；9——、二挡拨叉轴；10—三、四挡拨叉轴；11—五、六挡拨叉轴；12—倒挡拨叉；13——、二挡拨叉；14—五、六挡拨块；15——、二挡拨块；16—三、四挡拨叉；17—五、六挡拨叉。

图 8-16 中型货车六挡变速器直接操纵式操纵机构

拨叉轴 11、10、9 和 8 的两端均支承于变速器盖的相应孔中，可以轴向滑动。所有的拨叉和拨块都以弹性销固定于相应的拨叉轴上。三、四挡拨叉 16 的上端具有拨块。拨叉 16 和拨块 15、14、4 的顶部制有凹槽。变速器处于空挡时，各凹槽在横向平面内对齐，叉形拨杆 5 下端的球头即伸入这些凹槽中。选挡时，可使变速杆绕其中部球形支点横向摆动，则其下端推动叉形拨杆 5 绕换挡轴 7 的轴线摆动，从而使叉形拨杆下端球头对准与所选挡位对应的拨块凹槽，然后使变速杆纵向摆动，带动拨叉轴及拨叉向前或向后移动，即可实现挂挡。例如，横向摆动变速杆使叉形拨杆下端球头深入拨块 15 顶部凹槽中，拨块 15 连同拨叉轴 9 和拨叉 13 沿纵向向前移动一定距离，便可挂入二挡；若向后移动一段距离，则挂入一挡。当使叉形拨杆下端球头深入拨块 4 的凹槽中，并使其向前移动一段距离时，便挂入倒挡。

(2) 远距离操纵式

在有些汽车上，由于变速器离驾驶员座位较远，则需要在变速杆与拨叉之间加装一些辅助杠杆或一套传动机构,构成远距离操纵机构,如图 8-17 所示。这种操纵机构多用于发动机前置前轮驱动的轿车。

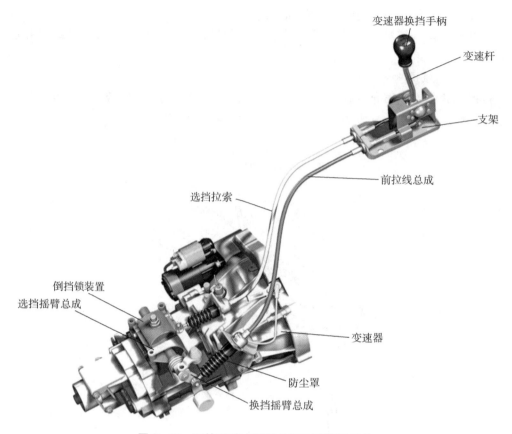

图 8-17 五挡手动变速器的远距离操纵机构

为了保证变速器在任何情况下都能准确、安全、可靠地工作,变速器操纵机构一般都具有换挡锁装置。换挡锁装置包括自锁装置、互锁装置和倒挡锁装置。

(1) 自锁装置

自锁装置用于防止变速器自动脱挡或挂挡,并保证轮齿以全齿宽啮合。大多数变速器的自锁装置都是采用自锁钢球对拨叉轴进行轴向定位锁止的。如图 8-18 所示,在变速器盖中钻有三个深孔,孔中装入自锁钢球和自锁弹簧,其位置正处于拨叉轴的正上方,每根拨叉轴对着钢球的表面沿轴向设有三个凹槽,槽的深度小于钢球的半径。中间的凹槽对正钢球时为空挡位置,前边或后边的凹槽对正钢球时,则处于某一工作挡位置,相邻凹槽之间的距离保证齿轮处于全齿长啮合或是完全退出啮合。凹槽对正钢球时,钢球便在自锁弹簧的压力作用下嵌入该凹槽内,拨叉轴的轴向位置便被固定,不能自行挂挡或自行脱挡。当需要换挡时,驾驶员通过变速杆对拨叉轴施加一定的轴向力,克服自锁弹簧的压力而将自锁钢球从拨叉轴凹槽中挤出并推回孔中,拨叉轴便可滑过钢球进行轴向移动,并带动拨叉及相应的接合套或滑动齿轮轴向移动,当拨叉轴移至其另一凹槽与钢球相对正时,钢球又被压入凹槽,驾驶员具有很强的手感,此时拨叉所带动的接合套或滑动齿轮便被拨入空挡或被拨入另一工作挡位。

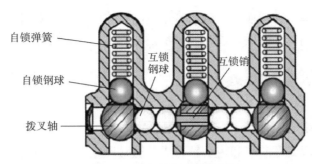

图 8-18 自锁和互锁装置

(2) 互锁装置

互锁装置用于防止同时挂上两个挡位。如图 8-19 所示，互锁装置由互锁钢球和互锁销组成。

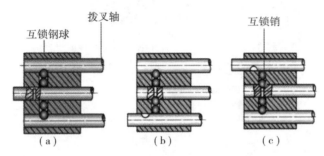

图 8-19 互锁装置工作示意图
(a) 中间拨叉轴移动时；(b) 下方拨叉轴移动时；(c) 上方拨叉轴移动时

当变速器处于空挡时，所有拨叉轴的侧面凹槽同互锁钢球、互锁销都在一条直线上。当移动中间拨叉轴时，如图 8-19 (a) 所示，轴两侧的内钢球从其侧凹槽中被挤出，而两外钢球则分别嵌入上方拨叉轴和下方拨叉轴的侧面凹槽中，因而将上、下两拨叉轴刚性地锁止在其空挡位置。若欲移动下方拨叉轴，则应先将中间拨叉轴退回到空挡位置。于是在移动下方拨叉轴时，钢球便从下方拨叉轴的凹槽中被挤出，同时通过互锁销和其他钢球将中间拨叉轴和上方拨叉轴均锁止在空挡位置，如图 8-19 (b) 所示。同理，当移动上方拨叉轴时，则中间拨叉轴和下方拨叉轴被锁止在空挡位置，如图 8-19 (c) 所示。由此可知，互锁装置工作的机理是当驾驶员用变速杆推动某一拨叉轴时，即可自动锁止其余的拨叉轴，从而防止同时挂上两个挡位。

倒挡锁装置用于防止误挂倒挡。图 8-20 所示为常见的锁销式倒挡锁装置。当驾驶员想挂倒挡时，必须用较大的力使变速杆下端倒挡锁弹簧将锁销推入锁销孔内，才能使变速杆下

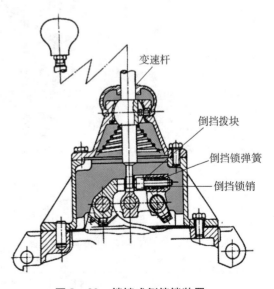

图 8-20 锁销式倒挡锁装置

端进入倒挡拨块的凹槽中进行换挡。由此可见，倒挡锁的作用是使驾驶员必须对变速杆施加更大的力，才能挂入倒挡，因而可以起到警示注意作用，以防误挂倒挡。

三、万向传动装置的组成

（一）万向传动装置的组成、功用及其应用

万向传动装置一般由万向节和传动轴组成，有时还要加装中间支承。

万向传动装置用来实现变角度的动力传递，其在汽车上的应用如图 8-21 所示。

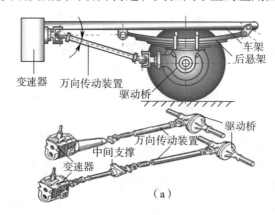

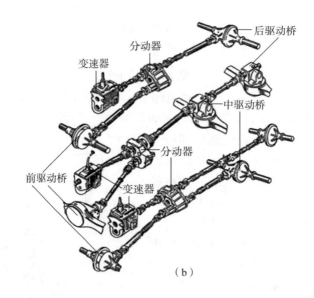

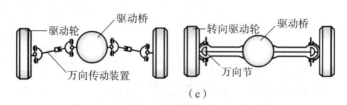

图 8-21　万向传动装置在汽车上的应用

（a）变速器与驱动桥之间；（b）变速器、分动器与驱动桥之间；（c）驱动桥与驱动轮之间

①用于变速器与驱动桥之间。
②用于变速器、分动器与驱动桥之间。
③用于驱动桥与驱动轮之间。

此外，在发动机与变速器之间及汽车的转向操纵机构中，也会用到万向传动装置。

（二）万向节

万向节是万向传动装置中实现变角度传动的主要部件，按其在扭转方向上是否有明显的弹性，可以分为刚性万向节和挠性万向节。

刚性万向节是靠零件的铰链式连接传递动力的，可分为不等速万向节（十字轴式）、准等速万向节（双联式、三销轴式等）和等速万向节（球笼式、球叉式等）。

挠性万向节的特点是其传力组件采用夹布橡胶盘、橡胶块、橡胶环等弹性组件，从而保证在相交两轴间不发生机械干涉。由于弹性组件变形量有限，故挠性万向节一般用于夹角较小（3°~5°）的两轴间和有微量轴向位移的传动场合。例如，安装在车架上的两个部件（发动机和变速器或者变速器与分动器）之间，可使装配方便，不需轴线严格对正，并能消除工作中车架变形对传动的不利影响。

1. 十字轴式刚性万向节

十字轴式刚性万向节在汽车传动系中应用最为广泛，它允许相邻两轴的最大交角为15°~20°。它一般由一个十字轴、两个万向节叉和四个滚针轴承等机件组成。

十字轴式刚性万向节如图8-22所示。万向节叉与前传动轴后端凸缘盘用四个螺栓相连接。两个万向节的两对孔通过四个滚针轴承（由滚针和套筒组成）分别与十字轴的两对轴颈相铰接。这样，当主动轴转动时，从动轴既可随之转动，又可绕十字轴中心在任意方向摆动。为了防止轴承在离心力的作用下被甩出，万向节叉上用螺钉固定轴承盖，并用锁片锁紧，以可靠防松。为了润滑轴承，十字轴做成中空的，并开有润滑油道通向轴颈。

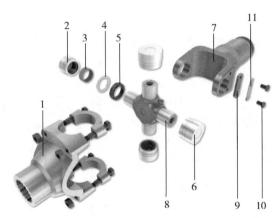

1、7—万向节叉；2—套筒；3—滚针；4—挡圈；5—油封；6—滚针轴承；
8—十字轴；9—轴承盖；10—螺钉；11—锁片。

图8-22 十字轴式刚性万向节

由于刚性万向节结构简单，传动效率较高，因此应用较广泛。其不足之处是单个万向节在输入轴和输出轴之间有夹角的情况下，其两轴的角速度不相等，这就是单个万向节的不等速性。

下面分析一下单个十字轴式刚性万向节在有夹角时传动的不等速性。

①当主动叉在垂直位置，十字轴平面与主动轴相垂直时，如图8-23（a）所示，十字轴上A点的瞬时圆周速度v_A可由主动叉的角速度ω_1与从动叉的角速度ω_2求出：

$$v_A = \omega_1 r = \omega_2 r \cos\alpha$$

所以

$$\omega_1 = \omega_2 \cos\alpha$$

此时$\omega_1 < \omega_2$，即从动轴的转速大于主动轴的转速。

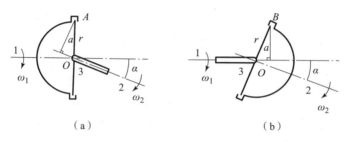

（a）　　　　　　　　　（b）

1—主动叉；2—从动叉；3—十字轴；r—十字轴旋转半径（r = OA = OB）。

图8-23　十字轴式刚性万向节角速度分析

②当主动叉转到水平位置，十字轴平面与从动轴相垂直时，如图8-23（b）所示，十字轴上B点的瞬时圆周速度v_B可由下式求出：

$$v_B = \omega_1 r \cos\alpha = \omega_2 r$$

所以

$$\omega_2 = \omega_1 \cos\alpha$$

此时$\omega_1 > \omega_2$，即从动轴的转速小于主动轴的转速。

由上面两个位置的角速度分析可见，若主动叉从0°开始以ω_1匀速转动，从动叉角速度ω_2的变化则由快到慢；当主动叉转过90°后，从动叉ω_2又由慢变快，即主动叉每转过半圈，从动叉的角速度变化一个周期。

由前述转角关系可以看出，当主动叉每转过90°时，从动叉也刚好转过相同的角度。当只从0°转到90°时，从动轴转角相对于主动轴转角是超前的，即$\varphi_2 > \varphi_1$，并且两角差在$\varphi_1 = 45°$时达到最大，随后开始减小。而当φ_1从90°到180°时，从动轴转角是滞后的，即$\varphi_2 < \varphi_1$，并且两角差在$\varphi_1 = 135°$时达到最大值。后半圈与前半圈情况相同。这一周期性变化情况可以由（$\varphi_1 - \varphi_2$）随φ_1的变化曲线图看出，如图8-24所示。

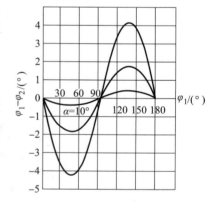

图8-24　十字轴式刚性万向节不等速特性曲线

如图8-25所示，第一万向节两轴间夹角α_1与第二万向节两轴间夹角α_2相等，即$\alpha_1 = \alpha_2$；传动轴两端的两个万向节叉（即第一万向节的从动叉与第二万向节的主动叉）在同一平面内。

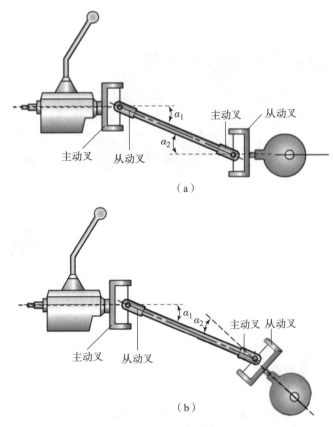

图 8-25 双万向节等速传动布置
(a) 平行排列；(b) 等腰式排列

2. 等速万向节

等速万向节的基本原理是从结构上保证万向节在工作中，其传力点始终位于两轴交角的平分面上。图 8-26 所示为一对大小相同的锥齿轮传动示意图。两齿轮的接触点 P 位于两齿轮轴线交角 α 的平分面上，由 P 点到两轴的垂直距离都等于 r。在 P 点处，两齿轮的圆周速度是相等的，即两齿轮旋转角速度也相同。若万向节在工作中，其传力点始终在两轴夹角的平分面上，那么这种万向节就是等速万向节。

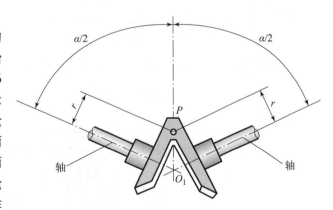

图 8-26 锥齿轮传动示意

汽车上应用较广泛的等速万向节有球笼式、球叉式及组合式。

球笼式等速万向节如图 8-27 所示。主要由六个钢球、星形套、球形壳和保持架（球笼）组成。星形套以其内花键与主动轴连接，传力钢球分别位于六条由星形套和球形壳形成的凹槽内，由保持架保持在同一平面内。动力由主动轴输入，经钢球和球形壳输出。

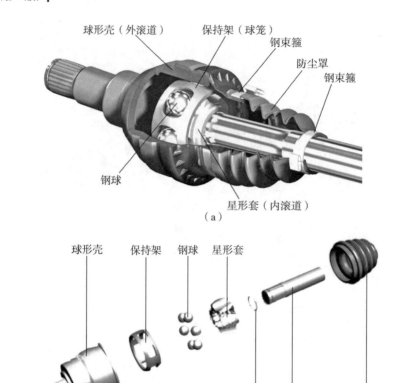

图 8-27 球笼式等速万向节
（a）结构图；（b）零件分解图

球笼式等速万向节传动原理如图 8-28 所示。外滚道的中心 A 与内滚道的中心 B 分别位于万向节中心 O 的两侧，并且到 O 点的距离也相等。钢球中心 C 到 A、B 两点的距离也相等。保持架的内、外球面，内环的外球面和外环的内球面均以万向节中心为球心。当两轴交角变化时，保持架可沿内、外球面滑动，以保持六个钢球在同一平面内。由于 $OA=OB$，$CA=CB$，

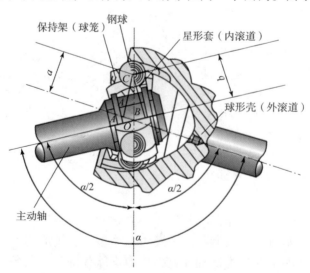

图 8-28 球笼式等速万向节传动原理

CO 是公共边，则三角形 COA 与三角形 COB 为全等三角形，故 $\angle COA = \angle COB$，即传力钢球 C 始终位于 α 角的角平分面上，确保了钢球中心到主动轴与从动轴的距离 a 和 b 始终相等，从而使主动轴和从动轴以相等的角速度旋转。

球笼式万向节中六个钢球都传力，它们受力均匀，承载能力强，可允许两轴最大夹角为 42°，在各种轿车上多采用这种万向节。

（三）传动轴

传动轴的作用是把变速器的转矩传递到驱动桥上。

发动机前置前驱动轿车传动轴总成如图 8-29 所示。传动轴广泛采用管式结构，它用料少、质量小，在转向驱动桥、断开式驱动桥或微型汽车的万向传动装置中，常把传动轴制成实心轴。

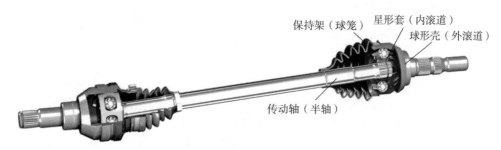

图 8-29 发动机前置前驱动轿车传动轴总成

传动轴在高速旋转时，由于离心力作用，将产生剧烈振动，因此，当传动轴与万向节装配后，必须满足动平衡要求。载货汽车传动轴如图 8-30 所示，中间传动轴上的平衡片即是动平衡用的零件。平衡后，在万向节滑动叉与传动轴上刻有装配位置标记，以便拆卸后重新安装时保持二者的相对角位置不变。传动轴过长时，自振频率较低，易产生共振。通常将传动轴分成两段并加中间支承。前段称为中间传动轴，后段称为主传动轴。

传动轴分段时，须加中间支承。通常中间支承安装在车架横梁上。中间支承应能补偿传动轴轴向和角度方向的安装误差，以及车辆行驶过程中由于发动机窜动或车架等变形所引起的位移。

四、驱动桥的组成

（一）功用、组成与分类

1. 功用

驱动桥的功用是将万向传动装置传来的发动机动力经降速增矩改变传动方向后，分配给左、右驱动轮，并且允许左、右驱动轮以不同转速旋转。

2. 组成

如图 8-31 所示，驱动桥通常由主减速器、差速器、半轴和驱动桥壳等组成。主减速器可降速增矩，并可改变发动机转矩的传递方向，以适应汽车的行驶方向。差速器可保证左、右驱动轮以不同的转速旋转。半轴把转矩从差速器传到驱动轮。桥壳支承汽车的部分质量，承受驱动轮上的各种力及力矩，并起到保护主减速器、差速器和半轴的作用。

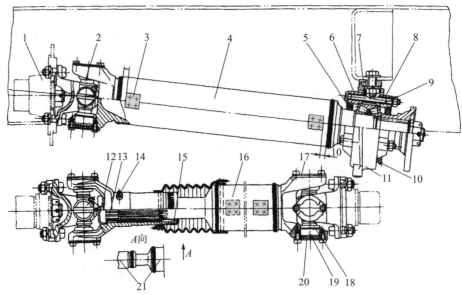

1—凸缘叉；2—万向节十字轴；3—平衡片；4—中间传动轴；5、15—油封；6—中间支承前盖；7—橡胶垫环；
8—中间支承后盖；9—圆锥滚子轴承；10、14—注油嘴；11—支架；12—堵盖；13—万向节滑动叉；
16—主传动轴；17—锁片；18—滚针轴承油封；19—万向节滚针轴承；20—滚针轴承轴承盖；21—装配位置标记。

图 8-30　载货汽车传动轴

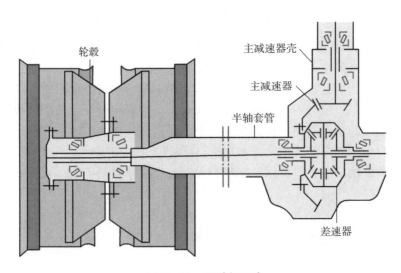

图 8-31　驱动桥示意

3. 种类

按驱动轮与桥壳的连接关系，驱动桥分为非断开式驱动桥和断开式驱动桥两种。

（1）非断开式驱动桥

非断开式驱动桥的整个车桥通过弹性悬架与车架相连，桥壳是刚性整体结构，如图 8-31 所示，两根半轴和驱动轮在横向平面内无相对运动。载货汽车多采用非断开式驱动桥。

（2）断开式驱动桥

一些轿车或越野汽车为了提高汽车行驶的平顺性或通过性，在它们的全部或部分驱动轮上采用独立悬架，即两侧驱动轮分别用弹性悬架与车架相连，两驱动轮彼此可独立地相对车架或车身上下跳动。主减速器固定在车架或车身上,驱动桥壳制成分段,并以铰链方式相连,同时,半轴也分段,并且各段之间用万向节连接,如图 8-32 所示。

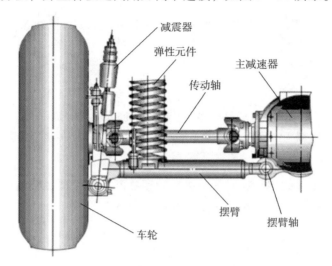

图 8-32 断开式驱动桥

(二)主减速器

主减速器的功用是将输入的转矩增大并相应降低转速,并可根据需要改变转矩的方向。

主减速器的种类繁多,有单级式和双级式,有单速式和双速式,还有贯通式和轮边式等。

1. 单级主减速器

单级主减速器只有一对锥齿轮传动,它具有结构简单、质量小、体积小、传动效率高等特点,如图 8-33 所示。

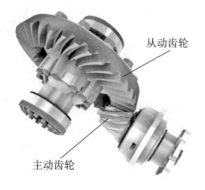

图 8-33 单级主减速器齿轮

双曲面齿轮与螺旋锥齿轮相比,不仅具有工作平稳性更好、轮齿弯曲强度和接触强度大的优点,而且还具有主动齿轮轴线相对从动齿轮轴线偏移的特点,如图 8-34 所示。这一特点在保证汽车离地间隙一定的情况下,可使汽车重心降低,有利于提高汽车行驶的稳定性。这种齿轮传动的缺点是齿面间相对滑动速度较大,需要用特殊的加入防刮伤添加剂的准双曲面齿轮油润滑,不允许用普通齿轮润滑油代替,以防齿面擦伤和磨损,影响寿命。

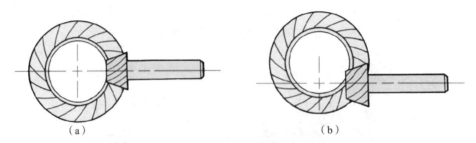

图 8-34　主、从动锥齿轮轴线位置

(a) 螺旋锥齿轮传动，轴线相交；(b) 准双曲面齿轮传动，轴线偏移

2. 双级主减速器

当主减速器要求较大的传动比时，单级主减速器已不能保证足够的离地间隙，这时需要使用由两对齿轮传动的双级主减速器，如图 8-35 所示。

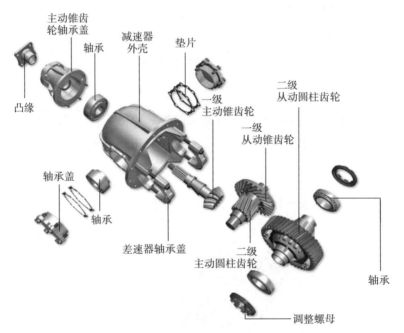

图 8-35　双级主减速器组成

（三）差速器

1. 差速器的功用与种类

差速器的功用是将主减速器传来的动力传给左、右两半轴，并在必要时允许左、右半轴以不同的转速旋转，使左、右驱动车轮相对于地面纯滚动而不是滑动。

当汽车转弯行驶时，内、外两侧车轮中心在同一时间内移过的曲线距离不同，即外侧车轮移过的距离大于内侧车轮，如图 8-36 所示。若两侧车轮都固定在同一刚性轴上，两轮加速

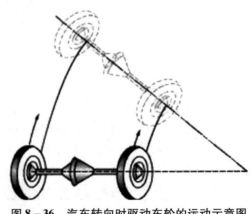

图 8-36　汽车转向时驱动车轮的运动示意图

度相等，则此时外侧车轮必然是边滚动边滑移，内侧车轮必然是边滚动边滑转。

车轮对地面的滑动不仅会加速轮胎的磨损、增加汽车的动力消耗，而且可能导致转向和制动性能的恶化。

多轴驱动的汽车，各驱动桥间由传动轴相连。若各桥的驱动轮均以相同的角速度旋转，同样也会发生与上述轮间无差速器时的类似现象。为使各驱动桥有可能具有不同的输入角速度，以消除各桥驱动轮的滑动现象，可以在驱动桥间设置轴间差速器。

差速器按其工作特性，可分为普通齿轮式差速器和防滑差速器两大类。汽车上应用最广泛的是普通齿轮式差速器。

2. 普通齿轮式差速器的结构

锥齿轮差速器是目前在汽车上应用最广泛的普通齿轮式差速器。图8-37所示为轿车常用的锥齿轮差速器。

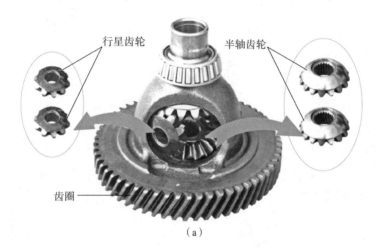

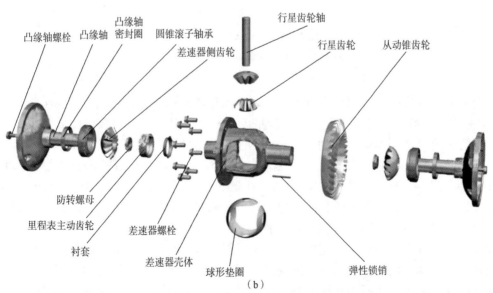

图8-37 轿车常用差速器
(a) 差速器总成；(b) 差速器分解图

差速器由差速器壳、行星齿轮轴、2个行星齿轮、2个半轴齿轮、球形垫圈等组成。行星齿轮轴装入差速器壳体后，用止动销定位。行星齿轮和半轴齿轮的背面制成球面，与球形垫圈相配合，以减摩、耐磨。差速器通过一对圆锥滚子轴承支承在变速器壳体中。

3. 工作原理

来自主减速器的动力传给差速器壳、行星齿轮轴、行星齿轮、半轴齿轮，再经左、右两半轴传至驱动轮。根据左、右两驱动轮遇到阻力的情况不同，差速器可使其等速转动或不等速转动。

差速器工作情况如图8-38所示。

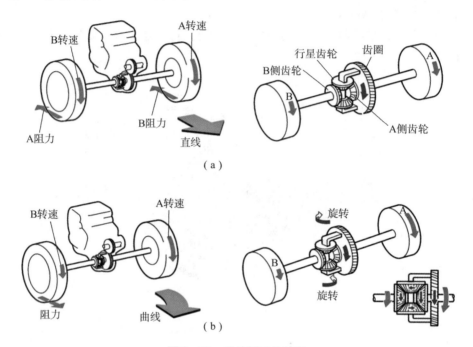

图8-38 差速器工作情况
(a) 差速器不起差速作用；(b) 差速器起差速作用

①汽车沿直线或在平坦道路上行驶时，两驱动轮转速相等，这时两行星齿轮与差速器壳（与主减速器从动齿轮固定）一起旋转，行星齿轮只有公转，没有自转。因此，左、右两侧半轴齿轮的转速与差速器壳（从动齿轮）的转速相同，即差速器不起作用。

②汽车转弯（例如右转弯）时，右驱动轮B（滚动阻力大）行驶路程较短，因而其转速也较A驱动轮慢。此时，行星齿轮除随差速器壳公转外，还绕行星齿轮轴自转。由于行星齿轮的自转，使一侧半轴齿轮转速增加，而另一侧半轴齿轮转速降低，因此，达到汽车转弯时，允许两驱动轮以不同速度旋转的目的。

③若一侧半轴齿轮不动，差速器壳旋转时，行星齿轮将绕本身的轴线旋转并沿不动的一边的半轴齿轮滚动，而另一边的半轴齿轮则以两倍于差速器壳的转速旋转。因此，两个驱动轮转速之和始终等于差速器壳转速的两倍。当差速器壳不动时，若一个车轮旋转，行星齿轮则在原位旋转，并带着另一车轮以相同的转速反方向旋转。

（四）半轴

半轴是差速器与驱动轮之间传递转矩的实心轴，其内端一般通过花键与差速器的半轴齿轮连接，外端以凸缘与驱动轮的轮毂连接，如图8-39所示。根据其支承形式不同，半轴可分为全浮式半轴和半浮式半轴。

1. 全浮式半轴

全浮式半轴广泛应用于载货汽车上，它只传递转矩，不承受任何外力与弯矩。

图8-39 半轴

全浮式半轴支承示意如图8-40所示。这种支承形式的半轴除承受转矩外，两端均不承受任何反力和弯矩，故称为全浮式半轴。所谓浮，是指卸除半轴的弯曲载荷。

全浮式半轴易于拆装。拆装时，只需拧下半轴凸缘上的螺栓即可抽出半轴，而车轮与桥壳照样能支持住汽车，从而给汽车维护带来方便。

2. 半浮式半轴

半浮式半轴除要承受转矩外，外端还要承受车轮传来的全部反力及弯矩，如图8-41所示。这种内端免受弯矩，而外端却承受全部弯矩的半轴，称为半浮式半轴。

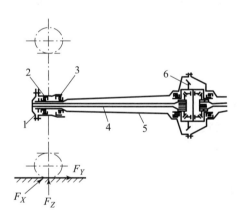

1—半轴凸缘；2—轮毂；3—轮毂轴承；
4—半轴；5—桥壳；6—主减速器从动锥齿轮。

图8-40 全浮式半轴支承示意

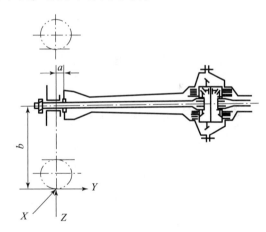

图8-41 半浮式半轴支承示意

半浮式半轴支承结构简单，成本低廉，被广泛用于反力弯矩较小的各类轿车，但这种半轴拆装麻烦，并且行驶中若折断，将发生危险。

（五）桥壳

1. 功用与种类

驱动桥壳用于支承并保护主减速器、差速器和半轴等；与从动桥一起支承车架及其上的各总成重量；并承受汽车行驶时由车轮传来的各种反力及力矩，经悬架传给车架。

驱动桥壳有整体式和分段式两种。

2. 整体式驱动桥壳

整体式驱动桥壳的特点是桥壳与主减速器壳分开制造，二者用螺栓连接在一起。整体式驱动桥壳如图 8-42 所示。半轴套管压入后桥壳中。桥壳上部装有通气塞，保证高温条件下气体畅通。该驱动桥壳为整体铸造桥壳，其刚度大、强度高、易铸造；但质量大、制造质量不易保证。多用于中、重型汽车。整体式驱动桥壳也可用钢板冲压焊接而成。

3. 分段式驱动桥壳

分段式驱动桥壳如图 8-43 所示。它分为左、右两段，由螺栓连成一体。它由主减速器壳、左桥壳、右桥壳、凸缘及垫片等组成。

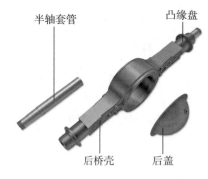

图 8-42 整体式驱动桥壳

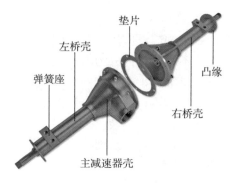

图 8-43 分段式驱动桥壳

分段式驱动桥壳易于铸造，加工简单，但维修时必须将驱动桥整体从车上拆下来。

随堂测试

1. 汽车传动系是指从发动机到_____之间的所有动力传递装置的总称。其基本功用是将发动机发出的动力传给驱动车轮，使汽车以一定速度行驶。具有减速与变速、实现_____、中断动力传动、实现驱动车轮_____等功能。

2. 手动变速传动系主要包括_____、_____、_____、驱动桥。

3. 手动变速器包括变速传动机构和操纵机构两大部分。变速传动机构的主要作用是改变_____的大小、方向；操纵机构的作用是实现_____。

4. 万向传动装置一般由_____和_____组成，有时还要加装中间支承。万向传动装置用来实现_____的动力传递。

5. 主减速器的功用是将输入的转矩_____并相应降低_____，并可根据需要改变_____的方向。主减速器的种类繁多，有_____式和_____式，有单速式和双速式，还有贯通式和轮边式等。

6. 差速器的功用是将_____传来的动力传给_____，并在必要时允许左、右半轴以_____的转速旋转，使左、右驱动车轮相对于地面纯滚动而不是滑动。

项目八 传动系工作过程分析

任务实施

任 务 工 单

任务名称：分析手动变速传动的工作过程			
姓名：		班级：	学号：
任务描述	请你就某一手动挡型号车辆绘制一个该车从发动机到驱动轮的动力传递路线图，并讲解各装置的结构与工作过程，在学习小组或班级里进行交流汇报		
能力目标	1. 能够向客户在实际车辆上讲解离合器的工作过程、各部件的构造； 2. 能够向客户在实际车辆上讲解手动变速器的工作过程、各部件的构造； 3. 能够向客户在实际车辆上讲解万向传动装置的组成与工作过程； 4. 能够向客户在实际车辆上讲解驱动桥的组成与工作过程； 5. 具有与客户沟通交流的能力； 6. 具备信息搜集和处理的能力		
实施准备	1. 教学用手动变速器车辆或手动变速器实验台； 2. 车辆或手动变速器相关资料； 3. 汇报用纸、笔等		
实施步骤	自主学习	学习相关知识，个人绘制手动传动系动力传动路线简图和各大总成结构简图	
	小组讨论	以学习小组形式进行讨论与比较，形成小组汇报成果	
	小组汇报	汇报小组成果，并通过角色扮演方式在实际车辆或底盘实验台上向客户讲解手动传动系的工作过程； 按规范做好5S	
自我反思	在专业能力、关键能力等方面的收获或体会：		

· 223 ·

任务8-2 分析自动变速传动工作过程

 学习内容

1. 自动变速器的种类与优点;
2. 电控液力自动变速器的组成与工作过程;
3. 双离合器式自动变速器的组成与工作过程;
4. 电控机械无级自动变速器的组成与工作过程。

 能力要求

1. 能够向客户在实际车辆上讲解自动变速器的工作过程、各部件的构造;
2. 能够对各形式的自动变速器进行比较分析;
3. 具有与客户沟通交流的能力;
4. 具备信息搜集和处理的能力。

 任务引入

自动变速传动的主要装置由自动变速器、万向传动装置、驱动桥组成。其与手动变速传动相比,最大的区别是由自动变速器代替了离合器与手动变速器。自动变速器虽然结构复杂,成本较高,但车辆驾驶操作简单,深受使用者欢迎。你能够向客户讲解一下不同类型自动变速器的优点与工作过程吗?

 任务描述

自动变速的车辆相对手动变速的车辆而言,操作起来相对简单,操作过程中不需要手动频繁换挡,但变速器的内部结构与工作过程却比较复杂,对车辆的使用维护有着一些特殊要求。请你就不同类型的自动变速器车辆绘制出动力传递路线图,讲解其自动变速的工作过程,在学习小组或班级里进行交流汇报。

 相关知识

 一、自动变速器的种类

现代汽车广泛应用的自动变速器有以下几种。

项目八 传动系工作过程分析

1. 液力自动变速器

液力自动变速器把原来由液压控制完成的功能改由微处理器来完成，实现了由 AT 向 EAT（Electronic-controlled AT）的转变，降低了结构复杂性和制造技术要求，降低了成本，提高了产品适应性。

2. 手动式机械变速器

手动式机械变速器借助于微机控制技术，正在演变为电子计算机控制的机械式自动变速器（Electronic-controlled Mechnical Transmission，EMT 或 Automated Mechnical Transmission，AMT），从而克服了手动操纵的种种弊端。

双离合器式自动变速器是基于手动变速器发展而来的，其工作原理是通过将变速器挡位按奇、偶数分开布置，分别与两个离合器连接，通过切换两个离合器的工作状态，就可以完成换挡动作。双离合器式自动变速器（Dual Clutch Transmission，DCT），也叫直接换挡变速器（Direct Shift Gearbox，DSG）。

3. 无级变速器

无级变速器改由电子控制取代液压控制，实现由 CVT 向 ECVT 的转变，达到简化结构、提高控制精度的目的。

二、电控液力自动变速器

1. 电控液力自动变速器的组成

电控自动变速器主要由液力变矩器、齿轮变速机构、换挡执行机构、液压控制系统和电子控制系统五大部分组成。

（1）液力变矩器

液力变矩器安装在发动机与变速器之间，将发动机转矩传给变速器输入轴。它相当于普通汽车上的离合器，但传递力矩的方式又不同于普通离合器。普通汽车离合器是靠摩擦传递力矩的，而液力变矩器是靠液力来传递力矩的，而且液力变矩器可改变发动机转矩，并能实现无级变速。变矩器是用液力来传递汽车动力的，而液压油的内部摩擦会造成一定的能量损失，因此传动效率较低。为提高汽车的传动效率，减少燃油消耗，现代很多轿车的自动变速器采用一种带锁止离合器的综合式液力变矩器，如图 8-44 所示。

带锁止离合器的液力变矩器的特点是，汽车在变工况下行驶时（如起步、经常加减速），锁止离合器分离，相当于普通液力变矩器；当汽车在稳定工况下行驶时，锁止离合器接合，动力不经液力传动，直接通过机械传动传递，动力传递路线为：发动机→变矩器壳体→锁止离合器压盘→减震器→从动盘→齿轮变速机构输入轴，变矩器效率为 100%。

自动变速器计算机根据车速、节气门开度、发动机转速、变速器液压油温度、操纵手柄位置、控制模式等因素，按照设定的锁止控制程序向锁止电磁阀发出控制信号，操纵锁止控制阀，以改变锁止离合器压盘两侧的油压，从而控制锁止离合器的工作。

当车辆低速行驶时，油液流至锁止离合器的前端。锁止离合器压盘前端与后端的压力相同，使锁止离合器处于分离状态，如图 8-45 所示。这时输入变矩器的动力完全通过 ATF 传至涡轮。

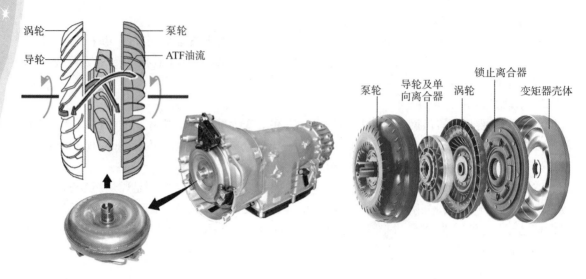

图 8-44 液力变矩器结构及工作示意图

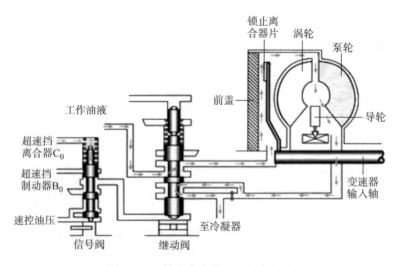

图 8-45 锁止离合器处于分离状态

当车辆在良好道路上以中速至高速（通常>50 km/h）行驶，并且车速、节气门开度、变速器液压油温度等因素符合一定要求时，ATF 流至锁止离合器的后端，这样，使锁止离合器压盘与变矩器壳体一起转动，如图 8-46 所示。这时输入变矩器的动力通过锁止离合器的机械连接，由压盘直接传至涡轮输出，传动效率为 100%。

（2）齿轮变速机构

齿轮变速机构可形成不同的传动比，组合成电控自动变速器不同的挡位。目前绝大多数电控自动变速器采用行星齿轮机构进行变速，但也有个别车型采用普通齿轮机构进行变速（如本田车系）。

①单排行星齿轮机构。如图 8-47 所示，单排行星齿轮机构主要由太阳轮、行星架、齿圈和行星齿轮组成。通常行星齿轮有 3~6 个，通过滚针轴承安装在行星齿轮轴上，行星齿

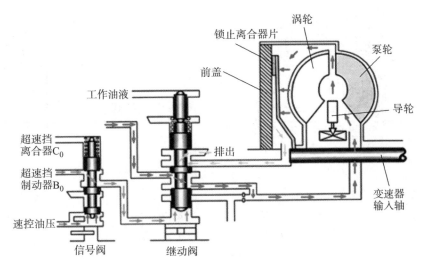

图 8-46 锁止离合器处于接合状态

轮轴均匀地安装在行星架上。行星齿轮机构工作时,行星齿轮除了绕自身轴线的自转外,同时还绕着太阳轮公转。

单排行星齿轮机构运动规律的特征方程式为

$$n_1 + \alpha n_2 - (1+\alpha) n_3 = 0$$

式中,n_1 为太阳轮转速;n_2 为齿圈转速;n_3 为行星架转速;α 为齿圈齿数 Z_2 与太阳轮齿数 Z_1 之比,即 $\alpha = Z_2/Z_1$,且 $\alpha > 1$。

图 8-47 单排行星齿轮机构

②复合式行星齿轮机构。

单排行星齿轮机构所提供的适用传动比数目是有限的,为了获取较多的挡数,可采用两排或多排行星齿轮机构。在现代汽车的自动变速器中,目前广泛采用两种类型的复合式行星齿轮机构:辛普森(Simpson)式和拉维纳(Ravigneaux)式。

辛普森式行星齿轮机构是由两排行星齿轮机构共用一个太阳轮组成的复合式行星齿轮机构,如图 8-48 所示。

该机构中有 4 个换挡执行元件,分别为离合器 C_1、C_2 和制动器 B_1、B_2。离合器 C_1 用于连接输入轴和前后行星排共用太阳轮 2;离合器 C_2 用于连接输入轴和前行星排齿圈 1;制动器 B_1 用于固定前后行星排共用太阳轮 2;制动器 B_2 用于固定后行星排行星架 6。

拉维纳式行星齿轮机构如图 8-49 和图 8-50 所示。它由前面一个单行星轮式行星排和后面一个双行星轮式行星排组合而成。大太阳轮、长行星轮、行星架和齿圈共同组成一个单行星轮式行星排;小太阳轮、短行星轮、长行星轮、行星架和齿圈共同组成一个双行星轮式行星排。

拉维纳式四挡行星齿轮机构的特点是两排齿轮机构用一个齿圈和一个行星架。行星架上的长行星轮与前排行星齿轮机构的大太阳轮啮合,同时与后排行星齿轮机构的短行星轮相啮合。短行星轮还与小太阳轮啮合。该机构可以和 6 个换挡执行元件(离合器 C_1、C_2、C_3,制动器 B_1、B_2,单向离合器 F)组成 4 个前进挡和 1 个倒挡的行星齿轮变速器。其换挡执行元件工作规律见表 8-2。

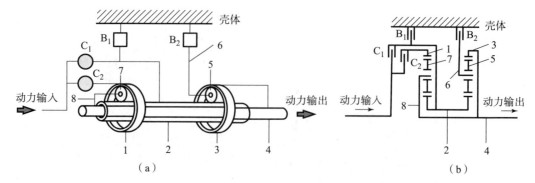

1—前行星排齿圈；2—前后行星排共用太阳轮；3—后行星排齿圈；4—输出轴；5—后行星排行星轮；
6—后行星排行星架；7—前行星排行星轮；8—前行星排行星架；C_1、C_2—离合器；B_1、B_2—制动器。

图8-48 辛普森式行星齿轮机构
（a）示意图；（b）简图

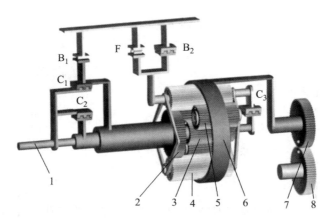

1—输入轴；2—大太阳轮；3—小太阳轮；4—长行星轮；5—短行星轮；6—行星架；
7—输出齿轮；8—主减速器齿轮；C_1—1号离合器；C_2—2号离合器；C_3—3号离合器；
B_1—1号制动器；B_2—2号制动器；F—单向离合器。

图8-49 拉维纳式行星齿轮机构

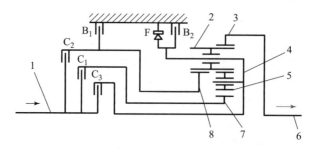

1—输入轴；2—长行星轮；3—齿圈；4—行星架；5—短行星轮；6—输出轴；
7—小太阳轮；8—大太阳轮；C_1、C_2、C_3—离合器；B_1、B_2—制动器；F—单向离合器。

图8-50 拉维纳式四挡行星齿轮机构的结构示意图

表 8-2　拉维纳式四挡行星齿轮变速器换挡执行元件工作规律

操纵手柄位置	挡位	执行元件工作规律					
		C_1	C_2	C_3	B_1	B_2	F_1
D 位	1 挡	●					●
	2 挡	●			●		
	3 挡	●		●			
	4 挡			●	●		
1 位	1 挡	●				●	
R 位	倒挡		●			●	
注：●表示接合、制动或锁止。							

拉维纳式行星齿轮机构结构紧凑，所用构件少，并且由于相互啮合的齿较多，故可传递较大的转矩，所以在许多轿车的自动变速器中采用这种结构。例如，丰田威驰 U540E 型、捷达 O1M 型四挡行星齿轮变速器都采用了这种形式。

(3) 换挡执行机构

电控液力自动变速器的换挡执行机构包括离合器和制动器，如图 8-51 所示。

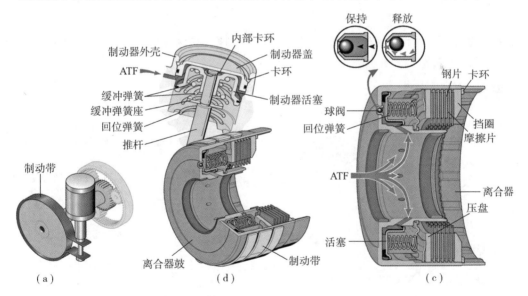

图 8-51　电控液力自动变速器的换挡执行机构

(4) 液压控制系统

电控自动变速器中的液压控制系统主要控制换挡执行机构的工作，由液压泵、各种液压控制阀和液压管路等组成，如图 8-52 所示。

(5) 电子控制系统

电控自动变速器中的电子控制系统与液压控制系统配合使用，通常把它们合称为电液控制系统。电子控制系统主要包括电子控制单元、各类传感器及执行器等。电子控制系统中的传感器及各种控制开关将发动机工况、车速等信号传递给电子控制单元，电子控制单元发出

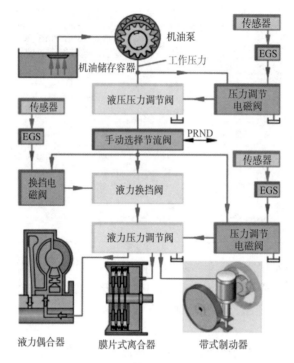

图 8-52 液压控制系统组成

指令给执行器，执行器和液压系统按一定的规律控制换挡执行机构工作，实现电控自动变速器自动换挡，如图 8-53 所示。

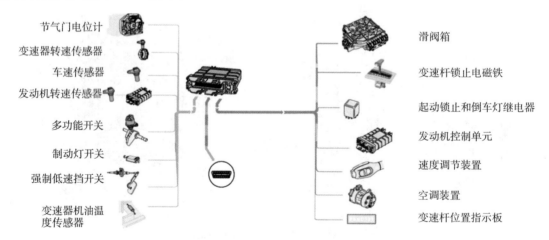

图 8-53 电子控制系统

2. 电控液力自动变速器的控制原理

电控液力自动变速器是通过传感器和开关监测汽车与发动机的运行状态，接受驾驶员的指令，将发动机转速、节气门开度、车速、发动机水温、自动变速器液压油温等参数转变为电信号，并输入电控单元（ECU）；ECU 根据这些信号，按照设定的换挡规律，向换挡电磁阀、油压电磁阀等发出电子控制信号；换挡电磁阀和油压电磁阀再将 ECU 发出的控制信号转变为液压控制信号，阀板中的各个控制阀根据这些液压控制信号，控制换挡执行机构的动作,从而实现自动换挡,如图8-54所示。

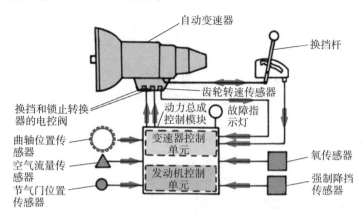

图 8-54 电控液力自动变速器控制原理

3. 电控液力自动变速器挡位介绍

自动变速器换挡元件有按钮式和拉杆式两种类型,驾驶员可以通过其进行挡位选择。按钮式一般布置在仪表板上;拉杆式即换挡操纵手柄,可布置在转向柱上或驾驶室地板上,如图8-55所示。

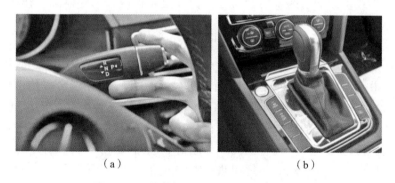

(a)　　　　　　　　　　(b)

图 8-55 换挡操纵手柄在轿车上的布置
(a) 布置在转向柱上;(b) 布置在驾驶室地板上

自动变速器的换挡操纵手柄通常有4~7个位置,如本田车系有7个位置,分别为P、R、N、D4、D3、2、1,丰田车系操纵手柄的位置为P、R、N、D、2、L,日产车系操纵手柄的位置为P、R、N、D、2、1,欧美部分车系操纵手柄的位置为P、R、N、D、S、L和P、R、N、D、3、2、1等。

P挡:停车挡。当换挡操纵手柄置于该位置时,停车锁止机构将变速器输出轴锁止。

R挡:倒挡。操纵杆置于此位,液压系统倒挡油路被接通,驱动轮反转,实现倒挡行驶。

N挡:空挡。此时行星齿轮系统空转,不能输出动力。

发动机只有在换挡操纵手柄位于P或N位时,汽车才能起动,此功能靠空挡起动开关来实现。

D(D4)挡:前进挡。当换挡操纵手柄置于该位置时,液压系统控制装置根据节气门开度信号和车速信号自动接通相应的前进挡油路,行星齿轮系统在执行机构的控制下得到相应的传动比，随着行驶条件的变化，在前进挡中自动升降挡，实现自动变速功能。

3（D3）挡：高速发动机制动挡。操纵手柄位于该位时，液压控制系统只能接通前进挡中的一、二、三挡油路，自动变速器只能在这三个挡位间自动换挡，无法升入四挡，从而使汽车获得发动机制动效果。

2（S）挡：中速发动机制动挡。操纵手柄位于该位时，液压控制系统只能接通前进挡中的一、二挡油路，自动变速器只能在这两个挡位间自动换挡，无法升入更高的挡位，从而使汽车获得发动机制动效果。

L挡（也称1位）：低速发动机制动挡。此时发动机被锁定在前进挡的一挡，只能在该挡位行驶而无法升入高挡，发动机制动效果更强。此挡位多用于山区行驶、上坡加速或下坡时有效地稳定车速等特殊行驶情况，可避免频繁换挡，提高其使用寿命。

"2"和"L"挡又称为闭锁挡，另外有些车型的"3""2""1"或"S"挡也为闭锁挡。

三、双离合器自动变速器

双离合器式自动变速器是基于手动变速器发展而来的，其工作原理是通过将变速器挡位按奇、偶数分开布置，分别与两个离合器连接，通过切换两个离合器的工作状态，就可以完成换挡动作。

大众公司迈腾轿车6挡02E DSG变速器的工作原理如图8-56所示。主要组成有K1、K2两个湿式离合器，以及按奇、偶数挡位分别与两个离合器布置连接的变速器齿轮组。

在图8-57中，1挡、3挡、5挡、R挡与离合器K1连接在一起，2挡、4挡、6挡连接在离合器K2上。当车辆以某一个挡位运行时，下一个即将进入运行的挡位可以始终处于啮合状态；当达到下一个挡位的换挡点时，只需将正处于接合状态的离合器分离，将处于分离状态的离合器接合，即切换两个离合器的工作状态，就可以完成换挡动作。由于在两个离合器的切换过程中只会使发动机动力传递出现一个减弱的过程，而不需要完全切断动力传递，因此，DCT实现的是动力换挡，其换挡过程与AT的换挡过程基本类似。

图8-56 换挡操纵手柄示意图

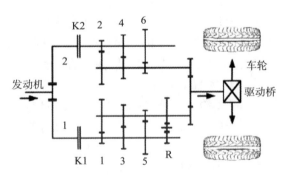

图8-57 大众迈腾轿车6挡02E DSG变速器工作原理图

四、电控机械无级自动变速器

一汽-大众公司生产的奥迪 A6 轿车装备了电控机械无级变速器,其代号为 01J,采用带/链传动。01J 电控机械无级变速器结构简图如图 8-58 所示。

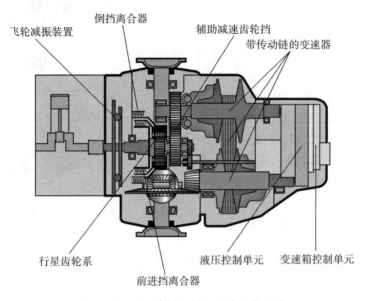

图 8-58　01J 电控机械无级变速器结构

电控机械无级变速器与电控液力传动自动变速器相比,传动效率高,能充分发挥发动机动力,提高整车燃油经济性。从理论上讲,电控机械无级变速器可使发动机始终在经济工况下运行。

01J 电控机械无级变速器的传动简图如图 8-59 所示。发动机动力通过飞轮减振装置或双质量飞轮传递给变速器输入轴,输入轴动力通过行星齿轮机构、一对辅助变速齿轮传动组传递到传动链轮机构,通过传动链轮无级变速后,动力经过主减速器和差速器传递到驱动轮。

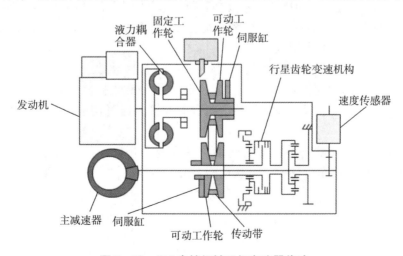

图 8-59　01J 电控机械无级变速器传动

01J 电控机械无级变速器的关键部件是由传动链实现的无级变速器。它可允许变速比在最小变速比和最大变速比之间无级调节。无级变速器由两个带锥面的盘体的主链轮装置（链轮装置1）和副链轮装置（链轮装置2）及工作于两个锥形链轮组之间 V 形槽内的专用传动链组成，传动链是动力传动装置，如图 8 – 60 所示。链轮装置1由发动机通过辅助减速齿轮驱动，发动机转矩通过传动链传递到链轮装置2，并由此传递给主减速器。每个链轮装置中的一个链轮可沿轴向移动，调整传动链的跨度尺寸和改变传动比。两组链轮装置必须同时进行调整，保证传动链轮始终处于张紧状态和有足够的接触传动压力。

行星齿轮传动机构采用一个双行星排，主要作用是实现前进挡和倒挡的转换，不改变传动比。

电子液压控制单元和变速器控制单元集成为一体，位于变速箱壳体内。

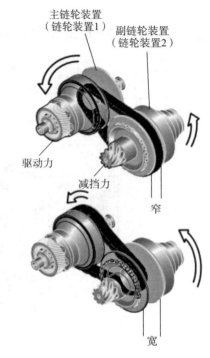

图 8 – 60　01J 电控机械无级变速器传动

随堂测试

1. 电控自动变速器主要由_____、_____、_____、液压控制系统和电子控制系统五大部分组成。

2. 液力变矩器安装在_____与变速器之间，将发动机转矩传给变速器输入轴。它相当于普通汽车上的_____，但在传递力矩的方式上又不同于普通离合器。普通汽车离合器是靠_____传递力矩的，而液力变矩器是靠_____来传递力矩的，而且液力变矩器可改变发动机转矩，并能实现无级变速。

3. 电控自动变速器的电子控制系统主要包括_____、各类_____及_____等。

4. 双离合器式自动变速器是基于_____变速器发展而来的，其工作原理是通过将变速器挡位按_____分开布置，分别与两个离合器连接，通过切换两个离合器的工作状态，就可以完成换挡动作。

5. 电控机械无级变速器与电控液力传动自动变速器相比，传动效率_____，能充分发挥发动机动力，提高整车_____。从理论上讲，电控机械无级变速器可使发动机始终在经济工况下运行。

项目八　传动系工作过程分析

任务实施

任 务 工 单

任务名称：分析自动变速传动的工作过程		
姓名：	班级：	学号：

任务描述	请你就不同类型的自动变速器车辆绘制出动力传递路线图，讲解其自动变速的工作过程，在学习小组或班级里进行交流汇报	
能力目标	1. 能够向客户在实际车辆上讲解自动变速器的工作过程、各部件的构造； 2. 能够对各形式的自动变速器进行比较分析； 3. 具有与客户沟通交流的能力； 4. 具备信息搜集和处理的能力	
实施准备	1. 教学用自动变速器车辆或自动变速器实验台； 2. 自动变速器车辆或自动变速器相关资料； 3. 汇报用纸、笔等	
实施步骤	自主学习	学习相关知识，个人绘制不同类型自动传动系动力传动路线简图
	小组讨论	以学习小组形式进行讨论与比较，形成小组汇报成果
	小组汇报	汇报小组成果，并通过角色扮演方式在实际车辆或自动变速器实验台上向客户讲解自动传动系工作过程； 按规范做好5S
自我反思	在专业能力、关键能力等方面的收获或体会：	

项目九

行驶系工作过程分析

汽车行驶系用于接收发动机经传动系传来的转矩,产生汽车行驶的驱动力。同时,承受汽车重量并传递各种力和力矩,缓和冲击和振动,保证汽车平顺行驶。汽车行驶系一般由车架、车桥、车轮和悬架等部分组成。

本项目包括分析车桥的结构、分析车轮与轮胎的结构及分析悬架的结构与工作过程三个任务。

任务 9-1　分析车桥的结构

学习内容

1. 汽车车桥的种类与功用;
2. 转向桥的结构与工作过程;
3. 转向驱动桥的结构与工作过程;
4. 支持桥的结构与工作过程;
5. 转向轮定位的工作原理。

能力要求

1. 能够向客户在实际车辆上讲解车桥的结构形式及工作过程;
2. 能够向客户讲解转向轮定位的内容与工作原理;

3. 树立以客户为中心的理念，增强服务意识；
4. 具有与客户沟通交流的能力；
5. 具备信息搜集和处理的能力。

任务引入

车桥是汽车行驶系的重要组成部分。汽车行驶时，是由车桥来传递车架（或承载式车身）与车轮之间各方向的作用力及其力矩的，车桥的结构和车轮定位的参数直接影响汽车的操纵性能。你能够就某一车型向客户讲解车桥的结构与工作过程吗？

任务描述

汽车使用过程中，由于种种原因会使转向轮的定位参数发生变化，汽车的操纵性能变差，甚至会影响行车安全。请你就某一型号车辆的车桥绘制一个该车桥结构简图和转向轮定位参数示意图，并讲解其工作过程，在学习小组或班级里进行交流汇报。

相关知识

一、车桥的功用与种类

车桥俗称车轴，它通过悬架和车架（或承载式车身）相连，两端安装车轮，其功用是传递车架（或承载式车身）与车轮之间各方向的作用力及其力矩。

车桥根据悬架结构形式的不同，分为断开式和整体式两种。与独立悬架配合使用的是断开式车桥，为活动关节式结构；而与非独立悬架配合使用的是整体式车桥，其中部是刚性的实心或空心梁。

按照用途的不同，车桥又可分为转向桥、驱动桥、转向驱动桥和支持桥四种类型。一般汽车多以前桥为转向桥，转向桥和支持桥都属于从动桥，而后桥或中、后两桥多为驱动桥；越野汽车和多数轿车的前桥则为转向驱动桥。

二、转向桥

转向桥通常位于汽车前部，能使装在其两端的车轮偏转一定的角度，以实现汽车转向，同时还要承受车架与车轮之间的作用力及其产生的弯矩和转矩。转向桥同样也分为断开式和整体式两种。

1. 断开式转向桥

在轿车和微型客车上通常采用断开式转向桥，它与独立悬架相配置，组成了性能优良的转向桥。由于它有效地减小了非簧载质量，降低了发动机的高度，从而提高了汽车的行驶平顺性和操纵稳定性。

图 9-1 所示为断开式转向桥的结构图。该断开式转向桥（前桥）主要由车轮 1、减震器 2、上支点总成 3、缓冲弹簧 4、转向节 5、大球头销总成 6、横向稳定杆总成 7、左右梯形臂 8 和 13、主转向臂 11、中臂 15、左右横拉杆 10 和 12、悬臂总成 14 等组成。其中有些臂、悬臂为薄钢板焊接结构，主转向臂与中臂是通过螺栓与橡胶衬套连接的，左、右转向梯形臂用大球头销总成 6 与悬臂总成 14 连接。该断开式转向桥和前述转向桥一样，在具有承载传力功能的同时，还应具有实现转向的功能，它与转向器配合，主转向臂 11、中臂 15、纵拉杆 16、左右横拉杆 10 和 12、左右梯形臂 8 和 13 使车轮偏转，以实现汽车转向。

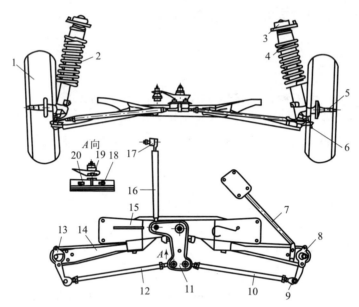

1—车轮；2—减震器；3—上支点总成；4—缓冲弹簧；5—转向节；6—大球头销总成；7—横向稳定杆总成；8—左梯形臂；9—小球销头总成；10—左横拉杆；11—主转向臂；12—右横拉杆；13—右梯形臂；14—悬臂总成；15—中臂；16—纵拉杆；17—纵拉杆球头；18—转向限位螺钉座；19—转向限位杆；20—转向限位螺钉。

图 9-1 断开式转向桥结构

2. 整体式转向桥

载货汽车普遍采用整体式转向桥，其结构基本相同，主要由前轴、转向节、主销等组成，如图 9-2 所示。

（1）前轴

前轴是转向桥的主体，一般由中碳钢经模锻而成。其端面采用工字形断面，以提高抗弯强度；接近两端逐渐过渡为方形，以提高抗扭刚度。中部加工出两处用于支承钢板弹簧的弹簧座，其上钻有四个安装 U 形螺栓（俗称骑马螺栓）的通孔和一个位于中心的钢板弹簧定位凹坑。中部向下弯曲，使发动机位置得以降低，从而降低汽车质心，扩展驾驶员视野，并减小传动轴与变速器输出轴之间的夹角。

（2）转向节

转向节是一个叉形部件。上、下两叉制有同轴销孔，通过主销与前轴相连，使前轮可以绕主销偏转一定角度而使汽车转向。为了减小磨损，转向节销孔内压入青铜衬套，衬套上的润滑油槽在上面端部是切通的，用装在转向节上的油嘴注入润滑脂润滑。为使转向灵活轻

项目九 行驶系工作过程分析

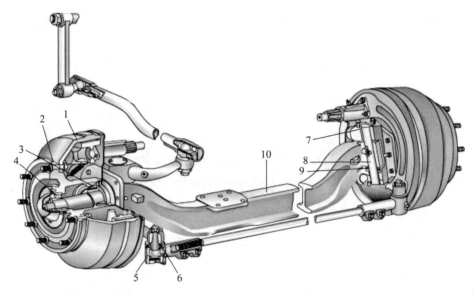

1—制动鼓；2—轮毂；3、4—轮毂轴承；5—转向球头销；
6—油封；7—衬套；8—主销；9—推力轴承；10—前轴。

图 9-2 整体式转向桥结构

便，在转向节下耳与前轴拳部之间装有滚子推力轴承。

（3）主销

主销的作用是铰接前轴及转向节，使转向节绕着主销摆动，以实现车轮的转向。主销的中部切有凹槽，安装时用主销固定螺栓与它上面的凹槽配合，将主销固定在前轴的拳形孔中。主销与转向节上的销孔是间隙配合，以便实现转向。

三、转向驱动桥

前轮驱动汽车和全轮驱动（4WD）汽车的前桥，既起转向桥的作用，又兼起驱动桥的作用，故称为转向驱动桥。

1. 断开式转向驱动桥

轿车普遍采用的是断开式、独立悬架转向驱动桥。图 9-3 所示为典型的轿车前桥总成。

车桥上端通过左、右悬架与承载式车身相连接，下端通过左、右下摆臂与固定在车身上的副车架相连接。悬架车轮轴承壳与下摆臂之间通过可移动球形接头连接，从而使前轮固定，并可通过下摆臂上的长

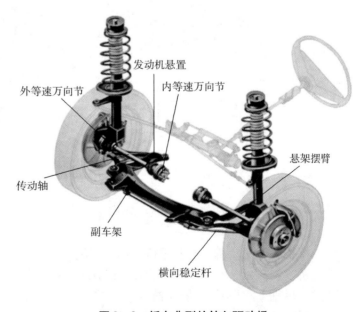

图 9-3 轿车典型的转向驱动桥

孔调整车轮外倾角。为了减小车辆转向时的车身倾斜，在副车架与下摆臂之间还装有横向稳定器。

汽车的动力由主减速器、差速器经传动半轴驱动车轮旋转。传动半轴总成如图9-4所示。

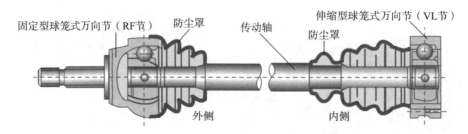

图9-4 传动半轴总成

2. 整体式转向驱动桥

整体式转向驱动桥如图9-5所示。它同一般驱动桥一样，由主减速器、差速器、半轴、半轴套管和主减速器壳等组成。但由于转向时转向车轮需要绕主销偏转一个角度，故与转向轮相连的半轴必须分成内外两段（内半轴和外半轴），其间用万向节（一般多用等角速万向节）连接，同时，主销也因此而分制成两段（或用球头销代替）。转向节轴颈部分做成中空的，以便外半轴穿过其中。

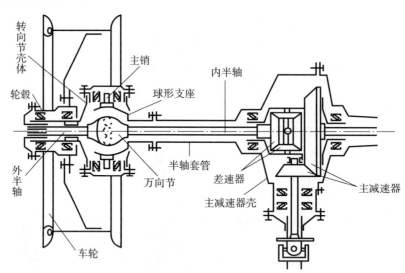

图9-5 整体式转向驱动桥示意

四、支持桥

支持桥属于从动桥。有些单桥驱动的三轴汽车，中桥或后桥是支持桥，挂车上的车桥也是支持桥。图9-6所示为轿车典型后支持桥。这种后支持桥采用的是四连杆式非独立悬架，它主要由后轴1、纵臂2、横向推力杆3、支撑臂4、下端安装于后轴头上的减震器5和套装在减震器上的螺旋弹簧6等部件所组成。后轴两端连接着轮毂轴，其上装有制动器总成。

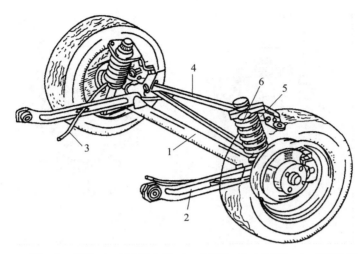

1—后轴；2—纵臂；3—横向推力杆；4—支撑臂；5—减震器；6—螺旋弹簧。

图 9-6 轿车典型后支持桥

五、转向轮定位

为了保证汽车直线行驶的稳定性和操纵的轻便性，减少轮胎和其他机件的磨损，转向轮、转向节和前轴三者与车架的安装应保持一定的相对位置关系，这种安装位置关系称为转向车轮定位，也称前轮定位。

转向轮定位包括前轮外倾、主销后倾、主销内倾及前束四个参数。

对于装有主销的转向桥，汽车转向时，转向车轮会围绕主销轴线偏转，如图 9-7（a）所示。但在大多数断开式转向桥中没有主销，而是采用上、下球头销代替主销，上、下球头销球头中心的连心线相当于主销轴线，如图 9-7（b）所示。

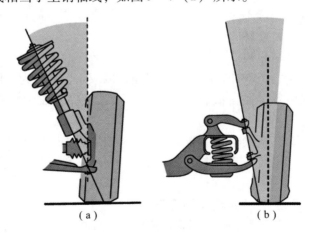

图 9-7 主销的不同形式

1. 主销后倾

主销安装在前轴上，其上端略向后倾斜，这种现象称为主销后倾，如图 9-8 所示。在垂直于汽车支承平面的纵向平面内，主销轴线与汽车支承平面垂线之间的夹角，叫作主销后倾角。

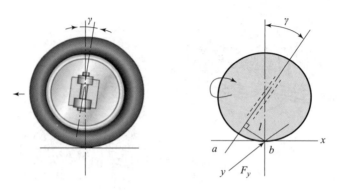

图 9-8 主销后倾

主销后倾的作用是形成回正力矩，保证汽车直线行驶的稳定性，并使汽车转向后回正操纵轻便。

主销后倾，使主销轴线的延长线与地面的交点 a 位于车轮与路面的接触点 b 之前，a、b 两点之间的距离称为主销后倾移距。设 b 点到主销轴线延长线之间的距离为 l，汽车直线行驶时，若转向轮偶然受到外力作用而偏转（图 9-8 中所示为向右偏转），汽车将偏离行驶方向而右转弯。由于汽车本身离心力的作用，在轮胎与路面接触点 b 处将产生一个路面对车轮的侧向反作用力 F_y，由于反作用力 F_y 没有通过主销轴线，因而形成了一个使车轮绕主销轴线旋转的力矩 $F_y l$，其方向正好与车轮偏转方向相反，在力矩作用下，使车轮具有回复到原来中间位置的作用，从而保证了汽车直线行驶的稳定性。同理，在汽车转向后的回正过程中，此力矩具有帮助驾驶员使转向车轮回正的作用，使汽车转向后回正操纵轻便。

主销后倾角越大、车速越高，回正力矩越大，转向轮偏转后自动回正的能力也越强。但主销后倾角也不宜过大，一般不超过 2°~3°，否则，在转向时，为了克服此力矩，驾驶员需在转向盘上施加较大的力，使转向沉重。

此外，有些汽车由于采用超低压轮胎，弹性增加，转向时因轮胎弹性变形而使轮胎与路面的接触点后移，使回正力矩增加，故主销后倾角可以减小，甚至为负值（即主销前倾）。

主销后倾角一般是将前轴连同悬架安装在车架上时，使前轴向后倾斜而形成的。

2. 主销内倾

主销安装在前轴上，其上端略向内侧倾斜，这种现象称为主销内倾。在垂直于汽车支承平面的横向平面内，主销轴线与汽车支承平面垂线之间的夹角 β 称为主销内倾角，如图 9-9 (a) 所示。

如图 9-9 (b) 所示，当转向轮在外力作用下绕主销旋转（为了解释方便，假设旋转 180°，即由图 9-9 (b) 中左边位置转到右边位置）而偏离中间位置时，由于主销内倾，车轮的最低点将陷入路面以下 h 处，即车轮必须将路面压低距离 h 后才能旋转过来，但实际上路面不可能被压低，车轮下边缘不可能陷入路面之下；而是车轮连同整个汽车前部被向上抬起相应高度 h。一旦外力消失，转向轮就会在汽车前部重力作用下力图自动回正到旋转前的中间位置。主销内倾角越大，转向轮偏转角越大，汽车前部就抬起得越高，转向轮自动回正的作用就越大。

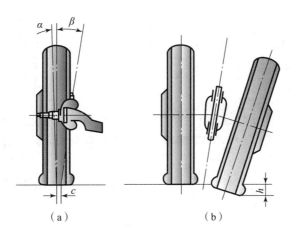

图 9-9 主销内倾

主销内倾角既不宜过大，也不宜太小。主销内倾角一般不大于 8°。

3. 车轮外倾

转向轮安装在转向节上时，其旋转平面上端向外倾斜，这种现象称为转向车轮外倾。车轮旋转平面与垂直于车辆支承面的纵向平面之间的夹角 α 称为车轮外倾角，如图 9-10 所示。

车轮外倾角的作用是提高车轮工作的安全性和转向操纵的轻便性。由于主销与衬套之间、轮毂与轴承等处都存在着装配间隙，若空车时车轮的安装正好垂直于路面，则满载时上述间隙将发生变化，车桥也因承载而变形，从而引起车轮向内倾斜。车轮内倾将使路面对车轮的垂直反作用力的轴向分力压向轮毂外端的小轴承，使该轴承及其锁紧螺母等承受的载荷增大，降低了它们

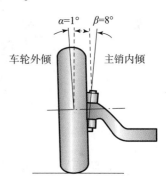

图 9-10 车轮外倾

的使用寿命，严重时会损坏锁紧螺母而使车轮脱落。为此，安装车轮时，要预先留有一定的外倾角，以防止上述不良影响。车轮外倾与主销内倾相配合，可进一步缩短距离 c，如图 9-9 (a) 所示，使汽车转向轻便。此外，车轮有一定的外倾角也可以与拱形路面相适应。但车轮外倾角不宜过大，否则会使轮胎产生偏磨损。一般前轮外倾角为 1°左右。

有的汽车的前轮外倾角也为负值，这样，在汽车转向时，可避免车身过分倾斜。

4. 前轮前束

车轮安装在车桥上，两前车轮的中心平面不平行，其前端略向内侧收束，这种现象称为前轮前束。两前轮后端距离 A 大于前端距离 B，其差值称为前轮前束值，如图 9-11 所示。

前轮前束的作用是消除因车轮外倾所造成的不良后果，保证车轮不向外滚动，防止车轮侧滑和减轻轮胎的磨损。

由于车轮外倾，汽车行驶时，两个车轮的滚动类似于两个锥体的滚动，其轨迹不再是直线，而是逐渐向各自的外侧滚开，如图 9-12 所示。但因受车桥和转向横拉杆的约束，两侧车轮不可能向外滚开，这样，车轮在路面上滚动行驶的同时，又被强制地拉向内侧，产生向内的侧滑，从而加剧轮胎的磨损。有了前束，车轮滚动的轨迹是向内侧偏斜，只要前束值与车轮外倾角配合适当，车轮向内、外侧滚动的偏斜量就会相互抵消，使车轮每一瞬间的滚动方向都朝着正前方，从而消除了侧滑，减轻了轮胎的磨损。

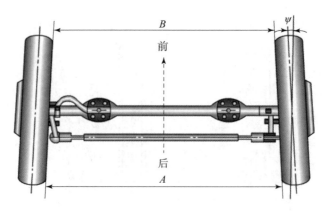

图 9-11 前轮前束

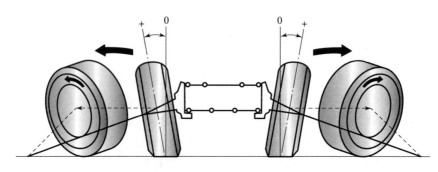

图 9-12 车轮外倾产生的车轮运动示意

前轮前束值可以通过改变转向横拉杆的长度来调整，一般前束值为 0~12 mm。

随堂测试

1. 车桥俗称车轴，它通过_____和车架（或承载式车身）相连，两端安装_____，其功用是传递车架（或承载式车身）与车轮之间各方向的作用力及其力矩。

2. 车桥根据悬架结构形式的不同，分为_____式和_____式两种，与独立悬架配合使用的是断开式车桥，为_____式结构。

3. 按照用途的不同，车桥又可分为_____、_____、_____和_____四种类型。

4. 转向轮定位包括_____、_____、_____及_____四个参数。

5. 主销后倾和主销内倾都具有使车轮_____及保证汽车直线行驶稳定性的作用，主销后倾角的回正作用随着车速的增高而_____。

6. 前轮前束值可以通过改变_____的长度来调整。

任务实施

任 务 工 单

任务名称：分析车桥的结构		
姓名：	班级：	学号：
任务描述	请你就某一型号车辆绘制一个该车车桥结构简图和转向轮定位参数示意图，并讲解其工作过程，在学习小组或班级里进行交流汇报	
能力目标	1. 能够向客户在实际车辆上讲解车桥的结构形式及其工作过程； 2. 能够向客户讲解转向轮定位的内容与工作原理； 3. 树立以客户为中心的理念，增强服务意识； 4. 具有与客户沟通交流的能力； 5. 具备信息搜集和处理的能力	
实施准备	1. 教学用车辆或行驶系实验台； 2. 车辆和行驶系相关资料； 3. 汇报用纸、笔等	
实施步骤	自主学习	学习相关知识，个人绘制车桥结构简图和转向轮定位参数示意图，并讲解其工作过程
	小组讨论	以学习小组形式进行讨论，形成小组汇报成果
	小组汇报	汇报小组成果，并通过角色扮演方式在实际车辆或行驶系实验台上向客户讲解车桥结构和转向轮定位参数的内容； 规范做好5S
自我反思	在专业能力、关键能力等方面的收获或体会：	

任务 9-2　分析车轮与轮胎的结构

 学习内容

1. 车轮的种类与结构；
2. 轮胎的种类与结构；
3. 轮胎型号的含义。

 能力要求

1. 能够向客户详细讲解车轮的结构与种类；
2. 树立以客户为中心的理念，增强服务意识；
3. 具有与客户沟通交流的能力。
4. 具备信息搜集和处理的能力。

 **任务引入**

车轮与轮胎是汽车行驶系统中的重要部件，其功用是支承整车；缓和由路面传来的冲击力；通过轮胎同路面间的附着作用来产生驱动力和制动力；汽车转弯行驶时产生平衡离心力的侧抗力，在保证汽车正常转向行驶的同时，通过车轮产生的自动回正力矩，使汽车保持直线行驶方向；承担提高通过性等的作用。

 任务描述

车轮与轮胎是汽车使用过程中的易损部件，它的性能直接影响行车安全。请你就某一型号车辆配备的车轮与轮胎讲解其结构特点，识别轮胎型号及含义，在学习小组或班级里进行交流汇报。

 相关知识

 一、车轮的种类与结构

车轮一般由轮毂、轮辋及连接它们的辐板（或辐条）组成，是介于轮胎和车轴之间承受负荷的旋转组件。轮辋是在车轮上安装和支承轮胎的部件，轮辐是在车轮上将轮辋和轮毂连接起来的部件。

1. 车轮的类型

按轮辐的构造不同，车轮可分为辐板式和辐条式。普通轿车和轻、中型货车上广泛采用辐板式车轮，而高级轿车、竞赛汽车多采用辐条式车轮。此外，还有对开式车轮、可反装式车轮、组装轮辋式车轮和可调式车轮等。

（1）辐板式车轮

辐板式车轮如图 9－13 所示。其由挡圈、辐板、轮辋和气门嘴伸出口等组成。用于连接轮毂和轮辋的钢质圆盘称为辐板。辐板大多是冲压制成的，少数是和轮辋铸成一体的，后者主要用于重型汽车。轿车的车轮辐板所用板料较薄，常冲压成起伏多变的形状，以提高刚度。

为了防止汽车在行驶中固定辐板的螺母自行松脱，汽车两侧车轮上的辐板固定螺栓，一般采用旋向不同的螺纹，左侧用左旋螺纹，右侧用右旋螺纹。

（2）辐条式车轮

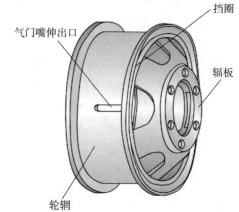

图 9－13　辐板式车轮

对于装载质量较大的重型汽车来说，多采用铸造辐条式车轮，如图 9－14 所示。轮辋是用螺栓和特殊形状的衬块固定在辐条上的，为了使轮辋与辐条很好地对中，在轮辋和辐条上都加工出配合锥面。

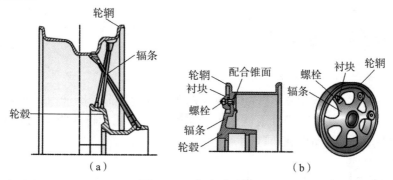

图 9－14　辐条式车轮

2. 轮辋的类型

轮辋的常见形式主要有两种：深槽宽轮辋和平底宽轮辋，如图 9－15 所示。此外，还有对开式轮辋、平底宽轮辋、半深槽轮辋、深槽宽轮辋、全斜底轮辋等。

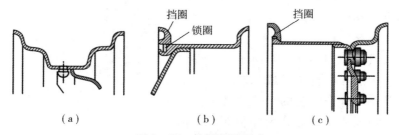

图 9－15　轮辋断面形式
（a）深槽宽轮辋；（b）平底宽轮辋；（c）对开式轮辋

（1）深槽宽轮辋

深槽宽轮辋如图9-15（a）所示。它是整体的，主要用于轿车及轻型越野汽车。它有带肩的凸缘，用于安放外胎的胎圈。为便于外胎的拆装，将轮辋的断面中部制成深凹槽。深槽轮辋的结构简单，刚度大，质量较小。其对于小尺寸、弹性较大的轮胎最适宜，尺寸较大、较硬的轮胎则很难装进这样的整体轮辋内。

（2）平底宽轮辋

平底宽轮辋如图9-15（b）所示。它是我国货车常用的一种形式。其中部是平直的，一侧有凸缘，另一侧以可拆的挡圈作凸缘，而且用一个开口锁圈来防止挡圈脱出。在安装轮胎时，先将轮胎套在轮辋上，而后套上挡圈，并将它向内推，直至越过轮辋上的环形槽，再将开口的弹性锁圈嵌入环形槽中。

（3）对开式轮辋

对开式轮辋如图9-15（c）所示。这种轮辋由内、外两部分组成，用螺栓连成一体，其内、外轮辋的宽度可以相等，也可以不相等，拆装轮胎时，拆卸螺母即可，挡圈是可拆的。有的无挡圈，而由与内轮辋制成一体的轮缘代替挡圈的作用，内轮辋与辐板焊接在一起。

轮辋是轮胎的装配基础。当轮胎装入不同轮辋时，其变形位置与大小也发生变化，因此，每一种规格的轮胎最好配用规定的标准轮辋，必要时也可配用规格与标准轮胎相近的轮辋（容许轮辋）。如果轮辋使用不当，会造成轮胎早期损坏，特别是使用在过窄的轮辋上时。

二、轮胎的种类与结构

1. 轮胎的作用

承受汽车的重力，与汽车悬架共同来缓和汽车行驶时所受到的冲击，并衰减由此产生的振动，以保证汽车有良好的乘坐舒适性和行驶平顺性；保证车轮和路面间有良好的附着性，以提高汽车的牵引性、制动性和通过性。

2. 轮胎的类型

汽车轮胎按胎体结构不同，可分为充气轮胎和实心轮胎。现代汽车绝大多数采用充气轮胎。充气轮胎按组成结构不同，又分为有内胎轮胎和无内胎轮胎两种。汽车轮胎按用途不同，可分为载货汽车轮胎和轿车轮胎，而载货汽车轮胎又分为重型、中型和轻型载货汽车轮胎。充气轮胎按胎体中帘线排列的方向不同，还可分为普通斜交胎和子午线胎。

3. 充气轮胎的构造

（1）有内胎的充气轮胎

有内胎的充气轮胎如图9-16所示。这种轮胎一般由外胎、内胎和内衬垫组成。外胎是用于保护内胎，使其不受外来损害的，强度高而富有弹性的外壳。与地面的接触部分为外胎面，也称胎冠，是轮胎的主要工作部分。胎冠与胎侧的过

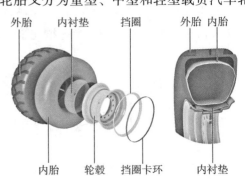

图9-16　有内胎的充气轮胎构造

渡部分为胎肩。轮胎与轮辋相接触部分称为胎缘。胎缘内部有钢丝圈。外胎内侧为胎体，也称帘布层；胎体与胎冠之间为缓冲层，也称带束层。内胎中充满着压缩空气，按胎内的空气压力大小，充气轮胎可分为高压胎、低压胎和超低压胎三种。一般气压在 0.5～0.7 MPa 者为高压胎；0.15～0.45 MPa 者为低压胎；0.15 MPa 以下者为超低压胎。垫带放在内胎与轮辋之间，防止内胎被轮辋及外胎的胎圈擦伤和磨损。

现代汽车几乎都采用低压胎。因为低压胎弹性好，断面宽，与道路接触面积大，壁薄而散热性良好。这些特点提高了汽车行驶平顺性、转向操纵的稳定性。

（2）无内胎的充气轮胎

无内胎轮胎在结构和外观上与有内胎轮胎的相似，所不同的是，它没有内胎，空气被直接压入外胎中，因此要求外胎和轮辋之间有很好的密封性。无内胎轮胎的外胎内壁上附加了一层厚 2～3 mm 的专门用来封气的橡胶气密层，如图 9-17 所示，它是用硫化的方法黏附上去的。在气密层正对着胎面下面贴着一层用未硫化橡胶的特殊混合物制成的自粘层。自粘层能自行将刺穿的孔黏合，故称为有自粘层的无内胎轮胎。

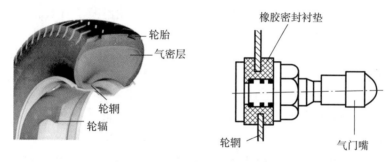

图 9-17 无内胎的充气轮胎构造

气门嘴直接固定在轮辋上，其间垫以密封用的橡胶密封衬垫。无内胎轮胎的优点是：无内胎轮胎只有在轮胎爆破时才会失效，而在穿孔时，压力不会急剧下降，能安全地继续行驶；无内胎轮胎中不存在因内外胎之间摩擦和卡住而引起的损坏；气密性较好，可以直接通过轮辋散热，所以工作温度低，使用寿命长，结构简单，质量较小。

（3）子午线轮胎的构造

子午线轮胎在汽车上应用最广泛，下面主要介绍子午线轮胎。子午线轮胎的构造如图 9-18 所示。它由胎圈、帘布层、带束层、胎冠和胎肩组成，并以带束层箍紧胎体。其特点是：①帘线排列的方向与轮胎的子午断面一致，使帘线的强度能得到充分利用，子午线轮胎的帘布层数一般比普通斜交胎减少一半，胎体较柔软，弹性好。②帘布层帘线与胎面中心线呈 90°角，帘线在圆周方向上只靠橡胶来联系，为了承受行驶时产生的较大切向力，子午线胎具有若干层帘线与子午断面呈大角度（夹角为 70°～75°）、高强度、不易拉伸的周向环形的类似缓冲层的带束层。带束层通常采用强度较高、拉伸变形小的织物帘布（如玻璃纤维、聚酰胺纤维等材料）或钢丝帘布制造。

子午线轮胎和普通斜交轮胎的结构比较如图 9-19 所示。子午线轮胎基本骨架的胎体帘线排列成辐射状，所以胎侧部分柔软。但是，由于胎面内侧有带束层，从而提高了外胎面（胎冠）的刚度。而普通斜交胎是由胎体构成轮胎的骨架，因而从外胎面（胎冠）到胎侧的柔软度是均匀的。

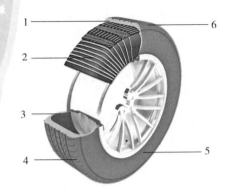

1—带束层；2—帘布层；3—胎圈；
4—胎冠；5—胎侧；6—胎肩。

图 9-18　子午线轮胎构造

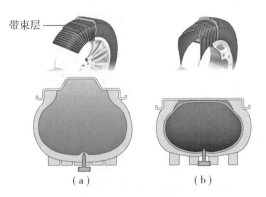

图 9-19　子午线轮胎和普通斜交
轮胎结构的比较
(a) 子午线轮胎；(b) 普通斜交轮胎

综上可知，子午线轮胎的优点是：①因帘布层数少，胎侧薄，所以散热性能好。②胎冠较厚且有坚硬的带束层，不易刺穿，行驶时变形小，可降低油耗3%~8%。③接地面积大，附着性能好，胎面滑移小，对地面单位压力也小，因而滚动阻力小，使用寿命长。④径向弹性大，缓冲性能好，负荷能力较大。⑤在承受侧向力时，接地面积基本不变，故在转向行驶和高速行驶时稳定性好。

它的缺点是：胎侧过渡区易裂口，制造技术要求高，成本高。

4. 轮胎胎面花纹

轮胎胎面花纹对轮胎的性能影响很大。目前主要有普通花纹、越野花纹和混合花纹等，如图9-20所示。普通花纹的特点是花纹细而浅，花纹块接地面积大，因而耐磨性和附着性较好，适用于较好的硬路面。其中的纵向花纹，轿车和货车均可选用；横向花纹仅用于货车。越野花纹的特点是凹部深而宽，在软路面上与地面附着性好，越野能力强，适用于经常在松软路面上使用的越野汽车。混合花纹的特点介于上述两者之间，兼顾了两者的使用要求，适用于在城乡之间的路面上行驶的汽车，现代货车驱动轮胎也多采用这种花纹。

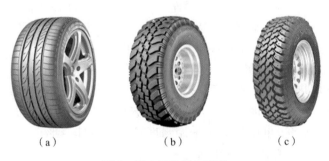

图 9-20　轮胎胎面花纹
(a) 普通花纹；(b) 越野花纹；(c) 混合花纹

5. 轮胎规格标记方法

充气轮胎尺寸的标记如图9-21所示。D为轮胎名义外径、d为轮辋名义直径、H为轮胎断面高度、B 为轮胎断面宽度。H 与 B 之比称为轮胎的高宽比（以百分比表示），$H/B \times 100\%$ 称为轮胎的扁平率。扁平率经圆整后，用其值 $\times 100$ 来表示，一般是 5 的倍数，如轿车子午线轮胎有 60、65、70、75、80 等几个系列。轮胎的扁平率越小，说明轮胎的断面越宽，故扁平率小的轮胎称为宽断面轮胎。宽断面轮胎的优点是，断面宽，接地面积大，接地比压小，磨损减小，滚动阻力也小，抗侧向稳定性强。因此，在相同承载能力下，宽断面轮胎较普通轮胎的直径可以减小，其在高速轿车上得到广泛应用。

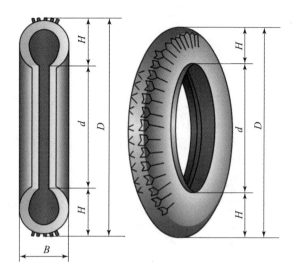

图 9-21 充气轮胎尺寸标记

国际标准化组织（ISO）规定新轮胎规格标志由下面的内容组成：

① 轮胎名义断面宽度，单位为 mm；
② 轮胎名义高宽比；
③ 轮胎结构标志；
④ 轮辋名义直径，单位为 in；
⑤ 负荷指数；
⑥ 速度级别。

例如，9.00-20 表示断面宽度为 9 in，轮辋直径为 20 in。如为子午线轮胎，则以 9.00R20 作标记。

例如，国产红旗轿车装用 185/80R1490S 型轮胎。其中，"185" 表示轮胎名义断面宽度为 185 mm，"80" 表示轮胎名义高宽比（$H/B = 0.80$），"R" 表示子午线轮胎，"14" 表示轮辋名义直径为 14 in，"90" 表示负荷指数，"S" 表示速度级别（最高行驶速度为 180 km/h）。

表 9-1 表示不同结构及不同名义直径轮胎的最高行驶速度。

表 9-1 不同结构及不同名义直径轮胎的最高行驶速度

轮胎结构	速度级别	不同名义直径轮胎的最高行驶速度/(km·h^{-1})		
		10 in	12 in	≥13 in
普通斜交轮胎	P	120	135	150
子午线轮胎	Q	135	145	160
子午线轮胎	S	150	165	180
子午线轮胎	H	—	195	210

随堂测试

1. 车轮一般由_____、_____及连接它们的_____组成,是介于轮胎和车轴之间承受负荷的旋转组件。

2. 现代汽车绝大多数采用充气轮胎。充气轮胎按组成结构不同,又分为_____轮胎和_____轮胎两种。

3. 与普通斜交胎相比,子午线轮胎的帘布层数_____,胎侧_____,所以散热性能好;胎冠较_____且有坚硬的带束层,不易刺穿,行驶时变形_____,可降低油耗。

4. 轮胎胎面花纹对轮胎的性能影响很大。目前主要有_____花纹、_____花纹和_____花纹等。

任务实施

任务工单

任务名称：分析车轮与轮胎的结构		
姓名：	班级：	学号：

任务描述	请你就某一型号车辆配备的车轮与轮胎讲解其结构特点，识别轮胎型号及含义，在学习小组或班级里进行交流汇报		
能力目标	1. 能够向客户详细讲解车轮的结构与轮胎型号的含义； 2. 树立以客户为中心的理念，增强服务意识； 3. 具有与客户沟通交流的能力； 4. 具备信息搜集和处理的能力		
实施准备	1. 教学用车辆或车轮与轮胎； 2. 汇报用纸、笔等		
实施步骤	自主学习	学习相关知识，在教学车辆上识别车轮结构与轮胎型号，讲解轮胎型号的含义	
	小组讨论	以学习小组形式进行讨论，形成小组汇报成果	
	小组汇报	汇报小组成果； 规范做好5S	
自我反思	在专业能力、关键能力等方面的收获或体会：		

任务9-3 分析悬架的结构与工作过程

学习内容

1. 汽车悬架的主要部件；
2. 非独立悬挂；
3. 独立悬挂；
4. 电控悬架的结构与工作过程。

能力要求

1. 能够向客户讲解悬架的结构形式及其工作过程；
2. 能够比较不同悬架系统的优缺点；
3. 树立以客户为中心的理念，增强服务意识；
4. 具有与客户沟通交流的能力；
5. 具备信息搜集和处理的能力。

任务引入

悬架是汽车行驶系的重要组成部分。它能够缓和衰减汽车在行驶中产生的冲击及振动，以保证汽车的正常行驶，它直接影响汽车的舒适性、操作稳定性等。你能够就某一车型向客户讲解悬架的结构与工作过程吗？

任务描述

汽车行驶通过不平的坑洼路面时，都会产生不同程度的振动（晃动），对不同车辆而言，振动程度也会存在差异，这种差异反映的就是车辆悬架系统性能的差异。请你就某一型号车辆绘制一个悬架结构简图，讲解其工作过程，并能够对不同悬架系统进行比较，在学习小组或班级里进行交流汇报。

相关知识

一、悬架的功用、组成与分类

1. 悬架的功用

悬架的功用是把路面作用于车轮上的法向反力（支持力）、切向反力（牵引力和制动力)、侧向反力及这些反力所造成的力矩都传递到车架(或承载式车身)上,缓和并衰减汽车在行驶中产生的冲击及振动,以保证汽车的正常行驶。

2. 悬架的组成

汽车的悬架如图 9-22 所示。一般是由弹性元件、减震器和导向机构三部分组成。在汽车行驶系统中,为了缓和冲击,除了采用弹性的充气轮胎之外,在悬架中还必须装有弹性元件,使车架(或车身)与车桥(或车轮)之间做弹性连接。但弹性系统在受到冲击后,将产生振动。持续的振动也会使乘员感到不舒适和疲劳,故悬架还应具有减振作用。为此,汽车悬架中都设有专门的减震器。车轮相对于车架和车身跳动时,车轮(特别是转向轮)的运动轨迹应符合一定的要求。因此,悬架中某些传力构件同时还承担着使车轮按一定轨迹相对于车架和车身跳动的任务,因而这些传力构件还起导向作用,故称导向机构。

3. 悬架的分类

汽车悬架可分为非独立悬架和独立悬架两大类,如图 9-23 所示。非独立悬架的结构特点是两侧的车轮由一根整体式车桥相连。当一侧车轮因道路不平而发生跳动时,必然引起另一侧车轮在汽车横向平面内摆动,故称为非独立悬架。而独立悬架的结构特点是车桥做成断开的,两侧车轮可以单独地通过弹性悬架与车架(或车身)连接,单独跳动,互不影响,故称为独立悬架。

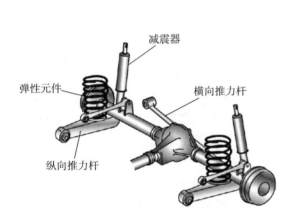

图 9-22 汽车悬架组成示意图

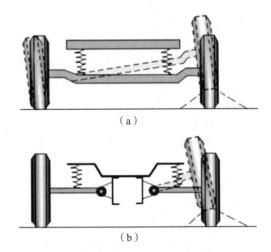

图 9-23 非独立悬架与独立悬架示意图
(a)非独立悬架;(b)独立悬架

二、汽车悬架的主要部件

1. 弹性元件

(1) 钢板弹簧

钢板弹簧如图 9-24 所示,它是载货汽车悬架中应用最广泛的一种弹性元件,是由若干片等宽但不等长的合金弹簧片组合而成的近似等强度的弹性梁。

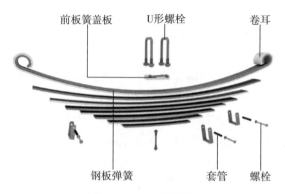

图9-24 钢板弹簧

钢板弹簧的第一片（最长的一片）称为主片，其两端弯成卷耳，内装衬套，以便用弹簧销与固定在车架上的支架或吊耳做铰链连接。钢板弹簧的中部一般用U形螺栓固定在车桥上。

中心螺栓用于连接各弹簧片，并保证装配时各片的相对位置。中心螺栓距两端卷耳中心的距离可以相等，称为对称式钢板弹簧；也可以不相等，称为非对称式钢板弹簧。

钢板弹簧既起缓冲作用，又起导向作用。而且，一般钢板弹簧是多片叠成的，它本身即具有一定的减振能力，所以，在一些货车中采用钢板弹簧作为弹性元件的悬架中，可以不装减震器。

（2）螺旋弹簧

螺旋弹簧如图9-25所示，它广泛地应用于独立悬架，特别是前轮独立悬架中。其优点是：无须润滑，不忌泥污；安置它所需的纵向空间不大；弹簧本身质量小。

螺旋弹簧本身没有减振作用，因此，在螺旋弹簧悬架中必须另装减震器。此外，螺旋弹簧只能承受垂直载荷，故必须装设导向机构，以传递垂直力以外的各种力和力矩。

螺旋弹簧用弹簧钢棒料卷制而成，可做成等螺距或变螺距。前者刚度不变，后者刚度是可变的。

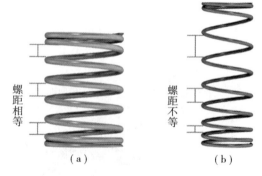

图9-25 螺旋弹簧
（a）等螺距螺旋弹簧；（b）变螺距螺旋弹簧

（3）扭杆弹簧

扭杆弹簧本身是一根由弹簧钢制成的杆，如图9-26所示。扭杆断面通常为圆形，少数为矩形或管形。其两端形状可以做成花键、方形、六角形或带平面的圆柱形等，以便一端固定在车架上，另一端固定在悬架的摆臂上。摆臂则与车轮相连。当车轮跳动时，摆臂便绕着扭杆轴线而摆动，使扭杆产生扭转弹性变形，借以保证车轮与车架的弹性联系。

图9-26 扭杆弹簧

扭杆弹簧单位质量的储能量是钢板弹簧的3倍，比螺旋弹簧的高。因此，采用扭杆弹簧的悬架质量较小，结构比较简单，也不需要润滑，并且通过调整扭杆弹簧固定端的安装角度，易实现车身高度的自动调节。左、右扭杆弹簧不能互换，为此，左、右扭杆刻有不同的标记。

(4) 气体弹簧

气体弹簧是在一个密封的容器中充入压缩气体（气压为 0.5~1.0 MPa），利用气体的可压缩性实现其弹簧作用。这种弹簧的刚度是可变的，因为作用在弹簧上的载荷增加时，容器内的定量气体受压缩，气压升高，则弹簧的刚度增大；反之，载荷减小时，弹簧内的气压下降，刚度减小，故它具有较理想的弹性特性。

气体弹簧有空气弹簧和油气弹簧两种。

①空气弹簧。空气弹簧又有囊式和膜式之分。图 9-27（a）、(b) 所示为囊式空气弹簧，它由夹有帘线的橡胶气囊和密闭在其中的压缩空气所组成。气囊的内层用气密性的橡胶制成，而外层则用耐油橡胶制成。气囊一般做成两节，但也有单节或3、4节的。节数越多，弹性越好。节与节之间围有钢质的腰环，使中间部分不致有径向扩张，并防止两节之间相互摩擦。气囊的上、下盖板将气囊密闭。

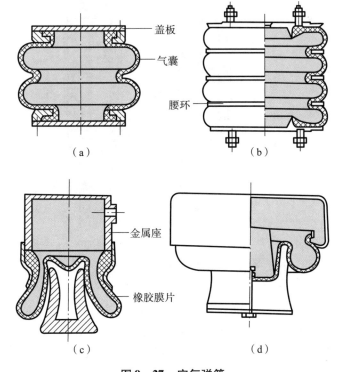

图 9-27 空气弹簧
(a)、(b) 囊式空气弹簧；(c)、(d) 膜式空气弹簧

膜式空气弹簧的密闭气囊由橡胶膜片和金属压制件组成。与囊式的相比，其弹性特性曲线比较理想，因其刚度较囊式小，车身自然振动频率较低；并且尺寸较小，在车上便于布置，故多用在轿车上。

②油气弹簧。一般由气体弹簧和相当于液力减震器的液压缸组成。气体作为弹性介质，

油液作为传力介质。油气弹簧具有刚度可变的特性。

2. 减震器

在大多数汽车的悬架系统内部都装有减震器,它和弹性元件是并联安装的,如图9-28所示。作用是加速车架和车身振动的衰减,以改善汽车的行驶平顺性。

汽车中广泛使用液压减震器,其基本原理如图9-29所示。当车架与车桥做往复相对运动时,减震器中的油液反复经过活塞上的阀孔,由于阀孔的节流作用及油液分子间的内摩擦力,便形成了衰减振动的阻尼力,使振动的能量转变为热能,并由油液和减震器壳体吸收,然后散到大气中。

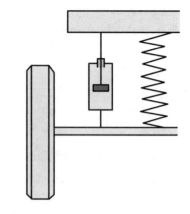

图9-28 减震器和弹性元件的安装示意

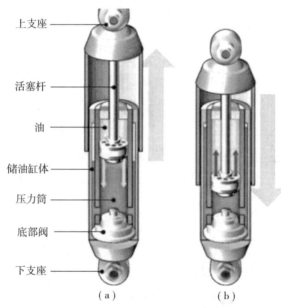

图9-29 液压减震器的基本原理
(a)伸张行程;(b)压缩行程

阀门越大,阻尼力越小,反之亦然;相对运动速度越大,阻尼力越大,反之亦然。

阻尼力越大,振动的衰减越快,但悬架弹性元件的缓冲效果不能发挥,乘坐也不舒适,因此,弹性元件的刚度与减震器的阻尼力要合理搭配,才能保证乘坐舒适性和操纵稳定性的要求。

汽车上应用最广泛的是双向作用筒式减震器。

(1)双向作用筒式减震器结构

双向作用筒式减震器的基本组成如图9-30所示,它有三个同心钢筒,外面的钢筒是防尘罩,其上部的吊耳与车架相连。中间是储油缸筒,内装有一定量的油液,其下端的吊耳与车桥相连。里面是工作缸筒,其内装满油液。它还有四个阀,即压缩阀、伸张阀、流通阀和补偿阀。流通阀和补偿阀是一般的单向阀,其弹簧很弱,当阀上的油压作用力与弹簧弹力同向时,阀处于关闭状态,完全不通油液;而当油压作用力与弹簧弹力反向时,只要很小的油压,阀便能开启。压缩阀和伸张阀是卸载阀,其弹簧较强,预紧力较大,只有当油压增高到一定程度时,阀才能开启;而当油压降低到一定程度时,阀即自行关闭。

(2) 双向作用筒式减震器工作原理

双向作用筒式减震器的工作原理可用压缩和伸张两个行程加以说明。

①压缩行程。当车桥移近车架(或车身)时,减震器受压缩,活塞下移,使其下方腔室容积减小,油压升高,具有一定压力的油液顶开流通阀进入活塞上方腔室。由于活塞杆占去上腔室的部分容积,使上腔室增加的容积小于下腔室减小的容积,因此,还有一部分油液不能进入上腔室而只能压开

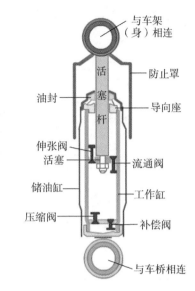

图9-30 双向作用筒式减震器基本组成

压缩阀,流回储油缸筒。油液流经上述阀孔时,受到一定的节流阻力,为克服这种阻力而消耗了振动能量,因而使振动衰减。

②伸张行程。当车桥相对远离车架(或车身)时,减震器受拉伸,活塞上移,使其上腔室油压升高,上腔室的油液便推开伸张阀流入下腔室。同样,由于活塞杆的存在,上腔室减小的容积小于下腔室增加的容积,因而从上腔室流出来的油液不足以充满下腔室所增加的容积,使下腔室产生一定的真空度,这时储油缸筒中的油液在真空度作用下推开补偿阀流进下腔室进行补充。

从上面的原理可以得知,这种减震器在压缩、伸张两个行程都能起减振作用,因此称为双向作用减震器。

三、电控悬架的结构与工作过程

传统悬架的刚度和阻尼是按经验或优化设计的方法确定的,根据这些参数设计的悬架结构,在汽车行驶过程中,是无法进行调节的,使汽车行驶平顺性和乘坐舒适性受到一定影响,故称传统悬架为被动悬架。而现代汽车采用的电控悬架的刚度和阻尼特性能根据汽车的行驶条件进行动态自适应调节,使悬架系统始终处于最佳减振状态。电控悬架包括主动悬架和半主动悬架两大类。

1. 主动悬架

主动悬架就是根据汽车的运动状态和路面状况,适时地调节悬架的刚度和阻尼力,使其处于最佳减振状态。它是在被动悬架系统(弹性元件、减震器、导向装置)中附加一个可控制作用力的装置。它通常是由执行机构、测量系统、控制系统和能源系统四部分组成,如图9-31所示。执行机构的作用是执行控制系统的指令,一般为力发生器或转矩发生器(液压缸、油气室、伺服电动机、电磁铁等)。测量系统的作用是测量系统各种状态,为控制系统提供依据,包括各种传感器。控制系统的作用是处理数据和发出各种控制指令,其核心部

件是电子计算机 ECU。能源系统的作用是为以上各部分提供能量。

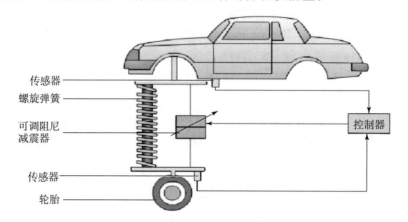

图 9-31 电控主动悬架

图 9-32 所示是三菱 GALANT 轿车上装备的电控空气主动悬架系统（A-ECS）。它能够根据本身的负载情况、行驶状态和路面情况等，主动地调节包括悬架系统的阻尼力、汽车车身高度和行驶姿态、弹性元件的刚度在内的多项参数，使汽车的相关性能处于最佳状态。

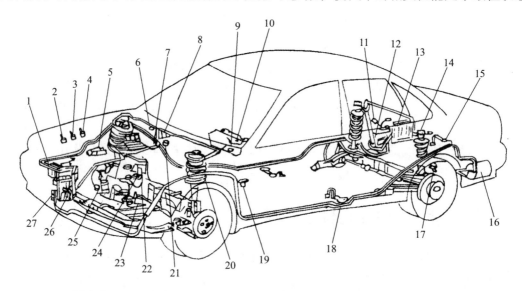

1—前储气筒；2—回油泵继电器；3—空气压缩机继电器；4—电磁阀；5—ECS 电源继电器；
6—加速度计开关；7—节气门位置传感器；8—制动灯开关；9—车速传感器；10—转角传感器；
11—右后车门开关；12—后电磁阀总成；13—电子控制单元 ECU；14—阻尼力转换执行器；
15—左后车门开关；16—后储气筒；17—后高度传感器；18—左前车门开关；19—ECS 开关；
20—阻尼力转换执行器（步进电动机型）；21—加速度计位置；22—空气压缩机总成；23—G 传感器
（横向加速度传感器）；24—前高度传感器；25—系统禁止开关；26—空气干燥器；27—流量控制电磁阀总成

图 9-32 三菱电控空气主动悬架系统

2. 半主动悬架

半主动悬架是指悬架弹性元件刚度和减震器阻尼力之一或两者均可根据需要进行调节的悬架。由于半主动悬架在控制品质上接近于主动悬架，并且结构简单，能量损耗小，成本低，故有较好的应用前景。

丰田雷克萨斯LS400轿车的电控悬架系统是一种典型的半主动悬架系统，如图9-33所示。它可以对车身高度、弹簧刚度及减震器阻尼力进行综合控制，因此具有良好的乘坐舒适性和操纵稳定性。它由空气压缩机、干燥器、排气电磁阀、高度控制阀、高度控制开关、悬架电控单元、悬架控制开关、高度传感器、转向盘转角传感器、悬架控制执行器、空气弹簧、阻尼力可调减震器和节气门位置传感器等组成。

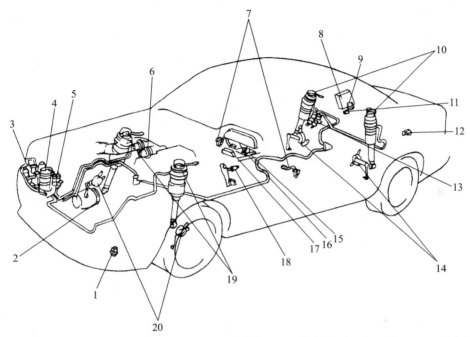

1—1号高度控制继电器；2—发电机调节器；3—干燥器及排气阀；4—悬架高度调节空气压缩机；5—1号高度控制阀；6—主节气门位置传感器；7—门灯开关；8—悬架控制ECU；9—2号高度控制继电器；10—后悬架高度调节执行器；11—高度调节信号接口；12—车高调节控制开关；13—2号高度控制阀及止回阀；14—后悬架高度传感器；15—LRC开关；16—悬架高度调节开关；17—转向盘角度传感器；18—停车灯开关；19—前悬架高度调节执行器；20—前悬架高度传感器。

图9-33 丰田雷克萨斯LS400轿车电控悬架系统主要部件

随堂测试

1. 悬架的作用是把路面作用于车轮上的法向反力（支持力）、切向反力（牵引力和制动力）、侧向反力及这些反力所造成的力矩都传递到_____上，缓和并衰减汽车在行驶中产生的_____，以保证汽车的正常行驶。

2. 悬架一般由_____、_____和_____三部分组成。

3. 汽车悬架可分为_____悬架和_____悬架两大类。独立悬架的结构特点是_____做成断开的，两侧车轮可以单独地通过弹性悬架与车架（或车身）连接，单独跳动，互不影响。

4. 汽车采用的电控悬架的_____和_____特性能根据汽车的行驶条件进行动态自适应调节，使悬架系统始终处于最佳减振状态。电控悬架包括_____悬架和_____悬架两大类。

任务实施

任 务 工 单

任务名称：分析悬架的结构与工作过程		
姓名：	班级：	学号：

任务描述	请你就某一型号车辆绘制一个悬架结构简图，讲解其工作过程，并能够对不同悬架系统进行比较，在学习小组或班级里进行交流汇报	
能力目标	1. 能够向客户讲解悬架的结构形式及其工作过程； 2. 能够比较不同悬架系统的优缺点； 3. 树立以客户为中心的理念，增强服务意识； 4. 具有与客户沟通交流的能力； 5. 具备信息搜集和处理的能力	
实施准备	1. 教学用车辆或悬架实验台； 2. 车辆或悬架相关资料； 3. 汇报用纸、笔等	
实施步骤	自主学习	学习相关知识，个人绘制不同类型悬架结构简图
	小组讨论	以学习小组形式进行讨论，形成小组汇报成果
	小组汇报	汇报小组成果，并通过角色扮演方式在实际车辆或悬架实验台上向客户讲解不同类型悬架系统的结构与工作过程； 规范做好5S
自我反思	在专业能力、关键能力等方面的收获或体会：	

项目十 10

转向系工作过程分析

转向系是汽车底盘的重要组成部分,其功能是按照驾驶员的意愿改变汽车行驶方向,并能克服侧向干扰力使汽车能够自动回正。按照转向能源的不同,分为机械能转向系和动力转向系。

本项目包括分析机械转向系工作过程和分析动力转向系工作过程两个任务。

任务 10-1　分析机械转向系工作过程

 学习内容

1. 机械转向系的组成;
2. 转向器的种类与结构;
3. 机械转向系的工作过程。

 能力要求

1. 能够向客户在实际车辆上讲解转向系的结构及工作过程;
2. 树立以客户为中心的理念,增强服务意识;
3. 具有与客户沟通交流的能力;
4. 具备信息搜集和处理的能力。

任务引入

转向系的功用是保证汽车按照驾驶员的需要改变行驶方向，并克服路面侧向干扰力使车轮自行产生的转向，使汽车恢复原来的行驶方向。大家都知道驾驶员是通过转动转向盘来改变汽车行驶方向的，你能够就某一车型向客户讲解转向系的结构与工作过程吗？

**任务描述**

汽车行驶过程中，驾驶员通过转动转向盘来控制汽车的行驶方向，也就是来操纵转向系工作，转向系的性能直接影响行车安全。请你就某一型号车辆绘制该车转向系结构简图，并讲解其工作过程，在学习小组或班级里进行交流汇报。

相关知识

机械转向系由转向操纵机构、转向器和转向传动机构三大部分组成。

一、机械转向系的组成

汽车转向系主要由转向盘、万向节及转向管柱等组成，如图 10 – 1 所示。

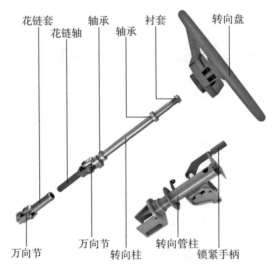

图 10 – 1　转向系组成

二、转向器的种类与结构

转向器是转向系中的减速传动装置，其功用是将驾驶员加在转向盘上的力矩放大，并降低转速，传给转向传动机构。常见的转向器有齿轮齿条式和循环球式。

1. 齿轮齿条式转向器

齿轮齿条式转向器分为两端输出式和中间（或单端）输出式两种。捷达轿车机械转向器的基本结构形式即为两端输出的齿轮齿条式转向器，如图 10 – 2 所示。

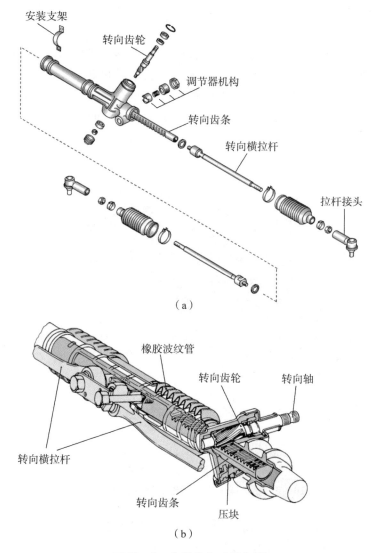

图 10 – 2　齿轮齿条式转向器
（a）零件图；（b）工作原理图

传动副的主动件转向齿轮与转向轴相连，通过轴承安装在转向器壳体中，与转向齿轮啮合的转向齿条水平布置，两端通过球头座与转向横拉杆相连；当转动转向盘时，转向轴带动转向齿轮转动，使与之啮合的转向齿条沿轴向移动，从而使左右横拉杆带动转向节左右转动，使转向车轮偏转，实现汽车转向。

中间输出的齿轮齿条式转向器的结构原理与两端输出的齿轮齿条式转向器的基本相同，不同之处是它在转向齿条的中部用螺栓与左右转向横拉杆相连。

采用齿轮齿条式转向器可以使转向传动机构简化（不需要转向摇臂和转向直拉杆等），齿轮齿条无间隙啮合，无须调整，并且逆传动效率较高，故多用于前轮为独立悬架的轿车和微型及轻型货车上。

2. 循环球式转向器

循环球式转向器分为循环球-齿条齿扇式和循环球-滑块曲柄销式两种。其中循环球-齿条齿扇式应用较广。它有两级传动副,第一级是螺杆螺母传动副,第二级是齿条齿扇传动副。

图10-3所示为循环球-齿条齿扇式转向器的整体结构。转向螺杆4的轴颈支承在两个推力球轴承上。轴承紧度可用调整垫片2、6调整。转向螺母9的下平面加工成齿条,与齿扇部分啮合。可见转向螺母既是第一级传动副的从动件,也是第二级传动副(齿条齿扇传动副)的主动件。通过转向盘和转向轴转动转向螺杆时,转向螺母不能转动,只能轴向移动,并驱使齿扇及摇臂轴转动。

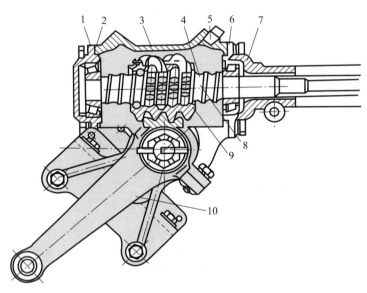

1—下盖;2、6—调整垫片;3—外壳;4—转向螺杆;5—螺塞;7—上盖;
8—导管;9—转向螺母;10—转向摇臂

图10-3 循环球-齿条齿扇式转向器的整体结构

为了减少转向螺杆和转向螺母之间的摩擦,二者的螺纹并不直接接触,中间装有许多钢球,以实现滚动摩擦。转向螺母的内径大于转向螺杆的外径,故能轻松套在螺杆上。转向螺母外有两根钢球导管,每根导管的两端分别插入螺母侧面的一对通孔中,导管内装满了钢球,这样两根导管和螺母内的螺旋管状通道组合成两条各自独立的封闭的钢球"流道"。

转向螺杆转动时,通过钢球将力传给转向螺母,螺母即沿轴向移动。同时,在螺杆与螺母二者和钢球间的摩擦力偶作用下,所有钢球在螺旋管状通道内滚动,形成"球流"。循环球式转向器的正传动效率很高(最高可达90%~95%),故操纵轻便,使用寿命长。但其逆效率也很高,容易将路面冲击力传到转向盘。不过,对于较轻型的、前轴轴载质量不大而又经常在较好路面上行驶的汽车而言,这一缺点影响不大。因此,循环球式转向器广泛应用于各类各级汽车。

三、转向传动机构的工作过程

转向传动机构的功用是将转向器输出的力和运动传到转向桥两侧的转向节，使两侧转向轮偏转，并且使两个转向轮偏转角按一定关系变化，以保证汽车转向时车轮与地面的相对滑动尽可能小。

转向传动机构的组成和布置因转向器位置及转向轮悬架类型而异。

1. 与非独立悬架配用的转向传动机构

与非独立悬架配用的转向传动机构主要包括转向摇臂、转向直拉杆、转向节臂和梯形臂，如图10-4所示。在前桥仅为转向桥的情况下，由转向横拉杆和左、右梯形臂组成的转向梯形一般布置在前桥之后（图10-4（a））；在发动机位置较低或转向桥兼充驱动桥的情况下，为避免运动干涉，往往将转向梯形布置在前桥之前（图10-4（b））；若转向摇臂不是在汽车纵向平面内前后摆动，而是在与道路平行的平面左右摆动（如北京BJ2020N型汽车），则可将转向直拉杆横置，并借球头销直接带动转向横拉杆，从而使两侧梯形臂转动（图10-4（c））。

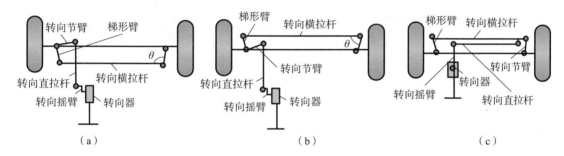

图10-4 与非独立悬架配用的转向传动机构
（a）转向梯形布置在前桥之后；（b）转向梯形布置在前桥之前；（c）转向直拉杆横置

2. 与独立悬架配用的转向传动机构

当采用独立悬架时，每个转向轮都需要相对于车架做独立运动，因而转向桥必须是断开式的。与此相应，转向传动机构中的转向梯形也必须分成两段或三段，并且由在平行于路面的平面中摆动的转向摇臂直接带动或通过转向直拉杆带动，如图10-5所示。

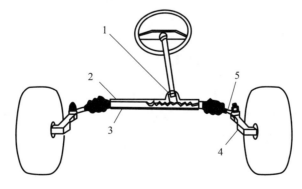

1—主动齿轮；2—壳体；3—齿条；4—梯形臂；5—转向横拉杆。
图10-5 与独立悬架配用的转向传动机构

奥迪轿车转向器安装在前围板上，转向传动机构如图10-6所示。左、右转向横拉杆和转向减震器内端通过支架、螺栓固定在转向器的齿条上，转向减震器的外端固定在车身支架上。为防止运动干涉，左、右横拉杆的外端用球头和左、右转向节臂连接在一起，转向节臂和转向节焊接在一起。

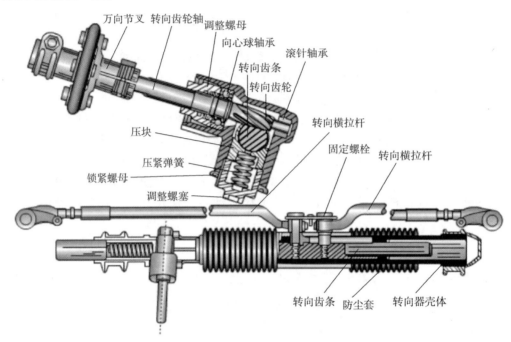

图10-6 奥迪轿车转向器及转向传动机构

当汽车转向时，转向齿条横向移动，使左、右横拉杆一个受压、一个受拉，随转向齿条移动，则横拉杆通过球头铰接带动左、右转向节臂及转向节绕主销转动，从而使转向轮偏转一定的角度。

随堂测试

1. 机械转向系由_____、_____和_____三大部分组成。
2. 汽车转向操纵机构主要由_____、_____及_____等组成。
3. 转向器是转向系中的_____传动装置，其功用是将驾驶员加在转向盘上的力矩_____，并减小转速，传给转向传动机构。
4. 常见的转向器有_____式和_____式两种。
5. 转向传动机构的功用是将_____输出的力和运动传到转向桥两侧的_____，使两侧转向轮偏转，并且使转向轮偏转角按一定关系变化，以保证汽车转向时车轮与地面的相对_____尽可能小。

项目十 转向系工作过程分析

任务实施

任 务 工 单

任务名称：分析机械转向系的工作过程		
姓名：	班级：	学号：
任务描述	请你就某一型号车辆绘制该车转向系结构简图，并讲解其工作过程，在学习小组或班级里进行交流汇报	
能力目标	1. 能够向客户在实际车辆上讲解转向系的结构及其工作过程； 2. 树立以客户为中心的理念，增强安全服务意识； 3. 具有与客户沟通交流的能力； 4. 具备信息搜集和处理的能力	
实施准备	1. 教学用车辆或机械转向系实验台； 2. 车辆或转向系相关资料； 3. 汇报用纸、笔等	
实施步骤	自主学习	学习相关知识，个人绘制某车辆机械转向系结构简图
	小组讨论	以学习小组形式进行讨论，形成小组汇报成果
	小组汇报	汇报小组成果，并通过角色扮演方式在实际车辆或转向系实验台上向客户讲解机械转向系的结构与工作过程； 规范做好5S
自我反思	在专业能力、关键能力等方面的收获或体会：	

269

任务 10-2　分析动力转向系工作过程

学习内容

1. 动力转向系的种类；
2. 动力转向系的结构与工作过程；
3. 不同动力转向系的特点。

能力要求

1. 能够向客户在实际车辆上讲解动力转向系的结构及其工作过程；
2. 能够比较不同类型动力转向系；
3. 树立以客户为中心的理念，增强服务意识；
4. 具有与客户沟通交流的能力；
5. 具备信息搜集和处理的能力。

任务引入

为了减轻驾驶员的疲劳程度，增加驾驶舒适性，保证行车安全，现在大多数车型加装了转向加力装置。转向加力装置以发动机输出的动力或电力为能源，在转向时，只有一小部分是驾驶员的体能，大部分是发动机提供的液压能或气压能及电动机提供的电能。

任务描述

汽车动力转向系的作用是使驾驶员转向操作更轻便，行车更安全。请你就某一型号车辆绘制一个动力转向系工作简图，并讲解其工作过程，在学习小组或班级里进行交流汇报。

相关知识

一、动力转向系的种类

常见的动力转向系统有液压动力转向系统和电动转向系统。由于液压系统工作压力高，其部件尺寸小，并且工作时无噪声，工作滞后时间短，还能吸收来自不平路面的冲击，因此，液压动力转向装置在各类车上广泛应用。图 10-7 所示为与齿轮齿条式转向器配用的动力转向系。

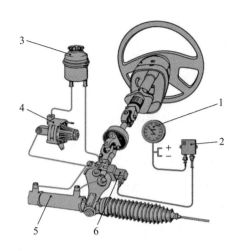

1—车速表；2—电控装置；3—储油罐；4—油泵；5—齿轮齿条式转向器；6—传感器。

图 10-7　与齿轮齿条式转向器配用的动力转向系

液压动力转向装置根据油液的工作情况，分为常压式与常流式两种；根据转向加力装置的结构，分为整体式和半整体式两种。

二、常压式动力转向系

常压式动力转向系的优点：系统中有储能器积蓄液压能，可以使用流量较小的转向油泵，而且在转向油泵不运转的情况下，可以保持一定的动力转向的能力。但系统工作压力高，易泄漏，发动机功率消耗较大。因此，目前只有少数重型汽车采用此种动力转向系统。常压式液力动力转向系如图 10-8 所示，图示位置转向控制阀处于关闭位置，汽车直线行驶。转向油泵输出的压力油充入储能器，储能器压力达到规定值，油泵自动卸荷空转。当汽车转向时，机械转向器带动转向控制阀转入开启位置，储能器中的压力油流入转向动力缸，从而产生推力以助转向。

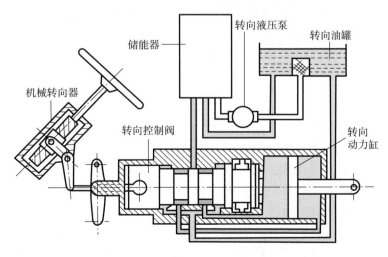

图 10-8　常压式液力动力转向系

三、常流式动力转向系

常流式液压动力转向系结构简单,油泵寿命长,泄漏较少,消耗功率也较少,因此它广泛应用于各种汽车。

常流式液压动力转向系如图10-9所示。当汽车直线行驶时,转向控制阀处于图示位置,使转向动力缸活塞两侧都和低压油路及转向油罐相通,压力相等,转向动力缸不动,油泵空转,油液处于低压流动状态。当驾驶员转动转向盘时,通过机械转向器使转向控制阀处于某一工作位置,此时转向动力缸活塞一侧与回油管隔绝,与油泵相通,压力升高(由于地面转向阻力通过转向传动机构传到动力缸的推杆,并和活塞上形成较大的油泵输出阻力);另一侧仍然与回油管路相通,压力较低,转向动力缸活塞移动,产生推力。转向盘停止转动后,转向控制阀回到图示中立位置,动力缸停止工作。由于无论汽车是否处于转向状态,液压系统管路中的油液总是在流动,压力较低,只有在转向时才产生瞬时高压,因此称为常流式。

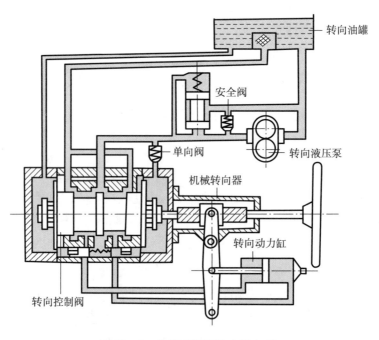

图10-9 常流式液压动力转向系

常流式液压动力转向系统按机械转向器、转向控制阀、转向动力缸三者的组合及相对位置,分为整体式、半整体式、转向加力器三种。

整体式动力转向系是目前大多数车型都采用的动力转向系统。它是将动力缸、控制阀和机械转向器三者组装在一个壳体内,这种三合一的部件称为整体式动力转向器。图10-10所示为轿车常用的齿轮齿条式整体动力转向器,工作原理如图10-11所示。活塞安装在转向齿条上,转向齿条的壳体相当于动力缸,动力缸活塞是齿条的一部分,齿条活塞两边的齿条套管被密封,形成两个油液腔,连接左、右转向回路。控制阀安装在转向齿轮壳体内。转动转向盘时,旋转阀改变油液流量,在转向齿条两端形成压力差,使得齿条向压力低的方向移动。齿条相当于动力缸的推杆,从而减轻驾驶员加在转向盘上的力。

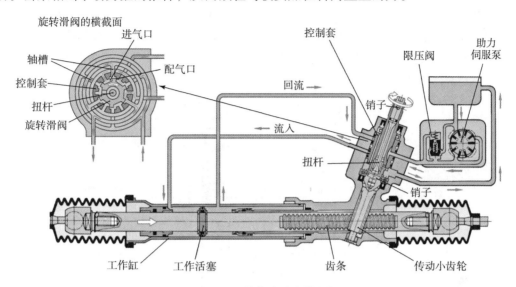

图 10-10　整体式动力转向器

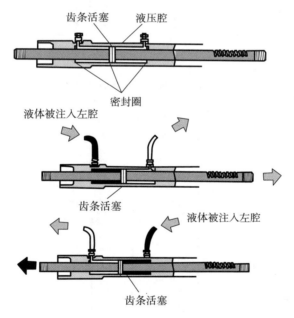

图 10-11　整体式动力转向系工作原理

四、电子控制动力转向系

电子控制式动力转向系是一种直接依靠电动机提供辅助转矩的电动助力式转向系统。由于此系统是利用微机控制电动机电流的方向和幅值,不需要复杂的控制机构,降低了成本和重量。电动机、减速机构、转向柱和转向齿轮制成一个整体,系统小型轻量化,易于布置,零件数量少,无泄漏,故障率低。电动机只有在转向时才工作,所以节约能量。

图10-12所示为电子控制动力转向系组成简图。系统通过安装在齿轮齿条式转向器输入轴上的传感器来检测转向盘的转动。当电控单元接收到传感器转动方向和载荷大小时，通过控制供给电动机的电流方向和电流大小，完成助力作用。该系统提供给电动机的电流可达75 A。电流越强，施加于齿条上的力也越大。通过改变供电极性可以控制电动机的旋转方向。

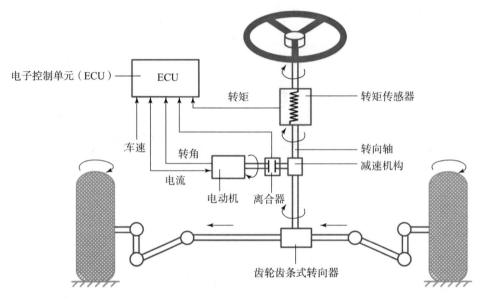

图10-12 电子控制动力转向系

图10-13所示是花冠轿车电动转向系（EMPS）的组成与工作示意图。其特点是：
①采用了车速传感式EMPS，通过安装在转向柱上的直流电动机和减速机构生成的扭矩

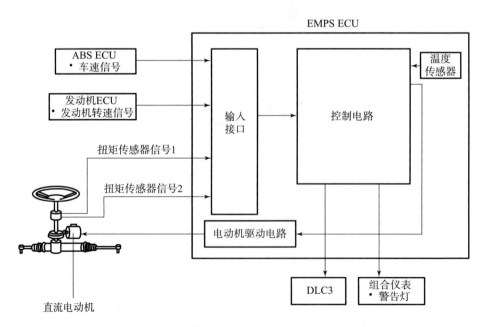

图10-13 花冠轿车EMPS的组成与工作示意

来辅助驾驶员转向。通过 EMFS、ECU（车速信号）的信息可以计算出辅助动力的大小。

②电动转向系统具有极好的燃油经济性，辅助动力由安装在转向柱上的直流电动机提供，仅在需要辅助动力时，该电动机才会消耗能量。

③电动转向系统与普通液压动力转向系统不同，它具有优良的可维护性，因为它没有管路、动力转向泵、皮带轮和动力转向液。

随堂测试

1. 常见的动力转向系统有_____转向系统和_____转向系统。

2. 液压动力转向装置根据油液的工作情况，分为_____与_____两种；根据转向加力装置的结构，分为_____式和_____式两种。

3. 常流式液压动力转向系统按机械转向器、转向控制阀、转向动力缸三者的组合及相对位置，分为_____、_____、_____三种。

4. 目前大多数车型都采用的动力转向系统是_____动力转向系。

5. 电子控制式动力转向系统是一种直接依靠_____提供辅助转矩的电动助力式转向系统。由于此系统是利用微机控制电动机_____的方向和幅值，不需要复杂的控制机构，降低了成本和重量。

任务实施

任 务 工 单

任务名称：分析动力转向系的工作过程		
姓名：	班级：	学号：
任务描述	请你就某一型号车辆绘制一个动力转向系工作简图，并讲解其工作过程，在学习小组或班级里进行交流汇报	
能力目标	1. 能够向客户在实际车辆上讲解动力转向系的结构及其工作过程； 2. 能够比较不同类型的动力转向系； 3. 树立以客户为中心的理念，增强安全服务意识； 4. 具有与客户沟通交流的能力； 5. 具备信息搜集和处理的能力	
实施准备	1. 教学用车辆或动力转向实验台； 2. 车辆或动力转向系相关资料； 3. 汇报用纸、笔等	
实施步骤	自主学习	学习相关知识，个人绘制动力转向系工作简图
	小组讨论	以学习小组形式讨论动力转向系类型、结构特点等，形成小组汇报成果
	小组汇报	汇报小组成果，并通过角色扮演方式在实际车辆或动力转向实验台上向客户讲解动力转向系统的结构与工作过程； 规范做好5S
自我反思	在专业能力、关键能力等方面的收获或体会：	

项目十一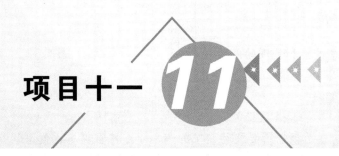

制动系工作过程分析

制动系是汽车底盘的重要组成部分,包括制动器、制动操纵机构、制动传动机构和制动力调节机构。按照传力介质不同,制动系分为液压制动系和气压制动系两种类型。为提高汽车制动性能,现代汽车普遍采用了制动防抱死系统和电子稳定程序。

本项目包括分析液压制动系工作过程、分析气压制动系工作过程以及分析制动防滑与稳定控制系统工作过程等任务。

任务 11-1 分析液压制动系工作过程

 学习内容

1. 液压制动系的液压回路;
2. 液压制动系的主要部件结构与工作原理;
3. 鼓式制动器与盘式制动器的比较。

 能力要求

1. 能够向客户在实际车辆上讲解液压制动系的结构及其工作过程;
2. 树立以客户为中心的理念,增强服务意识;
3. 具有与客户沟通交流的能力;

4. 具备信息搜集和处理的能力。

 任务引入

制动系的功用是根据需要使行驶中的汽车减速甚至停车，使下坡行驶的汽车的速度保持稳定，以及使已停驶的汽车保持不动。液压制动系的传力介质是制动油液，利用制动油液将驾驶员作用于制动踏板上的力转换为油液压力，通过管路传至车轮制动器，再将油液压力转换为使制动蹄张开的机械推力，实现制动。你能够就某一液压制动车型向客户讲解液压制动系的结构与工作过程吗？

 任务描述

汽车行驶过程中，驾驶员是通过踩下制动脚踏板来进行汽车制动的，也就是操纵制动系工作，制动系的性能直接影响行车安全。液压制动系在轿车、轻型货车的行车制动系上应用广泛。请你就某一型号液压制动车辆绘制该车制动系液压回路图，并讲解其制动工作过程，在学习小组或班级里进行交流汇报。

 相关知识

 一、液压制动系的液压回路

图11-1所示为典型轿车制动系统示意图。该系统采用真空助力、双回路交叉布置。前轮为盘式制动器，后轮为鼓式制动器。后轮鼓式制动器同时也作为驻车制动系的制动器。制动主缸的后腔与右前轮、左后轮的制动回路相通；制动主缸的前腔与左前轮、右后轮的制动回路相通。

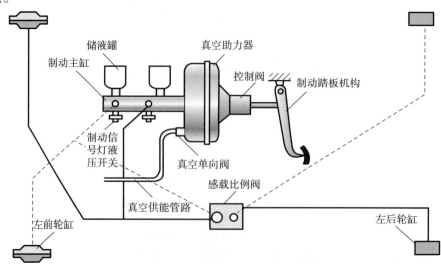

图 11-1 典型轿车制动系统示意

制动时，驾驶员踩下制动踏板，踏板力经真空助力器放大后，作用在制动主缸上，制动主缸将制动液加压后，分别输送到两个制动回路，使制动器产生制动作用。

这种液压传动对角线双回路制动系统能保证在任一个回路出现故障时，仍能得到总制动效能的 50% 左右。此外，这种制动系结构简单，并且直行时紧急制动的稳定性好。

要施行驻车制动时，用手向后拉手制动操纵杆或向上拉起手制动按钮，即可使两个后轮制动器中的两个制动蹄向外张开，使制动鼓产生制动作用。

制动踏板机构和手制动操纵杆或按钮在施行制动时和电气开关相接触，指示灯亮，进行制动显示。

在双回路液压制动系统中，制动主缸的液压分别经两个相互独立的系统传递给车轮，通常用前后独立方式或交叉方式设置管路，即前后分开式和对角线分开式布置形式，如图 11-2 所示。前后独立方式的双回路液压制动传动装置主要应用于对后轮制动依赖性较大的发动机后置后轮驱动汽车，交叉式的双回路液压制动传动装置主要应用于对前轮制动依赖性较大的发动机前置前轮驱动汽车。

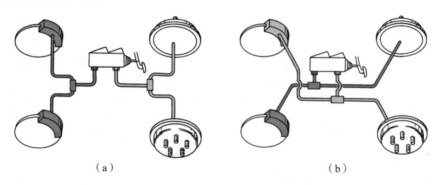

图 11-2 双回路液压制动回路布置示意
（a）前后分开式；（b）交叉式

二、液压制动系的主要部件与工作原理

1. 制动主缸

制动主缸的作用是将踏板力转变成液压力。

现代汽车的行车制动系采用双回路制动系，因此液压制动系都采用串联双腔式制动主缸。

（1）结构

串联式双腔制动主缸如图 11-3 所示，储液罐为一体的串联双腔式制动主缸部件分解如图 11-4 所示。串联式双腔制动主缸主要由储液罐、制动主缸壳体、前腔活塞、后腔活塞及前后活塞弹簧、推杆、皮碗等组成。主缸的壳体内装有前、后腔活塞及回位弹簧，前、后活塞分别用皮碗密封。储油罐分别与主缸的前、后腔相

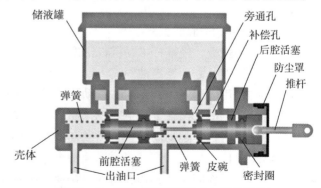

图 11-3 串联式双腔制动主缸结构示意

通，前出油口、后出油口分别与轮缸相通，前腔活塞靠后腔活塞的液力和弹簧力推动，而后腔活塞直接由推杆推动。

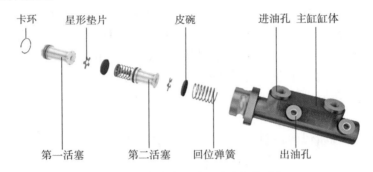

图 11-4 串联式双腔制动主缸的分解

(2) 工作过程

串联双腔式制动主缸的工作过程如图 11-5 所示。

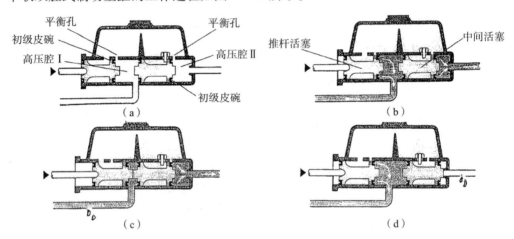

图 11-5 串联双腔式制动主缸的工作过程
(a) 不制动时；(b) 正常状态下制动时；(c) 与后腔连接的制动管路漏油时；
(d) 与前腔连接的制动管路漏油时

① 不制动时。

两活塞前部皮碗均遮盖不住其旁通孔，制动液由储油罐进入主缸，如图 11-5 (a) 所示。

② 正常状态下制动时。

操纵制动踏板，经推杆推动推杆活塞右移，在其皮碗遮盖住旁通孔之后，后工作腔油液压力升高，油液一方面经出油阀流入制动管路，另一方面推动中间活塞右移。在后腔液压和弹簧弹力的作用下，中间活塞向右移动，前腔油液压力也随之升高，油液推开出油阀流入管路，于是两个制动管路在等压下对汽车制动，如图 11-5 (b) 所示。

解除制动时，抬起制动踏板，活塞在弹簧作用下复位，高压油液自制动管路流回制动主缸。如活塞复位过快，工作腔容积迅速增大，而制动管路中的油液由于管路阻力的影响，来不及充分流回工作腔，使工作腔内油压快速下降，便形成一定的真空度，于是储油罐中的油液便经平衡孔（补偿孔）和活塞上的轴向小孔推开垫片，并且皮碗进入工作腔。当活塞完全复位时,旁通孔开放,制动管路中流回工作腔的多余油液经补偿孔流回储油罐。

③与后腔连接的制动管路损坏漏油时。

若与后腔连接的制动管路损坏漏油,则在踩下制动踏板时,起初只是推杆活塞前移,而不能推动中间活塞,因而后腔工作油液不能建立。但在推杆活塞直接顶触中间活塞时,中间活塞便前移,使前腔建立必要的工作油压而制动,如图11-5(c)所示。

④与前腔连接的制动管路损坏漏油时。

若与前腔连接的制动管路损坏漏油,则在踩下制动踏板时,只有后腔中能建立液压,前腔中无压力,此时,在压力差的作用下,前活塞迅速移到其前端顶到主缸缸体上。此后,后工作腔中液压方能升高到制动所需的值,如图11-5(d)所示。

2. 制动轮缸

制动轮缸的作用是将制动主缸传来的液压力转变为使制动蹄张开的机械推力。

制动轮缸有单活塞式和双活塞式,双活塞式比较常用。制动轮缸主要由缸体、活塞、顶块、皮碗、弹簧、防护罩和放气螺钉等组成,如图11-6所示。

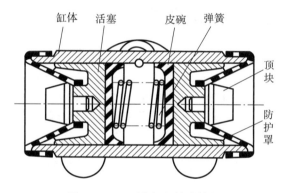

图11-6 双活塞式制动轮缸

制动轮缸的缸体通常用螺钉固装在制动底板上,位于两制动蹄之间,内装铝合金活塞,密封皮碗的刃口方向朝内,并由弹簧压靠在活塞上与其同步运动。活塞外端压有顶块并与制动蹄的上端相抵紧。在缸体的另一端装有防护罩,可防止尘土及泥土的侵入。缸体上方装有放气螺塞,以便放出液压系统中的空气。

3. 真空助力器

真空助力器是利用真空能(负气压能)对制动踏板进行助力的装置,对其控制是利用踏板机构直接操纵。

图11-7所示为单膜片真空助力器的结构图。真空助力器和制动主缸用螺钉固定在车身前围上,借推杆与制动踏板连接。伺服气室由前、后壳体组成,其间夹装有膜片座,它的前腔经单向阀通进气歧管或真空罐;后腔膜片座毂筒中装有控制阀,空气阀2与推杆6固接,橡胶阀门8与在膜片座上加工出来的阀座组成真空阀。

当给制动踏板施加压力时,制动踏板推杆向左移动。这个动作使空气阀柱塞向左运动,通过空气阀使膜片右侧B腔的真空被空气压力取代。膜片左侧A腔的真空仍然保持,在压差作用下,膜片向左运动,产生对制动主缸和活塞的一个额外推力。

真空助力器有保持、助力和释放三种工作模式。通常情况下,整个助力器处于真空状态。

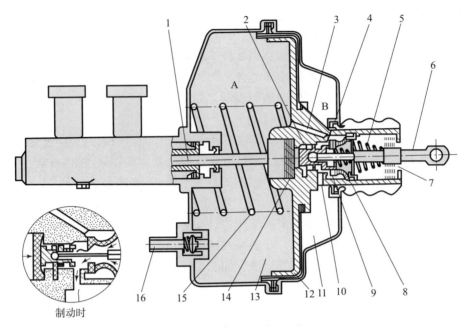

制动时

1—推杆；2—空气阀；3—真空通道；4—真空阀座；5—回位弹簧；6—制动踏板推杆；7—空气滤芯；8—橡胶阀门；9—空气阀座；10—通气道；11—伺服气室后腔；12—膜片座；13—伺服气室前腔；14—橡胶反作用盘；15—膜片回位弹簧；16—真空口和单向阀。

图 11-7 单膜片真空助力器的结构

若真空助力器失效或真空管路无真空度，空气阀柱塞将通过空气阀直接推动膜片座和制动主缸推杆，使制动主缸产生制动压力，但加在踏板上的力要增大。

4. 车轮制动器

制动器是制动系中用于产生阻止车辆运动或运动趋势的力的部件。一般汽车使用的制动器的制动力矩都来源于固定元件和旋转元件工作表面之间的摩擦，即摩擦式制动器。

摩擦制动器按照摩擦工作表面的不同，分为鼓式制动器和盘式制动器。

（1）鼓式制动器

鼓式制动器的摩擦副中的旋转元件是制动鼓，其工作表面是内圆柱面；固定元件是制动蹄，制动蹄的张开是由液压机构控制的制动轮缸驱动的。轮缸式鼓式制动器按照其结构与工作特点不同，又分为领从蹄式制动器、双领蹄式与双从蹄式制动器、双向双领蹄式制动器和自增力式制动器。

① 领从蹄式制动器。

领从蹄式制动器的示意图如图11-8所示。图中箭头所示为汽车前进时制动鼓的旋转方向，即制动鼓的正向旋转方向。制动轮缸6所施加给领蹄1的促动力F_s使得该制动蹄绕支承点2张开时的旋转方向与制动鼓的旋转方向相同。具有这种属性的制动蹄称为领蹄。与此相反，制动轮缸6

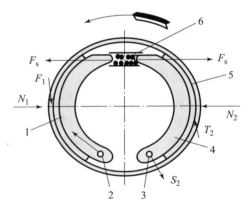

1—领蹄；2、3—支承点；
4—从蹄；5—制动鼓；6—制动轮缸。

图 11-8 领从蹄式制动器受力分析

所施加给制动蹄 4 的促动力 F_s 使得该制动蹄绕支承点 3 张开时的旋转方向与制动鼓的旋转方向相反,具有这种属性的制动蹄称为从蹄。当汽车倒驶,即制动鼓反向旋转时,蹄 1 变成从蹄,而蹄 4 则变成领蹄。这种在制动鼓正向旋转和反向旋转时,都有一个领蹄和一个从蹄的制动器即称为领从蹄式制动器。

轿车的后轮制动器通常采用领从蹄式制动器。图 11-9 所示为前轮驱动的普通轿车的后轮制动器。旋转元件制动鼓和车轮用螺栓连接在一起,固定元件制动底板上装有制动蹄等零件,并和短轴一起固定在车桥端头凸缘上。

②双领蹄式与双从蹄式制动器。

在汽车前进时,两制动蹄均为领蹄的制动器称为双领蹄式制动器。

双领蹄式鼓式制动器总体构造与领从蹄式制动器相差不多。只是采用了两个单活塞式制动轮缸,并且上下反向布置。制动蹄一端卡在制动轮缸活塞上,另一端固定支承。该制动器的受力情况可以简化为图 11-10 所示,在汽车前进时,该制动器的前、后蹄均为领蹄,故称为双领蹄式制动器。

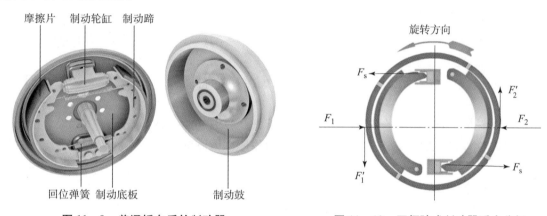

图 11-9 普通轿车后轮制动器　　　　图 11-10 双领蹄式制动器受力分析

这种制动器前进制动时效能高,但在倒车制动时,两制动蹄都变成从蹄,制动效能下降很多。解放 CA1020F 和 CA6440 型汽车的前轮制动器及北京 BJ2020N 型汽车前轮制动器均为双领蹄式制动器。

③双向双领蹄式制动器。

双向双领蹄式制动器的结构如图 11-11 所示,其结构特点是:制动蹄、制动轮缸、回位弹簧均为成对地对称布置,两制动蹄的两端采用浮式支承,并且支点在径向位置浮动,用回位弹簧拉紧。其性能特点是:汽车前进或倒车中制动时,两个制动蹄均为"领蹄",均有较强的增力,制动效果好,蹄片磨损均匀。

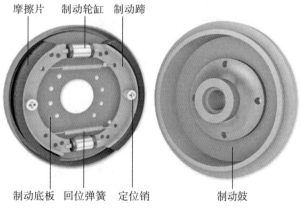

图 11-11 双向双领蹄式制动器结构

④自增力式制动器。

自增力式制动器分为单向自增力和双向自增力两种。在结构上只是轮缸中的活塞数目不同而已。自增力式制动器在国产汽车上应用较少，这里仅对双向自增力式制动器进行介绍。

双向自增力式制动器的结构原理如图 11-12 所示。当行车制动时，两制动蹄在相同的轮缸促动力 F_s 作用下同时向外张开，压靠到旋转的制动鼓上，并由于摩擦力的作用，使两制动蹄均沿顺时针方向移动。当第二制动蹄尚未顶靠到支承销时，

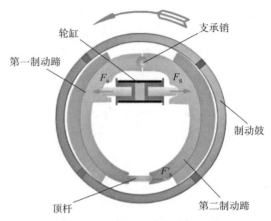

图 11-12　双向自增力式制动器示意图

第一制动蹄与制动鼓所产生的切向合力所造成的绕下支点的力矩与促动力所造成的绕同一支点的力矩同向，故前蹄为领蹄；当两制动蹄继续移动到第二制动蹄顶靠在支承销上以后，第一制动蹄即对浮动的顶杆产生作用力 F_s'，并间接作用在第二制动蹄下端。此时第二制动蹄上端为支承点，在促动力 F_s 和 F_s' 共同作用下向外旋转张开，使该制动蹄也变成了领蹄，并且此时后制动蹄对制动鼓的压力比前制动蹄的还大，产生了自动增力作用。

倒车制动时，两制动蹄的工作情况正好相反，此时前制动蹄具有自动增力效果。由于在行车制动和倒车制动时，制动器都具有自动增力作用，因此该种制动器称为双向自增力式制动器。

（2）盘式制动器

盘式制动器摩擦副中的旋转元件是以端面工作的金属圆盘，称为制动盘。其固定元件有着多种结构形式。根据固定元件的结构形式不同，盘式制动器大体上可以分为两类，即钳盘式制动器和全盘式制动器。

1）钳盘式制动器

钳盘式制动器中的固定元件是由工作面积不大的摩擦块与其金属背板组成的制动块。每个制动器中有 2~4 块制动块，这些制动块及其促动装置都装在横跨制动盘两侧的钳形支架中，总称为制动钳。根据制动钳的结构形式不同，钳盘式制动器又分为定钳盘式制动器和浮钳盘式制动器两种。

①定钳盘式制动器。

定钳盘式制动器的基本结构如图 11-13 所示。制动盘与车轮部分相连接，随车轮一起转动。轮缸活塞布置在制动盘两侧的制动钳体支架中，活塞的端部粘有摩擦块。制动钳体用螺栓固定在桥壳或转向节上，既不能旋转，也不能轴向移动。制动时，高压制动液被压入两个制动轮缸中，推动轮缸活塞并使两个制动摩擦块同时压向制动盘，产生制动作用。此时活塞上矩形橡胶密封圈的刃边在活塞摩擦力的作用下产生弹性变形（图 11-13 中的右图）。其极限变形量应等于（制动器间隙为设定值时的）完全制动所需的活塞行程。解除制动时，活塞在密封圈的弹力作用下回位，直至密封圈变形完全消失为止，此时摩擦片与制动盘之间的间隙即为设定间隙。

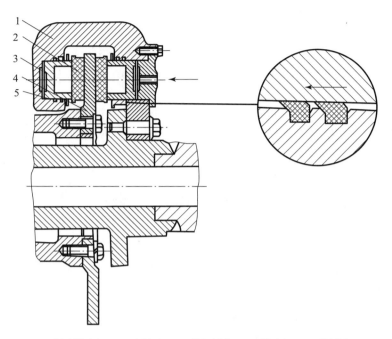

1—制动钳支架；2—摩擦片；3—轮缸活塞；4—制动盘；5—密封圈。

图 11-13 定钳盘式制动器结构

若制动器存在过量间隙，则制动时活塞密封圈变形达到极限值后，轮缸活塞在液压作用下克服密封圈的摩擦力而继续移动，直到完全制动为止。但解除制动后，活塞密封圈将活塞拉回，使制动器间隙恢复到设定值。由此可见，密封圈能兼起活塞回位弹簧和一次调准式间隙自调装置的作用，可使制动钳结构简单，造价低廉，故在轻、中型轿车上得到广泛应用。但这种结构对橡胶密封圈的弹性、耐热性、耐磨性及加工精度要求较高，而且所能保持的制动器间隙较小，在保证彻底解除制动方面还不十分可靠。

②浮钳盘式制动器。

顾名思义，浮钳盘式制动器的制动钳是浮动的，可以相对于制动盘做轴向移动。其中只在制动盘的内侧设置油缸，用于驱动内侧制动块，而外侧的制动块则附着在钳体上，制动时随制动钳做轴向移动。图 11-14 所示为浮钳盘式制动器结构示意。制动时，右侧活塞及摩擦块在液压作用力 F_1 作用下，向左移动压向制动盘。同时，液压的反作用力 F_2 推动制动钳体向右移动，使左侧摩擦块也压靠到制动盘上。导向销上的橡胶衬套不仅能够稍微变形以消除制动器间隙，而且可使导向销免受泥污。解除制动时，橡胶衬套所释放出来的弹性能有助于右侧制动块离开制

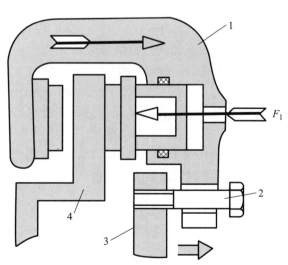

1—制动钳体；2—导向销；3—制动钳支架；4—制动盘。

图 11-14 浮钳盘式制动器结构示意

动盘。活塞密封圈使活塞回位。若制动器产生了过量的间隙，活塞则相对于密封圈滑移，借此实现间隙自动调整。

与定钳盘式制动器相比，浮钳盘式制动器的单侧油缸结构简单，使制动器的轴向与径向尺寸较小，有可能布置得更接近车轮轮毂。由于浮钳盘式制动器优点较多，近年来在轿车及轻型载货汽车上得到广泛应用。

一汽奥迪 A6 轿车、全轮驱动的宝来 A4 轿车及上海帕萨特 B5 轿车的前后轮均采用了浮钳盘式制动器，此外，捷达系列轿车、小红旗系列轿车及上海桑塔纳轿车的前轮也都采用了浮钳盘式制动器。

2) 全盘式制动器

在重型和超重型载货汽车上，要求有更大的制动力，为此，采用了全盘式制动器。全盘式制动器摩擦副的固定元件和旋转元件都是圆盘形的，分别称为固定盘和旋转盘。其结构原理与摩擦离合器的相似。

三、盘式制动器与鼓式制动器的比较

盘式制动器与鼓式制动器相比，其优点是：鼓式制动器单面传热，内外两面温差较大，导致制动鼓变形，同时，长时间制动后，制动鼓因高温而膨胀，减弱制动效能，而盘式制动器两面传热，圆盘旋转易冷却，不易变形，制动效果好，长时间使用后，制动盘因高温膨胀而使制动作用增强；结构简单，维修方便，易实现间隙自动调整。

不足之处在于：盘式制动器摩擦片直接压在圆盘上，无自动摩擦增力作用，所以，在此系统中须另行装设动力辅助装置；兼用驻车制动时，加装的驻车制动传动装置较鼓式制动器复杂，因而用在后轮上受到限制。

随堂测试

1. 在双回路液压制动系统中，制动主缸的液压分别经两个_____的系统传递给车轮，通常用前后_____方式或_____方式设置管路。

2. 制动主缸的作用是将踏板力转变成_____。制动轮缸的作用是将制动主缸传来的液压力转变为使制动蹄张开的_____。

3. 摩擦制动器按照摩擦工作表面的不同，分为_____式制动器和_____式制动器。

4. 鼓式制动器工作时单面传热，内外两面温差_____，导致制动鼓变形，同时，长时间制动后，制动鼓因高温而膨胀，减弱_____。

5. 盘式制动器工作时两面传热，圆盘旋转易_____，不易变形，制动效果好，长时间使用后，制动盘因高温膨胀而使制动作用_____。

任务实施

任 务 工 单

任务名称：分析液压制动系的工作过程		
姓名：	班级：	学号：
任务描述	请你就某一型号液压制动车辆绘制该车制动系液压回路图，并讲解其制动工作过程，在学习小组或班级进行交流汇报	
能力目标	1. 能够向客户在实际车辆上讲解液压制动系的结构及其工作过程； 2. 树立以客户为中心的理念，增强安全服务意识； 3. 具有与客户沟通交流的能力； 4. 具备信息搜集和处理的能力	
实施准备	1. 教学用车辆或液压制动实验台； 2. 车辆或液压制动相关资料； 3. 汇报用纸、笔等	
实施步骤	自主学习	学习相关知识，个人绘制某车辆液压制动系的液压回路图，并分析制动工作过程
	小组讨论	以学习小组形式针对液压制动系结构、类型、使用、安全等方面开展讨论，形成小组汇报成果
	小组汇报	汇报小组成果，并通过角色扮演方式在实际车辆或液压制动实验台上向客户讲解液压制动系统的结构与工作过程； 规范做好5S工作
自我反思	在专业能力、关键能力等方面的收获或体会：	

任务 11-2　分析气压制动系工作过程

学习内容

1. 气压制动系回路；
2. 气压制动系主要部件的结构与工作过程。

能力要求

1. 能够向客户在实际车辆上讲解气压制动系的结构及其工作过程；
2. 树立以客户为中心的理念，增强服务意识；
3. 具有与客户沟通交流的能力；
4. 具备信息搜集和处理的能力。

任务引入

气压式制动传动装置是发展最早的一种动力制动传动装置，其制动能源是空气压缩机产生的压缩空气。气压式制动传动装置具有制动力大、制动灵活等特点。

任务描述

汽车制动系直接影响行车安全，气压制动系广泛应用于中型和重型载货汽车上。请你就某一气压制动型号车辆绘制一个气压制动回路简图，并讲解其工作过程，在学习小组或班级里进行交流汇报。

相关知识

一、气压式制动回路

图 11-15 所示为典型汽车的双回路气压制动系统示意。由发动机驱动的空气压缩机 1 将压缩空气经单向阀 3 首先输入湿储气筒 5。湿储气筒上装有安全阀 7、取气阀 4 和油水放出阀 6，压缩空气在湿储气筒内冷却并进行油水分离后，分别经两个单向阀 8 进入储气筒 15 的前、后腔。储气筒的前腔与串联双腔式制动阀 16 的上腔相连，以控制后轮制动；储气筒的后腔与串联双腔式制动阀 16 的下腔相连，以控制前轮制动。储气筒两腔的气压还经三通

管分别通向双指针空气压力表 19 中的两个传感器。空气压力表上指针指示储气管前腔的气压，下指针指示后腔的气压。前制动管路同时还接通挂车制动控制阀 9，将由湿储气筒 5 通向挂车的通路切断。由于挂车采用放气制动，所以，当湿储气筒通往挂车通路切断时，挂车也同时制动。

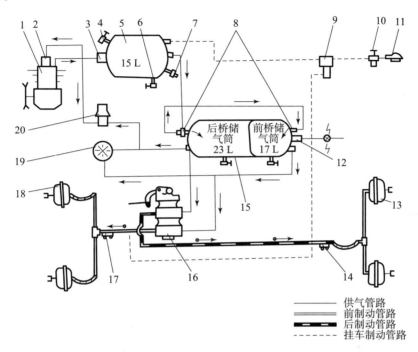

1—空气压缩机；2—卸荷阀；3—单向阀；4—取气阀；5—湿储气筒；6—油水放出阀；7—安全阀；
8—单向阀；9—挂车制动控制阀；10—分离开关；11—连接头；12—气压过低报警开关；
13—后轮制动气室；14、17—制动灯开关；15—储气筒；16—串联双腔式制动阀；
18—前轮制动气室；19—双指针空气压力表；20—气压调节阀。

图 11-15 典型气压制动系统示意

储气筒中的气压在正常情况下应不超过 0.8 MPa。超过时，气压调节阀 20 起作用，使空气压缩机卸荷空转。当调节阀或空气压缩机卸荷装置失效时，装在湿储气筒上的安全阀 7 可将储气筒内气压控制在 0.85 MPa 以内。若储气筒内的气压低于 0.45 MPa，气压过低报警开关 12 触点闭合，接通电路，报警灯亮，同时蜂鸣器发出音响，此时应立即停车，排除故障。

驾驶员通过踏板机构操纵串联双腔式制动阀 16，踩下制动踏板时，拉动制动阀的拉臂，使储气筒前、后腔的压缩空气穿过制动阀分别进入后制动气室和前制动气室，促动制动器产生制动作用。同时，前制动管路的压缩空气还进入挂车制动控制阀，使挂车制动。当放松制动踏板时，串联双腔式制动阀 16 使制动气室通大气，以解除制动。

二、气压式制动系主要部件的结构与工作过程

1. 空气压缩机及调压阀

空气压缩机用于产生制动所用的压缩空气，输送到储气筒中。其结构有单缸式和双缸式

两种。空气压缩机通常固定在气缸体或气缸盖的一侧，由发动机通过风扇带轮和V形带驱动，或者由发动机曲轴的正时齿轮通过齿轮机构驱动。

调压阀用来调节供气管路中压缩空气的压力，使之保持在规定的压力范围内。同时，使空气压缩机能卸荷空转，减少发动机的功率损失。空气压缩机卸荷装置与调压阀的工作原理如图11-16所示。

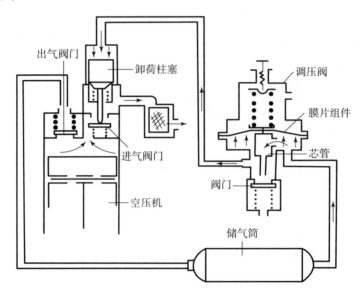

图11-16 空气压缩机卸荷装置与调压阀工作原理示意

2. 制动阀

制动阀是汽车气压制动系的主要控制装置，用来控制由储气筒进入制动气室或挂车制动阀的压缩空气量，并有渐近变化的随动作用，以保证作用在制动器上的力与施加于制动踏板上的力成正比。

制动阀的结构形式很多，工作原理类似。其结构随汽车制动系回路不同，分为单腔式、双腔式和三腔式，双腔式又可分为串联式和并联式，而三腔式多为并联式。

解放中型汽车的串联双腔活塞式制动阀如图11-17和图11-18所示。它由上盖、上阀体、中阀体和下阀体等用螺钉相连而成，各连接件之间装有密封垫。下阀体上的进气口和出气口分别接前桥储气筒和前桥制动气室；中阀体上的进气口和出气口分别接后桥储气筒和后桥制动气室。上、下活塞与壳体间装有密封圈。下活塞由大、小两个活塞套装在一起，其中下腔小活塞总成相对于下腔大活塞能进行向下单独运动。下腔阀门滑套在装有密封圈的下阀体的中心孔中，上腔阀门滑套在下腔小活塞上端的中空芯管上，其外圆装有密封隔套。

串联双腔活塞式制动阀的制动状态如图11-19所示。

（1）开始制动

踩下制动踏板，拉臂绕销轴顺时针转动（图11-17），通过滚轮、推杆压缩平衡弹簧，并推动上腔活塞向下移动，首先消除上腔活塞下端与上腔阀门间的排气间隙，而后推开上腔阀门。此时，从储气筒前腔来的压缩空气经进气口、上阀门与中阀体上的阀座间形成的进气间隙进入G腔，并经出气口进入后制动气室，使后轮制动。同时，进入G腔的压缩空气经通气孔F进入下腔大活塞及下腔小活塞总成的上方，并使其向下移动，消除下腔小活塞总成

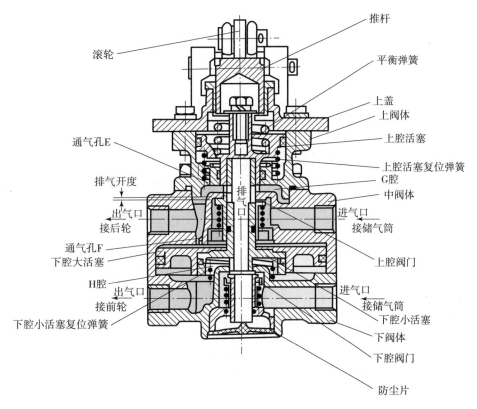

图 11-17 解放中型汽车制动阀构造原理图

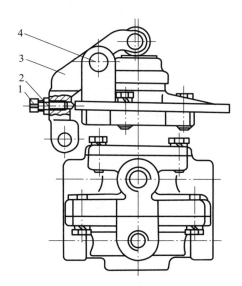

1—调整螺钉；2—锁紧螺母；3—拉臂；4—销轴。

图 11-18 解放中型汽车制动阀外形

芯管下端与上腔阀门间的排气间隙，而后推开下腔阀门。此时，从储气筒后腔来的压缩空气经进气口、下腔阀门与下阀体上的阀座间形成的进气间隙进入 H 腔，并经出气口充入前制动气室，使前轮制动。

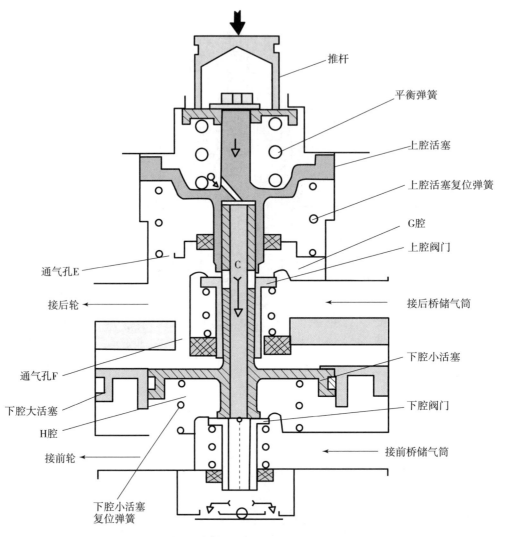

图 11-19 串联双腔活塞式制动阀制动状态

(2) 维持制动

当要维持制动状态时，制动踏板保持在某一位置不动，压缩空气除了进入 G 腔外，还经通气孔 E 进入上腔活塞的下方，并推动上腔活塞上移。当回位弹簧的张力与 G 腔中的气压作用力之和与平衡弹簧的压紧力相平衡、回位弹簧的张力与 H 腔中的气压作用力之和与下腔活塞上方的气压作用力相平衡时，制动阀将保持在上腔阀门和下腔阀门均关闭、G 腔和 H 腔中的气压保持稳定状态，即所谓制动阀的平衡位置。

若需加强制动，驾驶员继续踩下踏板一定行程之后，此时上腔阀门和下腔阀门又重新开启，使中阀体的 G 腔和下阀体的 H 腔及制动气室进一步充气，直到上面叙及的平衡状态重新出现。在此新的平衡状态下，制动气室所保持的稳定压力比以前更高，平衡弹簧的压缩量和踏板力也比以前更大，制动阀将处于一个新的制动强度增加的平衡状态。

(3) 解除制动

松开制动踏板时，如图 11-17 所示，拉臂复位，平衡弹簧恢复到原来装配长度，上腔活塞受上腔活塞回位弹簧的作用而上移，上阀门在其回位弹簧的作用下随之上移，直到与中阀体上的阀座接触，关闭储气筒与后制动气室的通路，上腔活塞继续上移，其下端与上阀门之间形成排气间隙，后制动气室的压缩空气经 G 腔及其所形成的排气间隙、下腔小活塞总成上端芯管上的径向孔、芯管内孔至制动阀最下端排气口排入大气。同时，下腔大活塞及下腔小活塞总成在下腔小活塞回位弹簧的作用下上移，下腔阀门在其回位弹簧的作用下也随之上移，直到与下阀体上的阀座接触，关闭储气筒与前制动气室的通路，下腔小活塞总成继续上移，其下端与下阀门之间形成排气间隙，前制动气室的压缩空气经 H 腔及其所形成的排气间隙、下腔小活塞总成至制动阀最下端排气口排入大气，制动作用即被解除。

（4）制动管路损坏漏气时

当前制动管路损坏漏气时，制动阀上腔仍能按上述方式工作，因此后制动器仍能起到制动作用；当后制动管路损坏漏气时，由于下腔活塞上方建立不起控制气压而无法动作，上腔平衡弹簧将通过上腔活塞直接推动下腔小活塞总成相对于下腔大活塞下移，推开下阀门使前制动器起作用。为了消除上腔活塞与上腔阀门间的排气间隙（（1.2±0.2）mm）所踩下的制动踏板行程，称为制动踏板自由行程。行程调整螺钉是用来调整排气间隙的，出厂时已调整好，使用过程中不要任意拧动。

3. 制动气室

制动气室的作用是将输入的气压转换成机械能再输出，使制动器产生制动作用。制动气室分为单制动气室和复合制动气室，又有膜片式和活塞式之分。

（1）单制动气室

图 11 -20 所示为膜片式单制动气室。在壳体和盖之间，通过卡箍夹装有橡胶膜片，推杆与膜片支承盘焊接，弹簧将推杆、支承盘连同膜片推到图示右极限位置。推杆的左端借助连接叉与制动调整臂相连。膜片将制动气室分成两腔。右腔由通气孔与制动阀输出管路相通，左腔经通气孔与大气相通。

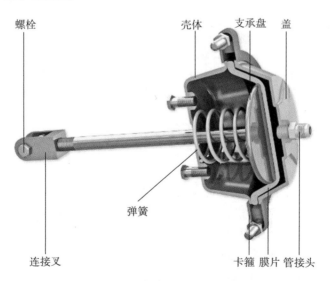

图 11 -20 膜片式单制动气室

踩下制动踏板时，制动阀输出的压缩空气自通气孔进入制动气室右腔，气压克服弹簧的作用力，推动膜片向左拱曲并使推杆左移，使制动调整臂及制动凸轮转动而实现制动。放松制动踏板时，右腔的压缩空气经制动阀的排气口排入大气。推杆和膜片在弹簧的作用下恢复原位，制动作用解除。

（2）复合制动气室

①结构。

在行车制动器兼充驻车制动器时，则采用了复合制动气室，又称弹簧储能缸。它实际上是将一个弹簧储能器和膜片式制动气室组合在一起，既作为行车制动时的传动机构，又作为驻车制动时的传动机构。图11-21所示为复合制动气室的结构图。其右侧为弹簧储能器，主要由驻车制动活塞6、驻车制动气室壳体14、储能弹簧9、驻车制动气室推杆5及驻车制动气室盖板10等组成。左侧为膜片式制动气室，由行车制动活塞体4、承推活塞17、行车制动气室推杆20、导向套筒1和行车制动活塞回位弹簧2等组成。弹簧储能器和膜片式制动气室二者由隔板隔开，隔板中心有孔，驻车制动推杆装在其中。

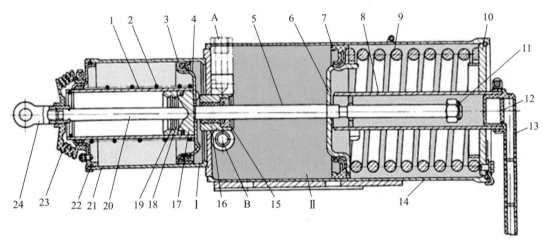

1—导向套筒；2—行车制动活塞回位弹簧；3—行车制动活塞皮碗；4—行车制动活塞体；5—驻车制动气室推杆；6—驻车制动活塞体；7—驻车制动活塞皮碗；8—套筒；9—储能弹簧；10—驻车制动气室盖板；11—螺母；12—毛毡滤片；13—防尘管；14—驻车制动气室壳体；15—密封圈座；16—活塞皮碗；17—承推活塞；18—尼龙导向环；19—尼龙挡圈；20—行车制动气室推杆；21—行车制动气室壳体；22—行车制动气室盖板；23—防护套；24—连接叉；A—行车制动气室通气口；B—驻车制动气室通气口；Ⅰ—行车制动气室；Ⅱ—驻车制动气室。

图11-21 复合制动气室结构原理

②工作过程。

当进行驻车制动时（图11-22（a）），驾驶员操控手控制动阀，将弹簧储能器中活塞右侧的压缩空气放掉，此时，弹簧储能器中的活塞在左端制动弹簧的推动下右移，并借助中间的心轴，将制动气室中的膜片连同推杆一起推向右端，与此同时，也推动调整臂转动凸轮，将制动蹄压向制动鼓，产生驻车制动。要解除驻车制动，只要操控手控制动阀，将压缩空气再从A口充入弹簧储能器中，两端的活塞和膜片在各自力的作用下，回到图11-22（c）所示的位置，汽车进入正常行驶状况。

当汽车进行行车制动时（图11-22（b）），压缩空气从B口进入制动气室膜片的左侧，膜片在压缩空气的作用下右移，带动与调整臂相连的推杆右移，调整臂转动制动凸轮，将制动蹄压向制动鼓，产生行车制动作用。

正常行驶不制动时（图 11-22（c）），压缩空气从 A 口进入弹簧储能器活塞的右侧，活塞在压缩空气的作用下被推到左端，制动气室中的膜片在回位弹簧的作用下靠在中间的隔板上。

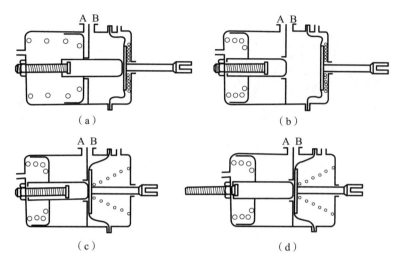

图 11-22　复合制动气室工作情况示意图
(a) 单独进行驻车制动；(b) 单独进行行车制动；(c) 正常行驶不制动；
(d) 无压缩空气时，旋出传力螺杆，解除驻车制动

汽车驻车制动日久或因制动系统漏气而使制动系统气压低，而又不能起动发动机使气压升高时，就不能以气压力解除驻车制动，此时不得已又需要拖车移动汽车时，就只好以人工方法解除驻车制动。其方法是将两后轮储能弹簧制动气室外侧的解除制动螺栓向外旋出，拉动中间的心轴向左移动，从而使制动储能器弹簧压缩，以此解除驻车制动（图 11-22（d））。

人工解除驻车制动时，两侧车轮都要做，只要有一侧车轮处于驻车制动状态，就无法将汽车拖走。解除制动时，要通过旋动解除制动螺栓压缩制动储能器弹簧，因此，旋动扭矩比较大，比较费力。应当注意的是，由于此时制动系统气压低，起动发动机行车要十分小心。当制动系统气压低的故障排除后，要及时地将解除制动螺栓旋回，使汽车恢复驻车制动功能，汽车才能正常行驶。

4. 凸轮式制动器

气压制动系中，普遍采用凸轮促动的车轮制动器，如图 11-23（a）所示。这种制动器除了用制动凸轮做张开装置外，其余部分结构与液压制动系的制动器大体相同。可锻铸铁铸成的两个制动蹄的一端套在偏心支承销上，支承销下面有支承销座，固定在制动底板上。制动蹄的另一端靠回位弹簧拉拢并使之紧靠在制动凸轮上。凸轮与凸轮轴制成一体，凸轮轴安装在制动底板的支架内，轴端有花键与制动调整臂相连。调整臂的另一端则和制动气室的推杆连接叉相连。在制动蹄的外圆弧面上铆有两块石棉摩擦片。不制动时，摩擦片和制动鼓之间留有适当的间隙，使制动鼓能随车轮自由转动。

制动时，压缩空气进入制动气室，通过推杆及连接叉使制动调整臂转动，调整臂带动凸轮轴转动，凸轮迫使两制动蹄张开并压紧在制动鼓上，产生相应的制动作用。当放松制动踏板时，制动气室中的压缩空气排出，膜片在回位弹簧作用下回位，并通过推杆、连接叉、制

动调整臂带动凸轮轴回位,同时,两个制动蹄在回位弹簧作用下,以其上端支承面靠紧于制动凸轮的两侧,制动蹄间保持一定的间隙,制动作用解除。凸轮式制动器的受力情况如图 11-23（b）所示。

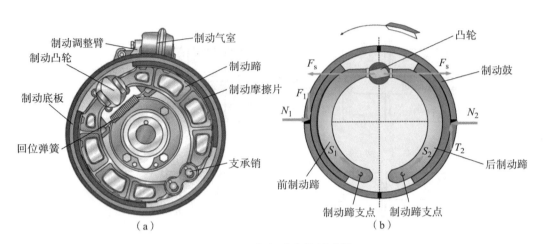

图 11-23　气压式车轮制动器
（a）凸轮制动器结构；（b）制动器受力情况

制动器的间隙可以根据需要进行局部或全面调整。局部调整时,利用制动调整臂来改变制动凸轮的原始角位置。制动调整臂的结构如图 11-24 所示。在制动调整臂壳体 2 内,装有调整蜗杆 4 和调整蜗轮 3,两者相互啮合。调整蜗轮以内花键与制动凸轮轴的外花键啮合。在制动调整臂位置不变的情况下,转动蜗杆可通过蜗轮带动凸轮轴转过一角度,从而改变制动凸轮的原始角位置。

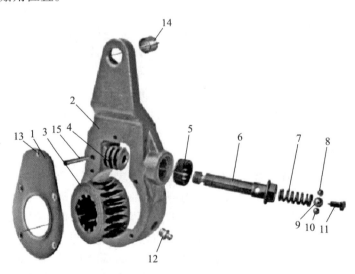

1—防尘盖；2—调整臂壳体；3—调整蜗轮；4—调整蜗杆；5—钢碗；6—蜗杆轴；
7—弹簧；8、9、10—钢珠；11—调节螺杆；12—油嘴；13—铆钉；14—衬套；15—销子。

图 11-24　制动调整臂结构

随堂测试

1. 气压制动系工作时，驾驶员踩下制动踏板，拉动制动阀的拉臂，使_____前、后腔的压缩空气穿过_____分别进入_____和_____，促动制动器产生制动作用。

2. 调压阀用来调节供气管路中压缩空气的压力，使之保持在_____的压力范围内。同时使空气压缩机能_____，减少发动机的功率损失。

3. 制动气室的作用是将输入的气压转换成_____再输出，使制动器产生制动作用。制动气室分为_____制动气室和_____制动气室，又有膜片式和活塞式之分。

4. 在行车制动器兼充驻车制动器时，则采用了_____制动气室，又称弹簧储能缸。它实际上是将一个弹簧储能器和_____制动气室组合在一起，既作为行车制动时的传动机构，又作为驻车制动时的传动机构。

任务实施

任 务 工 单

任务名称：分析气压制动系的工作过程		
姓名：	班级：	学号：
任务描述	请你就某一气压制动型号车辆绘制一个气压制动回路简图，并讲解其工作过程，在学习小组或班级里进行交流汇报	
能力目标	1. 能够向客户在实际车辆上讲解气压制动系的结构及其工作过程； 2. 树立以客户为中心的理念，增强服务意识； 3. 增强安全意识； 4. 具有与客户沟通交流的能力； 5. 具备信息搜集和处理的能力	
实施准备	1. 教学用气压制动车辆或气压制动实验台； 2. 气压制动车辆或气压制动系统相关资料； 3. 汇报用纸、笔等	
实施步骤	自主学习	学习相关知识，个人绘制气压制动回路简图，并分析其工作过程
	小组讨论	以学习小组形式进行讨论，形成小组汇报成果
	小组汇报	汇报小组成果，并通过角色扮演方式在实际车辆或实验台上向客户讲解气压制动系统的结构与工作过程； 规范做好5S工作
自我反思	在专业能力、关键能力等方面的收获或体会：	

项目十一 制动系工作过程分析

任务 11-3 分析制动防滑与稳定控制系统工作过程

 学习内容

1. 汽车制动防抱死系统的结构与工作原理；
2. 电子稳定程序控制系统的结构与工作过程；

 能力要求

1. 能够向客户讲解汽车制动防抱死系统的结构及其工作过程；
2. 能够向客户讲解电子稳定程序控制系统的结构及其工作过程；
3. 树立以客户为中心的理念，增强服务意识；
4. 具有与客户沟通交流的能力；
5. 具备信息搜集和处理的能力。

 任务引入

汽车制动防抱死系统（Antilock Braking System，ABS）是在制动过程中防止车轮出现抱死，避免车轮在路面上进行纯粹的滑移，提高汽车在制动过程中的方向稳定性和转向操纵能力，缩短制动距离。ABS已经成为现代汽车的标准配备。ESP（Electronic Stability Programe，电子稳定程序）系统，在丰田车系中也称VSC（Vehicle Stability Control，车辆稳定性控制）系统，是改善汽车行驶性能的一种控制系统。利用与ABS系统一起的综合控制可防止汽车在制动时车轮抱死；利用驱动防滑系统（TCS或ASR）可阻止汽车在起步时驱动轮滑转（空转）。只要汽车在行驶时不超出物理极限，ESP是兼有防止汽车转向时滑移、不稳定和侧向驶出车道的综合功能。

 任务描述

汽车制动防抱死系统（ABS）和电子稳定程序（ESP）都是汽车的主动安全装置，事关行车安全，避免事故发生。请你就某一装备该装置的车辆绘制一个ABS和ESP工作原理简图，并讲解其工作过程，在学习小组或班级里进行交流汇报。

相关知识

一、汽车制动防抱死系统的结构与工作原理

（一）ABS 基本理论

1. 车轮滑移率

汽车正常行驶时，车速 v（即车轮中心的纵向速度）与车轮速度 v_w（即车轮圆周速度）相同，可以认为车轮在路面上做纯滚动。当驾驶员踏下制动踏板时，由于地面制动力的作用，使车轮速度减小，车轮处在既滚动又滑动的状态，实际车速与车轮速度不再相等，人们将车速和车轮速度之间出现的差异称为滑移。随着制动系压力的增加，车轮滚动成分越来越小，滑移成分越来越大。当车轮制动器抱死时，车轮已不再转动，而是在地面上做完全滑动。

为了表征滑移成分所占的比例的多少，常用滑移率 S 表示。

$$S = \frac{v - v_w}{v} \times 100\% = \frac{v - r\omega}{v} \times 100\%$$

式中，S 为车轮滑移率；v 为车速（车轮中心纵向速度，m/s）；v_w 为车轮速度（车轮瞬时圆周速度，$v_w = r\omega$，m/s）；r 为车轮半径（m）；ω 为车轮转动角速度（rad/s）。

车轮在路面上纯滚动时，$v = v_w$，车轮滑移率 $S = 0$；车轮抱死在地面上纯滑动时，$v_w = 0$，车轮滑移率 $S = 100\%$；车轮在路面上边滚动边滑动时，$v > v_w$，车轮滑移率 $0 < S < 100\%$。车轮滑移率越大，说明车轮在运动中滑动的成分所占的比例越大。

2. 附着系数与滑移率的关系

车轮滑移率的大小对车轮与地面间附着系数有很大影响。图 11-25 给出了干燥硬实路面上附着系数与滑移率的关系。图中实线为制动时纵向附着系数和车轮滑移率的一般关系，虚线为横向附着系数和车轮滑移率的一般关系。由图 11-25 可以看出，当滑移率在 10% ~ 30% 时，纵向附着系数 φ_x 和横向附着系数 φ_y 都很大，在此区间制动时，既可以获得较大的制动力，得到良好的制动效能，又能保证汽车具有良好的操纵性能。ABS 系统的功用就是在汽车制动时，自动地将滑移率控制在该区域内。

（二）ABS 组成与工作原理

电子控制制动防抱死系统（ABS）均由传感器、电子控制单元（ECU）和执行器三部分组成。制动时，ABS 电控单元（ECU）从轮速传感器获取车轮的转速信息，经分析处理后，判断是否有车轮处于即将抱死拖滑状态。如果车轮未处于上述状态，制动压力调节器不工作，制动系统按照普通制动过程工作。制动轮缸的压力继续增大，此即系统的增压过程。如果电控单元判断出某一车轮即将抱死拖滑，即刻向制动压力调节器发出命令，关闭制动主缸及相关轮缸的通道，使得该轮缸的压力不再增加，此即 ABS 的保压状态。若电控单元判断出该车轮仍将处于抱死拖滑状态，它将向制动压力调节器发出命令，打开该轮缸与储液室或储能器的通道，使得该轮缸的油压降低，此即 ABS 的减压状态。ABS 制动系统的制动就是在高频地进行增压、保压和减压的往复过程中完成的。

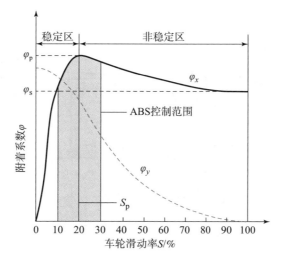

φ—附着系数;φ_x—纵向附着系数;φ_y—横向附着系数;S—车轮滑移率;
φ_p—峰值附着系数;S_p—峰值附着系数时的滑移率;φ_s—车轮抱死时纵向滑动附着系数。

图 11 – 25　干燥硬实路面上附着系数与滑移率的一般关系

下面以轿车上广泛采用的 MK20—Ⅰ型 ABS 为例介绍 ABS 的组成与工作原理。

1. ABS 的组成

MK20—Ⅰ ABS 由车轮转速传感器、液压电子控制器等组成,如图 11 – 26 和图 11 – 27 所示。

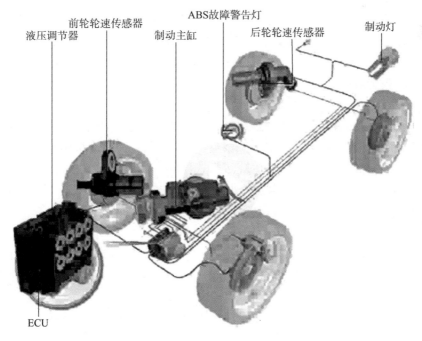

图 11 – 26　MK20—Ⅰ型制动防抱死系统的组成

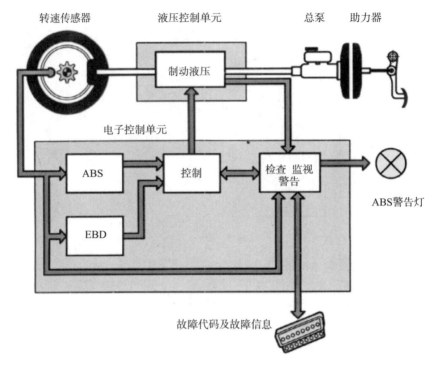

图 11-27 MK20—Ⅰ型制动防抱死系统原理

(1) 车轮转速传感器

MK20—Ⅰ ABS 是磁脉冲式传感器，传感器不能互换。

前轮速度传感器安装在轮毂邻近，后轮速度传感器安装在制动鼓附近。单个传感器失灵后，ABS 功能中断，EBD 仍保持工作，ABS 报警灯亮；两个以上传感器失灵后，ABS/EBD 功能中断，ABS 报警灯亮。

(2) 控制器

控制器包括液压控制单元（执行器）和电子控制单元。液压控制单元由泵电动机、液压储能器和电磁阀组成。液压泵采用柱塞式结构，经永磁直流电动机驱动，将第二回路的制动液泵回制动总泵；液压储能器采用弹簧活塞式结构，暂存液压泵一时来不及泵出的制动液。MK20—Ⅰ ABS 每个车轮制动器的制动力由一组二位二通的常开阀（进液电磁阀）和常闭阀（出液电磁阀）控制，电磁阀的电磁线圈集成于控制器内。

2. 工作原理

MK20—Ⅰ ABS 属于三通道四传感器系统，控制原则是前轮独立控制，后轮按"低选原则"集中控制，即 ABS 对后轴液压的控制是依据两后轮中附着系数较低的车轮来进行调节的。

下面以一个车轮为例介绍 ABS 工作时制动压力的调节过程。

(1) 常规制动阶段

制动时，通过助力器总泵建立制动压力。常开阀打开，常闭阀关闭，制动压力进入车轮制动器，车轮速度迅速降低，直到 ABS 电子控制单元通过转速传感器得到的信号识别出车轮有抱死的倾向时为止，如图 11-28 所示。

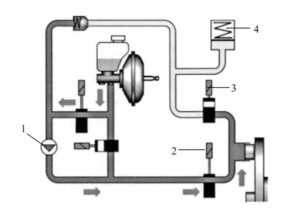

1—泵电动机；2—常开电磁阀；3—常闭电磁阀；4—液压储能器。

图 11-28 常开阀开、常闭阀关，制动压力增大

(2) 制动压力保持阶段

随着制动压力的增加，车轮被制动和减速。当被制动的车轮趋于抱死时，车轮转速传感器发出车轮有抱死危险的信号，电子控制单元向液压控制单元发出"保持压力"的指令，给常开阀通电使其关闭，常闭阀处于无电状态仍保持关闭。制动液通往轮缸的通道被切断，在常开阀和常闭阀之间，制动压力保持不变，如图 11-29 所示。

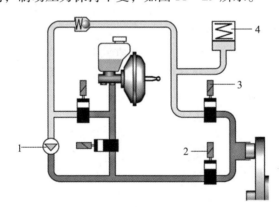

1—泵电动机；2—常开电磁阀；3—常闭电磁阀；4—液压储能器。

图 11-29 常开阀和常闭阀均关闭，保持压力

(3) 制动压力下降阶段

即使制动压力保持不变，如果车轮进一步减速，仍出现车轮抱死趋势，则必须降压，如图 11-30 所示。电子控制单元发出"减小压力"的指令，给常开阀通电使其关闭，常闭阀通电开启，制动液通过回液通道进入储能器，同时，电动泵工作，将多余的制动液送回制动主缸。这时制动踏板轻微地向上抖动。轮缸制动液减少，制动压力下降，车轮转速上升。

(4) 制动压力上升阶段

轮缸制动压力下降后，车轮转速上升太快，电子控制单元指令液压控制单元"增加制动压力"，使常开阀断电打开，常闭阀断电关闭，制动液在泵电动机和制动踏板力的作用下又进入轮缸，轮缸制动压力上升，车轮转速又下降，进入下一个循环，重复上述过程。

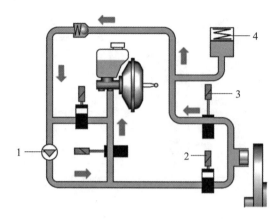

1—泵电动机；2—常开电磁阀；3—常闭电磁阀；4—液压储能器。

图 11-30 常开阀关、常闭阀开，制动压力下降

二、电子稳定程序控制系统的结构与工作过程

（一）电子稳定程序的功能

电子稳定程序（ESP）是改善汽车行驶性能的一种控制系统。该控制系统分成两个系统：一个系统在制动系统中；另一个系统在驱动 - 传动系统中。利用与 ABS 系统一起的综合控制，可防止汽车在制动时车轮抱死；利用驱动防滑系统（TCS 或 ASR），可阻止汽车在起步时驱动轮滑转（空转）。只要汽车在行驶时不超出物理极限，ESP 兼有防止汽车转向时滑移、不稳定和侧向驶出车道的综合功能。

ESP 可在以下几个方面改善汽车行驶安全性：

① 扩大了汽车行驶稳定性范围。在汽车的各种行驶状况下，如全制动、部分制动、车轮空转、驱动、滑行和负载变化，仍可保持汽车在车道中行驶。

② 扩大了汽车在极端情况时的行驶稳定性，如在恐惧和惊恐时要求的特别的转向技巧，从而降低了汽车横甩的危险。

③ 在各种路况下，通过 ABS、TCS 系统和发动机倒拖转矩控制（在发动机制动力矩过高时，可自动地提高发动机转速），还可进一步利用轮胎与路面间的附着潜力，从而缩短制动距离、增大牵引力、改善汽车的操控性和行驶稳定性。

（二）基本工作原理

ESP 工作的基本原理是利用汽车上的制动系统使汽车能"转向"。车轮制动器的原本任务是使汽车减速或让汽车停下来。在允许的物理极限范围内，ESP 系统通过控制车轮制动器的工作，使汽车在各种行驶状况下在车道内保持稳定行驶。

ESP 通过横摆角速度传感器，识别车辆绕垂直于地面轴线方向的旋转角度及侧向加速度传感器识别车辆实际运动方向。例如，ESP 判定为出现不足转向时，将制动内侧后轮，使车辆进一步沿驾驶员转弯方向偏转，从而稳定车辆（图 11-31）；ESP 判定为出现过度转向时，ESP 将制动外侧前轮，防止出现甩尾，并减弱过度转向趋势，稳定车辆（图 11-32）。

图 11-31 避免"漂出"的原理

图 11-32 避免"甩尾"的原理

(三) 电子稳定程序的组成

图 11-33 所示是宝来轿车电子稳定程序相关部件的组成。电子稳定程序是建立在其他防滑控制系统之上的一个非独立的系统。系统的大部分元件可与 ABS、驱动防滑转系统（TCS）共用。ESP 电控系统由传感器、控制单元和执行元件三部分组成。

1. 传感器

ESP 特有传感器主要包括转向角传感器、横向加速度传感器、转向率传感器和制动压力传感器等。

（1）转向角传感器

安装位置：转向柱上，转向开关与转向盘之间，与安全气囊时钟弹簧集为一体。

作用：向带有 EDL/TCS/ESP 的 ABS 控制单元传递转向盘转角信号。

失效影响：系统将不能识别车辆的预期行驶方向（驾驶员意愿），导致 ESP 不起作用。

（2）横向加速度传感器

安装位置：转向柱下方偏右侧，与转向率传感器一体。

作用：确定侧向力。

失效影响：如果没有该信号，则无法识别车辆状态，ESP 失效。

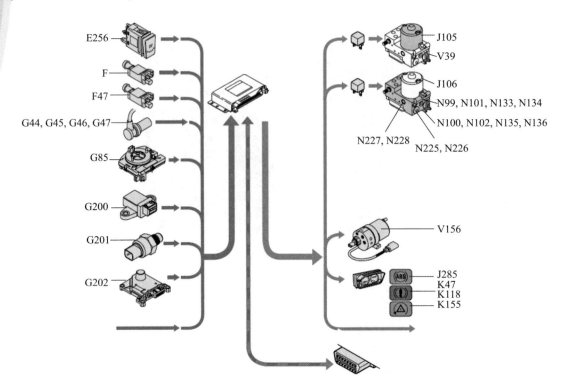

E256—ASR/ESP 按键；F—制动灯开关；F47—制动踏板开关；G44—右后车轮转速传感器；G45—右前车轮转速传感器；G46—左后车轮转速传感器；G47—左前车轮转速传感器；G85—转向角传感器；G200—横向加速度传感器；G201—制动压力传感器；G202—偏转率传感器；J105—ABS 回液泵继电器；V39—ABS 回液泵；J106—ABS 电磁阀继电器；N99、N101、N133、N134—ABS 进液阀；N100、N102、N135、N136—ABS 出液阀；N225、N226—行驶动态调节阀；N227、N228—行驶动态调节高压阀；V156—用于驱动动态控制的液压泵；J285—组合仪表内带显示屏的控制单元；K47—ABS 指示灯；K118—制动装置指示灯；K155—ASR/ESP 指示灯。

图 11-33 宝来轿车电子稳定程序的组成

（3）转向率传感器

安装位置：转向柱下方偏右侧，与横向加速度传感器一体。

作用：该传感器感知作用在车辆上的扭矩，识别车辆围绕垂直于地面轴线方向的旋转运动。

失效影响：如果没有此信号，则控制单元不能识别车辆是否发生转向，ESP 功能失效。

（4）制动压力传感器

安装位置：在主缸上，计算制动力，控制预压力。

失效影响：ESP 功能不起作用。

2. 控制单元与执行元件

控制单元是带有 EDL/TCS/ESP 功能的 ABS 控制单元，执行元件与 ABS 共用。

打开点火开关后，控制单元将做自测试，所有的电器连接都将被连续监控，并周期性检查电磁阀功能，支持自诊断系统。

3. TCS/ESP 开关

安装位置：在仪表板上。

作用：按此开关可关闭 ESP/TCS 功能，并由仪表上的警告灯指示出来，再次按压此开关,可重新激活 TCS/ESP 功能。如果驾驶员忘记重新激活 TCS/ESP,再次起动发动机后,系统可被重新激活。

下列情况下,有必要关闭 ESP:
①在积雪路面或松软路面上,让车轮自由转动,前后移动车辆。
②安装了防滑链的车辆。
③在测功机上检测车辆。
ESP 正在介入时,系统将无法被关闭;E256 失效,ESP 将不起作用。

4. ESP 仪表警报灯

如果打开点火开关且检测结束后,ESP 仪表警报灯 K155 不熄灭,说明 ASR/ESP 系统有故障,此故障只影响 ASR/ESP 安全系统,车上的 ABS 安全系统功能正常。车辆在行驶中,如稳定程序警报灯 K155 闪亮,说明 ASR 及 ESP 正在工作。

随堂测试

1. 车轮滑移率越大,说明车轮在运动中滑动的成分所占的比例_____。
2. 当滑移率在_____时,纵向附着系数 φ_x 和横向附着系数 φ_y 都很大,在此区间制动时,既可以获得较大的制动力,得到良好的制动效能,又能保证汽车具有良好的_____性能。ABS 系统的功用就是在汽车制动时,自动地将_____控制在该区域内。
3. ABS 制动系统的制动就是在高频地进行_____、_____和_____的往复过程中完成的。
4. ESP 工作的基本原理是利用汽车上的制动系统使汽车能"_____",通过控制车轮制动器的工作,使汽车在各种行驶状况下在车道内保持_____。
5. ESP 通过_____传感器,识别车辆绕垂直于地面轴线方向的旋转角度及_____传感器识别车辆实际运动方向。

任务实施

任　务　工　单

任务名称：分析制动防滑与稳定控制系统的工作过程			
姓名：		班级：	学号：
任务描述 || 请你就某一装备该装置的车辆绘制一个 ABS 和 ESP 工作原理简图，并讲解其工作过程，在学习小组或班上进行交流汇报		
能力目标 || 1. 能够向客户讲解 ABS 的结构及其工作过程； 2. 能够向客户讲解 ESP 的结构及其工作过程； 3. 树立安全意识； 4. 具有与客户沟通交流的能力； 5. 具备信息搜集和处理的能力		
实施准备 || 1. 配备 ABS 和 ESP 的教学用车辆或 ABS 和 ESP 实验台； 2. ABS 和 ESP 相关资料； 3. 汇报用纸、笔等		
实施步骤	自主学习	学习相关知识，个人绘制 ABS 和 ESP 工作原理简图，并分析其工作过程	
	小组讨论	以学习小组形式进行讨论，形成小组汇报成果	
	小组汇报	汇报小组成果，并通过角色扮演方式分别在实际车辆或 ABS 和 ESP 实验台上向客户讲解 ABS 和 ESP 系统的结构与工作过程； 　规范做好 5S	
自我反思 || 在专业能力、关键能力等方面的收获或体会：		

知识拓展

电子驻车制动系统

一、电子驻车制动系统的功能

电子驻车制动系统简称EPB，俗称电子手刹，它将行车过程中的临时性制动和停车后的长时间制动功能整合在一起，并且由电子控制方式实现停车制动的技术。

电子驻车制动系统的功能如图11-34所示。电子驻车制动从基本的驻车功能延伸到自动驻车功能（AUTO HOLD）。驾驶员要停下车辆时，只需按下AUTO HOLD按钮，即可实现自动驻车而不需要像之前一样长时间脚踏制动踏板，然后拉起驻车制动杆。起动自动电子驻车制动的情况下，车辆起动时，电控驻车制动器自行松开，这能避免车辆在坡道起步时向后溜车。

图 11-34 电子驻车制动系统的主要功能

（a）一键激活，不怕堵车；（b）给油就走，点刹即停；（c）坡路不溜，双脚放松；（d）起步简便，停车自动

二、电子驻车制动系统的结构与工作原理

电子驻车制动的工作原理与机械式驻车制动的相同，均是通过摩擦片与制动盘或制动鼓产生的摩擦力来达到控制停车制动的目的，只不过控制方式从之前的机械式驻车制动拉杆变成了电子按钮。

电子驻车制动系统组成如图11-35所示。主要由驻车制动控制单元、驻车制动开关、AUTO HOLD开关、制动执行元件等组成。

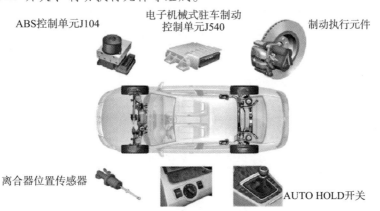

图 11-35 电子驻车制动系统组成

电子驻车制动有以下几种工作模式：

(1) 动态起动辅助模式

当车辆从静止起步，车轮扭矩达到一定程度时，电子驻车制动自动释放，将操作简化。

(2) 斜坡停车模式

EPB 通过内置在其控制单元中的纵向加速传感器来测算坡度，从而可以算出车辆在斜坡上由于重力而产生的下滑力，控制单元通过电动机对后轮施加制动力来平衡下滑力，使车辆能停在斜坡上。

(3) 动态紧急制动模式

如果在行车过程中发生极端情况，操作电子驻车制动按键，可以对车辆进行紧急制动。此时车辆的制动并非机械的驻车制动，高速情况下，紧急制动是通过 ESP 控制单元以略小于全力制动的力对全部四个车轮进行液压制动，而当车辆接近静止状态时，才能直接用电子驻车制动来降速或驻车，例如，大众的电子驻车制动在 7 km/h 以上的速度时就是如此，而只有当速度在 7 km/h 以下时，才直接施以驻车制动。

(4) AUTO HOLD 模式

它是 ESP 的一种扩展功能，由 ESP 部件控制，制动管理系统通过 ESP 的扩展功能来实现对四轮制动的控制。当车辆临时停驻，并且很短一段时间之后需要重新起动时，就交由 ESP 控制的制动来完成，电脑会通过一系列传感器来测量车身的水平度和车轮的扭矩，对车辆溜动趋势做一个判定，并对车轮实施一个适当的制动力，使车辆静止。这个制动力刚好可以阻止车辆移动，并不会太大，以便再次踩油门前行时，不会有太严重的前窜动作。而在临时驻车超过一定时限后，制动系统会转为后轮机械驻车（打开电子驻车制动）来代替之前的四轮液压制动。当车辆欲将前行时，电子系统会检测油门的踩踏力度，以及手动挡车型的离合器踏板的行程，来判定制动是否解除。

AUTO HOLD 功能可以避免使用电子驻车制动而简化操作，自动挡车型也不用频繁地由 D 到 N、D 到 P 来回切换挡位，简化了操作，也减少了"溜车"带来的意外发生。不过，为了环保和减少传动系统磨损，自动挡车型短时停车还是适时挂入 N 挡更好。

项目十二

介绍新能源汽车

 为缓解能源危机、降低排放,近年新能源汽车产业进入高速发展阶段。新能源汽车种类繁多,本项目就市场占有率比较高的纯电动汽车和混合动力汽车进行介绍。

任务 12-1　介绍纯电动汽车

 学习内容

1. 纯电动汽车的优点;
2. 纯电动汽车的组成与工作原理。

 能力要求

1. 能够向客户介绍纯电动汽车的优点及其工作过程;
2. 树立环保意识;
3. 具有与客户沟通交流的能力;
4. 具备信息搜集和处理的能力。

 任务引入

从2014年以来，随着国家相继出台政策扶持新能源汽车产业发展，我国新能源汽车市场得到迅猛发展。2018年，我国新能源汽车产销量突破100万辆，产销量连续三年位居全球第一。新能源汽车代表着汽车的未来发展方向，目前在新能源汽车产品中有80%以上是纯电动汽车。你能够用自己所学的知识将纯电动汽车与传统汽车进行对比，向客户介绍纯电动汽车的优点和工作原理吗？

 任务描述

纯电动汽车是指以车载电源为动力，用电动机驱动车轮行驶，符合道路交通、安全法规各项要求的车辆。请你就某一型号纯电动汽车绘制其能量传递过程简图，并讲解纯电动汽车工作过程，在学习小组或班级里进行交流汇报。

 相关知识

一、纯电动汽车的优点

纯电动汽车的优点是它本身不排放污染大气的有害气体，即使按所耗电量换算为发电厂的排放，除硫和微粒外，其他污染物也显著减少。

由于电力可以从多种一次能源获得，如煤、核能、水力等，解除了人们对石油资源日见枯竭的担心。电动汽车还可以充分利用晚间用电低谷时富余的电力充电，使发电设备日夜都能充分利用，大大提高其经济效益。有些研究表明，同样的原油经过粗炼，送至电厂发电，经充入电池，再由电池驱动汽车，其能量利用效率比经过精炼变为汽油，再经汽油机驱动汽车高，而且有利于节约能源和减少二氧化碳的排量，正是这些优点，使电动汽车的研究和应用成为汽车工业的一个"热点"。

二、纯电动车的组成与工作原理

纯电动汽车的组成包括电力驱动控制系统及驱动力传动机械系统等，如图12-1所示。电力驱动控制系统是电动汽车的核心，也是与内燃机汽车的最大不同点。电力驱动控制系统由三相交流电动机和功率电子装置（逆变器）等组成。电动汽车的其他装置基本与内燃机汽车相同。

纯电动汽车的工作原理如图12-2所示。电动汽车控制器采集加速踏板位置传感器、制动踏板位置传感器、挡位传感器、电流检测器等各类传感器的信息，分析驾驶员的需求与车辆的状态，通过电动机控制器调节电动机电磁转矩或转速，从而驱动车辆在不同工况下行驶。

项目十二 介绍新能源汽车

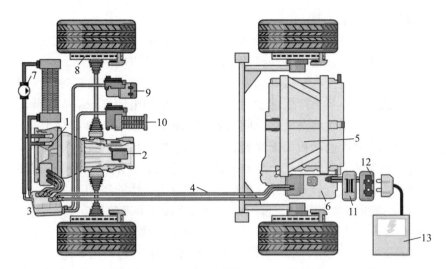

1—电动机/发电机；2—带差速器的变速箱；3—动力电子元件；4—高压线缆；5—高压蓄电池；6—电子设备盒（带控制单元，用于蓄电池管理）；7—冷却系统；8—制动系统；9—高压空调压缩机；10—高压供热器；11—蓄电池充电器；12—用于外部充电的充电触点；13—外部充电电源。

图 12-1 电动汽车组成

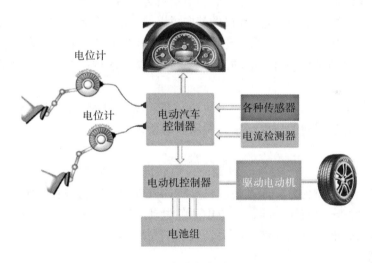

图 12-2 纯电动汽车的工作原理

1. 电源

电源为电动汽车的驱动电动机提供电能，电动机将电源的电能转化为机械能，通过传动装置或直接驱动车轮和工作装置。目前，电动汽车上应用最广泛的动力电池主要有锂电池、镍铬电池、燃料电池、钠硫电池等。

2. 驱动电动机

驱动电动机的作用是将电源的电能转化为机械能，通过传动装置或直接驱动车轮和工作装置。目前电动汽车上广泛采用直流串激电动机，这种电动机具有"软"的机械特性，与汽车的行驶特性非常相符。但直流电动机由于存在换向火花，功率较小，效率较低，维护保养工作量大，随着电机技术和电动机控制技术的发展，势必逐渐被直流无刷电动机（BCDM）、开关磁阻电动机（SRM）和交流异步电动机所取代。

3. 电动机调速控制装置

电动机调速控制装置（逆变器）是电动汽车的变速和方向变换等设置的装置，其作用是控制电动机的电压或电流，完成电动机的驱动转矩和旋转方向的控制。

早期的电动汽车上，直流电动机的调速采用串接电阻或改变电动机磁场线圈的匝数来实现。因其调速是有级的，并且会产生附加的能量消耗或使用电动机的结构复杂，现在已很少采用。目前电动汽车上应用较广泛的是晶闸管斩波调速，通过均匀地改变电动机的端电压，控制电动机的电流，来实现电动机的无级调速。在电子电力技术的不断发展中，它也逐渐被其他电力晶体管斩波调速装置所取代。从技术的发展来看，伴随着新型驱动电动机的应用，电动汽车的调速控制转变为直流逆变技术的应用，将成为必然的趋势。

在驱动电动机的旋向变换控制中，直流电动机依靠接触器来改变电枢或磁场的电流方向，实现电动机的旋向变换，这使得电路复杂、可靠性降低。当采用交流异步电动机驱动时，电动机转向的改变只需变换磁场三相电流的相序即可，可使控制电路简化。此外，采用交流电动机及其变频调速控制技术，使电动汽车的制动能量回收控制更加方便，控制电路更加简单。

4. 传动装置

电动汽车传动装置的作用是将电动机的驱动转矩传给汽车的驱动轴，当采用电动轮驱动时，传动装置的多数部件常常可以忽略。因为电动机可以带负载起动，所以电动汽车上无须传统内燃机汽车的离合器。因为驱动电动机的旋向可以通过电路控制实现变换，所以电动汽车无须内燃机汽车变速器中的倒挡。当采用电动机无级调速控制时，电动汽车可以忽略传统汽车的变速器。在采用电动轮驱动时，电动汽车也可以省略传统内燃机汽车传动系统的差速器。

5. 行驶装置

行驶装置的作用是将电动机的驱动力矩通过车轮变成对地面的作用力，驱动车轮行走。它同其他汽车的构成是相同的，由车轮、轮胎和悬架等组成。

6. 转向装置

转向装置是为实现汽车的转弯而设置的，由转向机、转向盘、转向机构和转向轮等组成。作用在转向盘上的控制力，通过转向机和转向机构使转向轮偏转一定的角度，实现汽车的转向。多数电动汽车为前轮转向，工业中用的电动叉车常常采用后轮转向。电动汽车的转向装置有机械转向、液压转向和液压助力转向等类型。

7. 制动装置

电动汽车的制动装置同其他汽车一样，是为汽车减速或停车而设置的，通常由制动器及其操纵装置组成。在电动汽车上，一般还有电磁制动装置，它可以利用驱动电动机的控制电路实现电动机的发电运行，使减速制动时的能量转换成对蓄电池充电的电流，从而得到再生利用。

8. 工作装置

工作装置是工业用电动汽车为完成作业要求而专门设置的，如电动叉车的起升装置、门架、货叉等。货叉的起升和门架的倾斜通常由电动机驱动的液压系统完成。

随堂测试

1. 纯电动汽车的组成包括_____驱动控制系统及驱动力传动_____系统等。电力驱动控制系统是电动汽车的核心,也是区别于内燃机汽车的最大不同点。

2. 电力驱动控制系统由_____和_____等组成。

3. 驱动电动机的作用是将电源的_____转化为_____,通过传动装置或直接驱动车轮和工作装置。

4. 电动汽车上广泛采用_____电动机,这种电动机具有"_____"的机械特性,与汽车的行驶特性非常相符。

5. 电动机调速控制装置(逆变器)是为电动汽车的_____和_____等设置的,其作用是控制电动机的电压或电流,完成电动机的驱动转矩和旋转方向的控制。

任务实施

任 务 工 单

任务名称：介绍纯电动汽车			
姓名：		班级：	学号：
任务描述			请你就某一型号纯电动汽车绘制其能量传递过程简图，并讲解纯电动汽车的工作过程，在学习小组或班上进行交流汇报
能力目标			1. 能够向客户介绍纯电动汽车的优点及其工作过程； 2. 树立绿色环保意识； 3. 具有安全意识； 4. 增强与客户沟通交流的能力； 5. 具备信息搜集和处理的能力
实施准备			1. 教学用纯电动车辆； 2. 车辆相关文件； 3. 绝缘手套、绝缘胶垫等安全防护用品； 4. 汇报用纸、笔等
实施步骤		自主学习	学习相关知识，个人绘制纯电动汽车能量传递过程简图； 做好安全防护，分析纯电动汽车的结构与工作过程
		小组讨论	以学习小组形式进行讨论，形成小组汇报成果
		小组汇报	通过角色扮演方式在实际车辆上向客户介绍相关知识； 规范做好 5S
自我反思			在专业能力、关键能力等方面的收获或体会：

知识拓展

燃料电池汽车

燃料电池汽车是以燃料电池作为动力源的电动汽车。燃料电池是利用氢气和氧气（或空气）在催化剂的作用下经电化学反应直接产生电能的装置，燃料电池汽车就是利用这种电能实现车辆驱动的。但现阶段，燃料电池的许多关键技术还处于研发试验阶段。此外，燃料电池的理想燃料——氢气，在制备、供应、储运等方面距离产业化还有大量的技术与经济问题有待解决。

一、燃料电池汽车的优点

与传统汽车相比，燃料电池汽车具有以下优点：

①零排放或近似零排放。
②没有机油泄漏带来的水污染。
③降低了温室气体的排放。
④提高了燃油经济性。
⑤提高了发动机燃烧效率。
⑥运行平稳、无噪声。

与其他新能源汽车相比，燃料电池汽车具有以下优点：

①燃料电池的反应结果会产生极少的二氧化碳和氮氧化物，副产品主要是水，因此被称为绿色新型环保汽车。

②一般情况下，氢燃料电池车每行驶 100 km，大约需要 1 kg 氢气。一般车型可储存约 5 kg 的压缩氢气。理论上，在加满氢的状态下续航里程达到 500 km。

③燃料补充时间与燃油车的相当。氢燃料电池车加注氢气的过程非常快速、便捷，专用的加氢设备可在几分钟之内加满氢原料。相对于纯电动车较长的充电等待时间，优势极其明显。

④动力性能可与汽油车媲美。奥迪 A7 Sportback h-tron quattro 概念车搭载氢燃料电池动力系统，这套系统的最大功率为 230 马力，最大扭矩为 540 N·m。其 0~100 km/h 加速仅为 7.9 s，极速可以达到 180 km/h。同时，该系统也应用了奥迪独有的 quattro 系统。

二、燃料电池汽车的结构与工作原理

燃料电池电动汽车的基本构成如图 12-3 所示。燃料电池汽车主要由高压氢储存罐（燃料箱）、燃料电池组、蓄电池、电动机、空气压缩机、能量控制单元等部件组成。

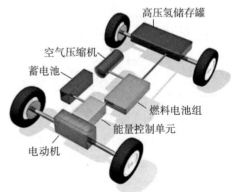

图 12-3　燃料电池汽车的基本构成

下面以丰田未来燃料电池电动汽车为例介绍其工作原理。丰田 Mirai 燃料电池电动

汽车是以燃料电池堆栈为核心组件的一套复杂动力系统，除燃料电池堆栈外，还包括燃料电池升压器、高压储气罐及驱动电动机等，如图12-4所示。

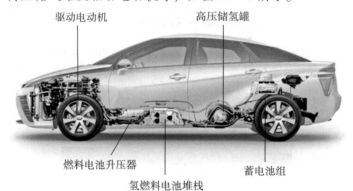

图12-4　丰田未来燃料电池电动汽车

1. 氢燃料电池堆栈

氢燃料电池堆栈位于车身下部，是氢气与氧气进行反应的场所，也是氢燃料电池电动汽车的关键。氢燃料电池堆栈反应原理如图12-5所示。在燃料电池堆栈里，将进行氢与氧相结合的反应，其中存在电荷转移，从而产生电流。与此同时，氢与氧化学反应后生成水。燃料电池堆栈作为一个化学反应池，其最关键的技术核心在"质子交换薄膜"。在这层薄膜的两侧紧贴着催化剂层，将氢气分解为带电离子状态。随后携带电子的氢通过这道薄膜，留下电子，变成正价氢质子，并通过薄膜到达另一端。接着，氢质子与氧在薄膜的另一端结合，同时所丢失的电子被"还给"它，产生水。随着氧化反应的进行，电子不断发生转移，就形成了驱动汽车所需的电流。

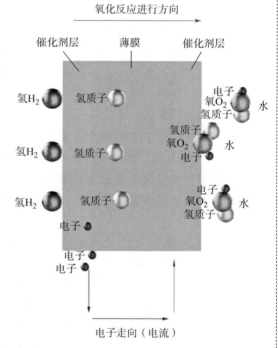

图12-5　氢燃料电池堆栈反应原理示意

2. 燃料电池升压器

在燃料电池堆栈中，排布了诸多薄膜，可以产生大量的电子转移，形成供车辆行驶所需的电流。一般情况下，这些电流所产生的整体电压为300 V左右，不足以带动一台车用大功率电动机。因此，像丰田未来这样的氢燃料电池车还装备了升压器，将电压升至600 V以上，从而顺利推动电动机。

3. 储氢罐

储氢罐用来存储产生电能所需的氢原料。由于氢气在一般气压下的密度较低，并且为气体状态，想要得到足够的氢气来供应燃料电池堆栈，就需要进行压缩，因此储氢罐的设计与强度也十分重要。

项目十二　介绍新能源汽车

4. 蓄电池

蓄电池平时将氢燃料堆栈所产生的多余电能储存起来，在汽车制动时，回收并储存电能。

5. 驱动电动机

驱动电动机的作用是将电源的电能转化为机械能，通过传动装置或直接驱动车轮工作。

从氢燃料电池电动汽车的工作原理可以看出，其实就是在发明一种新型发电机作为汽车的动力源。

任务 12-2　介绍混合动力汽车

 学习内容

1. 混合动力汽车的定义；
2. 混合动力汽车的优点；
3. 混合动力汽车的组成与工作过程。

 能力要求

1. 能够向客户介绍混合动力汽车的优点及其工作过程；
2. 树立环保意识；
3. 具有与客户沟通交流的能力；
4. 具备信息搜集和处理的能力。

 任务引入

混合动力汽车是在纯电动汽车（EV）或燃料电池电动车（FCEV）的基础上增加一套辅助动力系统——动力发电机组或某种原动机（原动机可以是内燃机、燃气轮机等）。混合动力汽车处于纯电动汽车与传统汽车之间，在一定程度上实现了节能减排的目的。你能够用自己所学的知识，向客户介绍混合动力汽车的优点和工作原理吗？

 任务描述

混合动力汽车（HEV）是使用两个或两个以上不同的动力源来行驶的车辆。请你就某一型号混合动力汽车绘制其能量传递过程简图，并讲解其工作过程，在学习小组或班级里进行交流汇报。

相关知识

一、混合动力汽车的优点

①采用混合动力后，可按平均需用的功率来确定内燃机的最大功率，此时处于油耗低、污染少的最优工况之下。在大功率内燃机功率不足时，由电池来补充；负荷少时，富余的功率可发电给电池充电，由于内燃机可持续工作，电池又可以不断得到充电，故其行程和普通汽车一样。

②有了电池，可以十分方便地回收制动时、下坡时、怠速时的能量。

③在繁华市区，可关停内燃机，由电池单独驱动，实现"零"排放。

④有了内燃机，可以十分方便地解决耗能大的空调、取暖、除霜等纯电动汽车遇到的难题。

⑤可以利用现有的加油站加油，不必再投资。

⑥可让电池保持在良好的工作状态，不发生过充、过放，延长其使用寿命，降低成本。

二、混合动力汽车的种类与工作原理

按发动机和电动机的耦合方式不同，可分为串联式混合动力汽车（SHFV）、并联式混合动力汽车（PHEV）、混联式（中、并联式）混合动力汽车（PSHEV）三种形式。

1. 串联式混合动力汽车

串联式混合动力汽车如图12-6所示。串联式混合动力汽车主要由发动机、发电机、驱动电动机和动力蓄电池组等部件组成。发动机仅仅用于发电，发电机所发出的电能供给电动机，电动机驱动汽车行驶。发电机发出的部分电能向电池充电，来延长混合动力电动汽车的行驶里程。另外，电池还可以单独向电动机提供电能来驱动电动汽车，使混合动力电动汽车在零污染状态下行驶。

插电增程式混合动力汽车属于串联式混合动力汽车的一种，如图12-7所示。在常见的混合动力系统中，是以发动机为主，电动机为辅。而增程式电动车是以电动机为主，发动机为辅。发动机的作用是

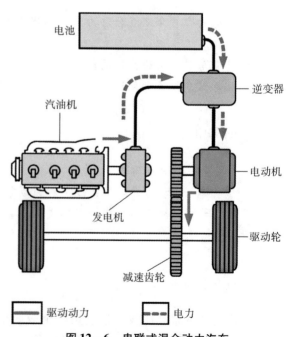

图12-6 串联式混合动力汽车

发电，为电池充电，带动电动机做功，驱动车辆行驶。插电增程式混合动力汽车可以外接充电，电池充满电之后可以续航一定里程。当电池电量不足时，发动机起动发电，为电池充电。

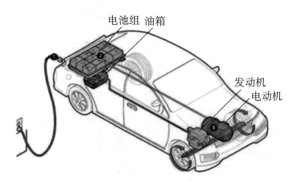

图 12-7　插电增程式混合动力汽车

2. 并联式混合动力电动汽车

并联式混合动力汽车如图 12-8 所示。主要由发动机、发电机、电动机和动力蓄电池组等部件组成。并联式驱动系统可以单独使用发动机或电动机作为动力源，也可以同时使用电动机和发动机作为动力源来驱动汽车。

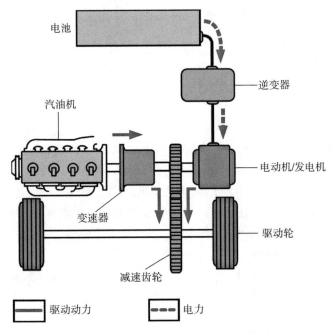

图 12-8　并联式混合动力汽车

3. 混联式混合动力电动汽车

混联式混合动力汽车如图 12-9 所示。主要由发动机、发电机、电动机、行星齿轮机构和动力蓄电池组等部件组成。丰田普锐斯所采用的混合驱动方式，将发动机、发电机和电动机通过一个行星齿轮装置连接起来。动力从发动机输出到与其相连的行星架，行星架将一部分转矩传送到发电机，另一部分传送到电动机并输出到驱动轴。此时车辆并不是串联式或者并联式，而是介于串联和并联之间，充分利用两种驱动方式的优点。

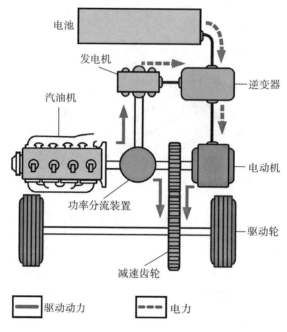

图 12-9 混联式混合动力汽车

随堂测试

1. 串联式混合动力汽车主要由_____、_____、_____和_____等部件组成。发动机仅仅用于发电，发电机所发出的电能供给电动机，电动机驱动汽车行驶。

2. 插电增程式混合动力汽车属于_____混合动力汽车的一种，在常见的混合动力系统中，是以发动机为主，电动机为辅；而增程式电动车，是以_____为主，_____为辅，发动机的作用是发电，为电池充电，带动电动机做功，驱动车辆行驶。

3. 插电增程式混合动力汽车可以外接_____，电池充满电之后可以续航一定里程。当电池电量不足时，发动机起动_____，为电池充电。

4. 并联式混合动力汽车主要由_____、_____和_____等部件组成。

5. 并联式驱动系统可以单独使用_____作为动力源，也可以同时使用_____作为动力源来驱动汽车。

6. 混联式混合动力汽车主要由_____、_____、_____、_____和动力蓄电池组等部件组成。丰田 Prius 所采用的混合驱动方式，将发动机、发电机和电动机通过一个行星齿轮装置连接起来。动力从发动机输出到与其相连的行星架，行星架将一部分转矩传送到发电机，另一部分传送到电动机并输出到驱动轴。

任务实施

任 务 工 单

任务名称：	介绍混合动力汽车		
姓名：		班级：	学号：
任务描述	请你就某一型号混合动力汽车绘制其能量传递过程简图，并讲解其工作过程，在学习小组或班级进行交流汇报		
能力目标	1. 能够向客户介绍混合动力汽车的优点及其工作过程； 2. 树立安全与环保意识； 3. 具有与客户沟通交流的能力； 4. 具备信息搜集和处理的能力		
实施准备	1. 教学用混合动力车辆； 2. 教学车辆相关文件； 3. 绝缘手套、绝缘胶垫等安全防护用品； 4. 汇报用纸、笔等		
实施步骤	自主学习	学习相关知识，绘制混合动力汽车能量传递过程简图；做好安全防护，分析混合动力汽车结构与工作过程	
	小组讨论	以学习小组形式进行讨论，形成小组汇报成果	
	小组汇报	通过角色扮演方式在实际车辆上向客户介绍相关知识；规范做好5S	
自我反思	在专业能力、关键能力等方面的收获或体会：		